中国不是苏联

——从苏联解体 20 年说起

季 思 著

当代世界出版社

图书在版编目（CIP）数据

中国不是苏联：从苏联解体20年说起／季思著. —北京：当代世界出版社，2012.11

ISBN 978－7－5090－0864－5

Ⅰ.①中… Ⅱ.①季… Ⅲ.①中国特色社会主义—社会主义建设模式—研究②苏联解体—研究 Ⅳ.①D616②D751.25

中国版本图书馆CIP数据核字（2012）第255755号

书　　名：	中国不是苏联——从苏联解体20年说起
出版发行：	当代世界出版社
地　　址：	北京市复兴路4号（100860）
网　　址：	http：//www.worldpress.com.cn
编务电话：	（010）83907332
发行电话：	（010）83908409
	（010）83908377
	（010）83908423（邮购）
	（010）83908410（传真）
经　　销：	新华书店
印　　刷：	北京天正元印务有限公司
开　　本：	700×1000 毫米　1/16
印　　张：	19
字　　数：	210千字
版　　次：	2012年11月第1版
印　　次：	2012年11月第1次印刷
书　　号：	ISBN 978－7－5090－0864－5
定　　价：	32.00元

如发现印装质量问题，请与承印厂联系调换。
版权所有，翻印必究！

序

自从冷战结束、苏联解体以来,西方的政治家、战略家、主流媒体甚至普通公众都一直在研究和思考中国是不是苏联、中共是不是苏共的问题,并为此花了很多心思和精力。

显然,西方社会最初是认定中国就是苏联、中共就是苏共的,否则美国日裔大学者弗朗西斯·福山就不会提出"历史的终结"这一耸人听闻同时有点窃喜的命题了。但人算不如天算,再严密的逻辑推理毕竟代替不了历史的真实。中国老百姓有句俗话,叫做30年河东30年河西。这话虽有些弱者面对强者时的无奈,却浸透着深深的历史感和中国人面向未来的豁达和乐观。恐怕很少有人会预料到,苏联解体后仅仅20年的时间,中国的国内生产总值(GDP)就从上个世纪90年代初的世界第11位上升到第2位,一跃成为世界第二大经济体,经济总量超过了福山教授的祖籍国日本,与其国籍国美国的差距也在不断缩小。这一事实给那些认为中国和中共将重蹈苏联和苏共覆辙的人无疑是泼了一盆无情和冰冷的水。

但问题并没有就此打住。正当中国快速发展的时候,以美国为代表的西方社会却陷入了金融或债务危机,而且这场危机迄今还没有见到结束的迹象。于是,在这种背景下,各种各样的"中国崩溃论"少了，但形形色色的"中国威胁论"多了起来，其基本逻辑仍然是中国就是苏联、中共就是苏共，只是关注点和角度不同罢了。以前是认为中国和中共会和苏联与苏共一样成为历史，现在则认为随着自身的发展和强大，中国和中共会和苏联与苏共一样在国际上称王称霸，挑战西方的主流意识形态和价值观，挑战多年以来打上西方烙印的国际秩序。虽然中国坚称会走和平发展道路，那是因为中国目前还不够强大，还不具备挑战的能力，等将来有一天中国进一步发展壮大了，谁会保证中国不会显示肌肉和力量呢？如此等等，不一而足。

　　果真会如此吗？国强真的必霸吗？任何一个理智的中国人都不能同意上述观点。因为经过30多年的改革开放，中共已和苏共有了许多本质的区别，中国也和前苏联存在诸多不同，这些区别和不同是中国实现快速发展的重要原因，也是各国了解中国和制定正确的对华政策的关键所在。不了解这些，不但对中国的发展方向可能产生误判，还会因此丧失中国发展带来的机遇。为更好地促进方方面面对中国的了解和认知，本书作者特在苏联解体20年之际，从经济、政治、文化、社会、民族、科技、军事、外交等方面对中国与苏联、中共与苏共的政策选择做了一些对比分析，希望大家通过这本书来认识一个正在发生广泛而深刻变革的中国和一个与时俱进、开拓创新、因而永葆本色的中国共产党。

　　是为序。

2012 年 8 月于北京

目 录

引 论 从相同之"道"到不同之"路" ················ 1
  一、幻灭与新生 ······································· 1
  二、昨天的苏联与今天的中国 ······················ 4
  三、求异存同与求同存异 ···························· 7

第一章 从贫穷有理到致富光荣 ···················· 10
  一、要不要发展 ······································ 11
    "赶超型"发展的功与过 ························ 12
    "抓革命、促生产"的是与非 ···················· 16
    发展阶段的高与低 ································ 19
  二、如何发展 ··· 23
    改革还是改良? ···································· 24
    渐进还是激进? ···································· 26
    计划还是市场? ···································· 30
    公有还是私有? ···································· 33
  三、"中国神话"能继续吗? ························· 36
    能否抓住发展机遇? ······························ 37
    能否做到又好又快? ······························ 42

　　　　能否实现共同富裕？ …………………………………… 45

第二章　从过度集权到人民民主 ………………………… 50
　一、民主耶？集权耶？ ……………………………………… 51
　　　　集中和民主都不能过头 ……………………………… 52
　　　　民主不是标签和口号 ………………………………… 57
　　　　条条大路通民主 ……………………………………… 62

　二、人治还是法治？ ………………………………………… 65
　　　　活到老、干到老吗？ ………………………………… 65
　　　　权大还是法大？ ……………………………………… 69

　三、党的领导与民主矛盾吗？ ……………………………… 72
　　　　中国特色的政党民主 ………………………………… 73
　　　　民主和能力哪个重要？ ……………………………… 77

第三章　从思想僵化到文化繁荣 ………………………… 82
　一、"解放思想是个重大的政治问题" …………………… 83
　　　　不解放思想就没有社会主义 ………………………… 83
　　　　中国的三次思想大解放 ……………………………… 85
　　　　解放思想不等于胡思乱想 …………………………… 90

　二、让人讲话，天塌不下来 ………………………………… 93
　　　　"三不主义" …………………………………………… 94
　　　　"七嘴八舌并不可怕，最可怕的是鸦雀无声" …… 97
　　　　人总是要有点精神的 ………………………………… 99
　　　　既要体现先进，也要"入心入脑" ………………… 102

　三、推动社会主义文化大繁荣大发展 …………………… 105

文化自信＋文化自觉＝文化软实力 …………… 106
文化繁荣，教育先行 …………………………… 108
大力发展文化产业 ……………………………… 110

第四章　从粉饰太平到构建和谐 ………………… 114
一、社会主义社会还存在矛盾吗？ ……………… 115
理论上的拨乱反正 ……………………………… 115
"繁荣"背后的隐忧 …………………………… 119
把矛盾摆到桌面上 ……………………………… 122
二、坚持以人为本 ………………………………… 124
要见物更要见人 ………………………………… 125
"以人为本"不是以少数人为本 ……………… 129
农民也是为本之人 ……………………………… 131
三、构建和谐社会 ………………………………… 134
社会建设不可或缺 ……………………………… 134
保障和改善民生乃是根本 ……………………… 136
加强社会管理刻不容缓 ………………………… 138

第五章　从科技强军到科技强国 ………………… 141
一、生产力还是生产关系？ ……………………… 142
引以自豪的辉煌 ………………………………… 142
科学技术有阶级性吗？ ………………………… 144
科学技术是第一生产力 ………………………… 147
二、军用还是民用？ ……………………………… 150
"大炮优先"的后果 …………………………… 150

　　　　"依靠"与"面向" ················· 152
　　三、政府还是企业？ ··················· 154
　　　　"包办婚姻"与"自由恋爱" ············ 155
　　　　食"西"不化与引进创新 ·············· 159

第六章　从民族优越到民族平等 ············ 165
　　一、自然融合还是人为聚合？ ············· 166
　　　　"大一统"传统 ··················· 166
　　　　"俄罗斯化"遗产 ·················· 167
　　二、民族矛盾还是阶级矛盾？ ············· 169
　　　　民族问题解决了吗？ ··············· 170
　　　　民族问题的实质是阶级问题吗？ ········ 174
　　三、民族优越还是民族平等？ ············· 177
　　　　大民族主义不可取 ················ 177
　　　　"三个离不开" ··················· 180
　　四、自治还是"独立"？ ················ 183
　　　　扭曲的联邦制 ··················· 183
　　　　民族区域自治 ··················· 187
　　五、输血还是造血？ ··················· 191
　　　　输血型经济的羁绊 ················ 191
　　　　造血型经济的优势 ················ 194

第七章　从世界革命到世界和谐 ············ 200
　　一、战争与革命还是和平与发展？ ·········· 201
　　　　世界革命 ····················· 201

"世界大战可以避免" ………………………………… 205
全人类利益高于一切吗？ ……………………………… 209

二、国家利益还是意识形态至上？ ……………………… 213
以意识形态划线为哪般？ ……………………………… 213
全方位发展对外关系 …………………………………… 216
冷战思维的阴影 ………………………………………… 217

三、独立自主还是结盟？ ………………………………… 219
结盟面面观 ……………………………………………… 219
独立自主与结伴同行 …………………………………… 222

四、参与者、建设者还是破坏者？ ……………………… 227
从自我封闭到对外开放 ………………………………… 228
和平发展之路走得通吗？ ……………………………… 231
负责任的大国 …………………………………………… 234

第八章　从立足战争到维护和平 ……………………… 238

一、"积极进攻"还是"积极防御"？ …………………… 240
"战争是政治的继续" …………………………………… 240
进攻与防御的辩证法 …………………………………… 243
积极防御也要与时俱进 ………………………………… 247

二、谋取霸权还是维护和平？ …………………………… 249
争霸的历史逻辑 ………………………………………… 250
大规模裁军 ……………………………………………… 254
新安全观 ………………………………………………… 256

三、国防建设还是经济建设？ …………………………… 259
经济军事化的功过 ……………………………………… 259

  "两头兼顾、协调发展" …………………………… 262
  中国军费开支多了还是少了？ ………………… 269
 四、党指挥枪还是枪指挥党？ ………………………… 271
  戈尔巴乔夫对军队都做了些什么 ……………… 271
  党对军队的绝对领导 …………………………… 275

结　语　让历史昭示未来 ……………………………… 281
 一、既要从国内实际出发，又要从国际实际出发 …… 281
 二、既要高度重视生产力，更要讲究科学发展 ……… 283
 三、既要推进改革开放，也要守住底线 ……………… 285
 四、既要坚持党的领导，更要保持党的先进性 ……… 287
 五、既要依靠人民，更要为了人民 …………………… 290

引　论　从相同之"道"到不同之"路"

　　把马克思主义的普遍真理同我国的具体实际结合起来，走自己的道路，建设有中国特色的社会主义，这就是我们总结长期历史经验得出的基本结论。[①]

——邓小平

一、幻灭与新生

　　1991年12月25日，正当西方国家普遍沉浸在圣诞节欢乐气氛中时，在苏联雄伟而又庄严的克里姆林宫里，曾在世界上刮起魅力旋风的总统戈尔巴乔夫则全然是另一种心境、另一种光景。

　　平常精力充沛和很有激情的他，这一天显得异常疲惫。当晚19时，在克里姆林宫的一间办公室里，在暗淡的灯光下，戈尔巴乔夫额头那块地图形状的胎记显得更加支离破碎。面对摄像机镜头，他以沙哑的嗓音异常低沉地向全体苏联公民表示，

[①] 《邓小平文选》第三卷，人民出版社1993年版，第3页。

这是自己"最后一次以总统的身份在大家面前发表演说"。他回顾了改革的艰辛,历数了自己的政绩,也表达了深深的忧虑,哀怨地宣布:"鉴于独立国家联合体成立后的情况,我终止自己以苏联总统身份进行的活动。"

作为曾风靡世界的演说家,戈尔巴乔夫再一次以自己特有的方式震惊了全世界!作为一个万众瞩目的大国领导人,在自己执政6年又9个半月之后,落得个众叛亲离,国家四分五裂,并亲自宣判自己政治死刑的下场,其人何其惨,其情何以堪,其理又何难解!

就在戈氏发表电视讲话的同时,高悬在克里姆林宫上69年的苏联国旗在莫斯科隆冬凛冽的寒风中徐徐降下,十月革命前那面象征俄罗斯主权的白蓝红三色旗取而代之。当日晚,美国总统布什正式宣布,承认俄罗斯、乌克兰、白俄罗斯、亚美尼亚、哈萨克斯坦和吉尔吉斯斯坦的独立地位,并称这是自由世界的胜利。曾引起世人敬仰和向往的苏维埃社会主义共和国联盟就这样寿终正寝。

一个拥有93年党龄的苏联共产党散了,一个曾经辉煌74年的超级大国苏联垮台了,一个时代结束了。有人扼腕,有人狂欢,有人求索,更有人把目光投向中国:为中国命运担忧者有之,期盼苏东剧变的多米诺骨牌效应在中国发生者亦有之。日裔美国学者福山狂热断言,人类社会的发展史,就是一部"以自由民主制度为方向的人类普遍史",而自由民主制度则是"人类意识形态发展的终点"和"人类最后一种统治形式"。言外之意,走中国特色社会主义道路的中国也肯定会步苏东剧变后尘,难逃崩溃的历史命运。果真会如此吗?

引　论　从相同之"道"到不同之"路"

面对东欧剧变、苏联解体，以改革开放总设计师邓小平为代表的中国共产党人从容应对，果敢决策，不但没有因苏东的"变质"、"变天"而惊慌失措或变得更加"革命"起来，而是进一步扛起改革开放的大旗，继续坚定地沿着中国特色的社会主义道路走下去。以苏联解体后不久1992年初邓小平发表南巡讲话为标志，中国的改革开放和现代化建设的大船再次扬帆起航，经过20年的艰辛耕耘，中国取得的巨大成就有目共睹：

2010年经济总量达到39.8万亿元，跃升到世界第二位，人均国民收入超过4000美元，跨入中等收入国家行列，外汇储备突破3万亿美元。国家实力和经济社会调控能力显著增强，建立了门类齐全、具有较高国际竞争力的现代工业体系，成为世界加工制造基地，制造业产值跃居世界第一位。在制造业30多个大类中，半数以上行业生产规模居世界第一位，220种工业品产量居世界第一位。农业连年增产，用占世界7%的耕地解决了世界1/5人口的吃饭问题。成功地使近5亿人口摆脱了贫困，基本建立了覆盖城乡的基本医疗、养老等社会保障体系，基本实现九年制义务教育，在校大学生数位居世界第一；移动电话、互联网用户数迅速成为世界第一，汽车年产销量跃居全球首位。中国的国际地位空前提高，国际影响力进一步扩大，国际社会对中国的借重、需求、依赖和期望增加，美国有人甚至提出G2概念，倡导中美共治论。哈佛大学商学院教授尼尔·弗格森还为此提出了Chinamerica的概念。

面对中国取得的巨大成就和中国道路产生的吸引力，连"历史终结"论点鼓吹者福山后来也不得不承认，"如果说这场全球金融危机（指2008年开始的国际金融危机）让一些发展模式受到审判的话,那就是自由市场或新自由主义模式。危机凸显了资本主义制度——甚至像美国那样先进的制度——内在的不稳定性。"他还认为,美国式的资本主义即使没有完全丧失信誉,最起码已不占主导地位。

事实比臆测和诽谤更雄辩。苏东剧变之后中国不仅没有和苏联一样走到历史的终点,而且还奇迹般地不断向前发展,走向繁荣兴旺。

在苏联解体20周年之际,世界再次把目光转向中国,但这次国际社会想知道的是,中国是否真的摆脱了苏联的宿命以及中国奇迹到底能持续多久。

二、昨天的苏联与今天的中国

苏东剧变以来,西方之所以不断有"中国将成为苏联"之类的猜测或议论,主要是因为,在他们看来,中国就是苏联的翻版、中共就是苏共的复制。其实,稍微对历史有点了解和不带偏见的人都清楚,中国曾学习过苏联,中共也学习过苏共,但中国不是苏联,中共也不是苏共。中共在学习外国革命和建设先进经验的同时,能够根据世情、党情和国情的变化,独立自主地探索中国革命和建设道路,与时俱进地提出新的理论与方针。正因为如此,中国共产党领导中国人民赢得了新民主主义革命的胜利,建立起社会主义制度,并阔步走在中国特色的社会主义大道上。

毫无疑问,中国共产党是在苏联共产党的帮助下成立的,正如毛泽东同志所讲的,"十月革命一声炮响,给我们送来了马

引　论　从相同之"道"到不同之"路"

克思列宁主义，走俄国人的路，这就是结论。"① 中国共产党的成立就是带领中国人民"走俄国人的路"。这条路究竟怎么走呢？开始中国共产党是坚持被十月革命所证实的以城市为中心的革命道路的，并先后在广州、武汉、长沙、上海、南京等地举行起义，但这些武装起义都遭到了失败，给中国革命带来了巨大的损失。在这种情况下，以毛泽东为代表的中国共产党人没有唯苏共和共产国际马首是瞻，而是从中国的实际出发，在实践中开辟了一条农村包围城市、武装夺取政权的革命道路。与此同时，在建党思想上，中国共产党也逐渐纠正主要在中心城市和大工业中心发展工人党员的做法，更多强调从思想上建设党，发展党员不唯成分，重在思想表现，将党的政治任务和党的建设结合起来，从而破解了半殖民地半封建社会条件下无产阶级政党建设的难题，开创了中国式的党的建设道路，并通过延安整风运动，进一步肃清了"左"倾教条主义和把苏联经验和共产国际决议神圣化的错误观念，统一了全党的思想，最终走出了一条不同于十月革命的中国革命新道路。

不可否认，中华人民共和国也是在苏联的帮助下成立的，正如在革命问题上开始学习十月革命的经验一样，在社会主义制度刚刚建立的时候，我们也是首先想到学习苏联的社会主义建设经验，"苏联共产党就是我们的最好的先生，我们必须向他们学习"②。在"学习苏联"的号召下，中国从中央到地方，从城市到农村，从机关到学校，举国到处都响彻"向苏联老大哥学习"的口号，苏联的一切都成为中国学习的榜样，毛泽东甚

---

① 《毛泽东选集》第四卷，人民出版社1960年版，第1408页。
② 《毛泽东选集》第四卷，人民出版社1991年版，第1481页。

至憧憬"苏联的今天就是我们的明天"。即便如此，中国共产党也没有完全唯苏联模式是从，1956年前后，随着国际国内形势的变化，中国共产党开始重新审视中国的社会主义建设道路，开始了"以俄为师"到"以苏为鉴"的转变。毛泽东在《论十大关系》开篇中就指出："特别值得注意的是，最近苏联方面暴露了他们在建设社会主义过程中的一些缺点和错误，他们走过的弯路，你还想走？过去我们就是鉴于他们的经验教训，少走了一些弯路，现在当然更要引以为戒。"①尽管后来毛泽东又走到"反修防修"、维护苏联模式的老路上，但在社会主义建设的许多方面都已经打上了中国的烙印，比方说中国的全国人民代表大会制度、中国共产党领导的多党合作与政治协商制度、民族区域自治制度等等，都与苏联的不同，从而避免了苏联后来犯的一些错误。

应当承认，中国的改革研究借鉴了东欧国家和苏联改革的经验教训。现在一谈到苏联改革，总是提戈尔巴乔夫上台后那一段，实际上自从斯大林逝世后，从赫鲁晓夫开始，苏联领导人曾经多次提政治经济体制改革的问题，只是雷声大雨点小，既没有动真格的，也没有形成气候。相比之下，东欧国家的动静要大一些。从1948年南斯拉夫铁托的自治社会主义实践，到1968年的"布拉格之春"，都是对苏联传统社会主义模式进行改革的尝试，也都对中国共产党有所触动。"文革"之后，中国开始走上改革开放之路，与苏东国家的改革所不同的是，中国在改革进程中坚持共产党领导，坚持社会主义制度，通过改革

---

① 《毛泽东文集》第七卷，人民出版社1990年版，第23页。

去完善和发展社会主义制度,而不是抛弃共产党的领导和摧毁社会主义制度;是以革命的气魄和胆识加以改革,不是花拳绣腿给人看的;是本着从根本上改革传统的体制机制,不是表面文章、哗众取宠的;是经过周密考虑、慎重决策,不是率性而为、朝令夕改的;是坚持不懈、持之以恒的,不是三天打鱼、两天晒网的。正是由于中国共产党30年如一日地推进改革开放,才从根本上把中共与苏共、中国与苏联区别开来,也最终使今天的中国没有成为昨天的苏联。

三、求异存同与求同存异

从大的方面和脉络看,中国与苏联的不同,在很长时间内不是发展目标和方向上的不同,而是实现目标和保持方向的方式、方法和途径的不同,不是社会主义这个大"道"的不同,而是走向"道"的"路"不同。当然,在戈尔巴乔夫执政后期,由于其坚持所谓"人道的民主的社会主义",走向了社会主义的反面,和中国的方向和目标也就大相径庭了。

在中国的语汇中,所谓道路是既包括象征规律性的"道",又包括实现"道"的"路"两层含义在里面的。离开具体的"路"谈"道"必然空洞无物,会陷入教条主义和本本主义。离开"道"来谈"路"必然失去方向,会陷入机会主义和主观主义。我们常说的"道不同,不相与谋",就是说,方向和目标不一致,不可能与之同路同行。只有将抽象的"道"与具体的"路"有机结合起来,才能走得更远,也才能走得更好。对社会主义国家而言,这里的"道"就是马克思主义的基本原理,这里的"路"就是各国的具体实际。只有把马克思主义与各国的实际相结合才能找到一条正确的革命和建设道路。从各国革命与建设的实践看，要实现这个结合，既要做到求异存同，又要做到求同存异。所谓求异存同，就是在坚持马克思主义基本原理的前提下，努力使马克思主义具有各国不同的特色；所谓求同存异，就是革命和建设取得成功并形成某种模式的情况下，坚持不输出模式、不强加观点，始终坚持根据各国国情和实际发展马克思主义，不做马克思主义的教师爷。在这两方面，苏联和中国都有成功的经验，也有深刻的教训。

苏联是在经济文化十分落后的条件下跨越"卡夫丁大峡谷"建设和建成社会主义的，没有完全遵循马克思、恩格斯关于无产阶级社会主义革命的公式，应当说是符合求异存同原则的，问题在于把苏联模式绝对化、神圣化，并把这一模式强加给东欧社会主义国家，不允许这些国家进行改革，这就不可避免地窒息了社会主义的生命力。而到了戈尔巴乔夫后期则把脏水和孩子一同倒掉，盲目地全盘否定苏联模式，把西方的政治经济制度不加选择地引进到苏联来，从一个极端走向了另一个极端，犯的同样是理论与实际相脱节的严重错误。苏联最后出问题不足为奇。

中国无论是在革命时期还是社会主义建设初期，基于经验的缺乏，开始都是求同，求与苏联、苏共的同，迷信苏联和苏共的经验，不敢有丝毫的不满或异见，生怕把马克思主义这个经给念歪了，可谓战战兢兢、如履薄冰。结果呢？革命总是遭遇挫折，建设不断遇到麻烦。于是，中国共产党人开始改变做法，着眼于从中国的实际出发思考问题，强调要在学习苏联经验的同时，结合中国的具体实际，"创造出中国自己的、独特的民族风格的东西"①。这个"中国自己的、独特的民族风格的东西"就是中国共产党在推进马克思主义中国化的历史进程中产生的几个理论成果：一个是毛泽东思想，另一个是包括邓小平理论、"三个代表"重要思想以及科学发展观等重大战略思想在内的中国特色社会主义理论体系。这几个理论成果的取得无疑是中国共产党坚持马克思主义基本原理与中国实际相结合、求异存同的结果，也是中国的发展日益受到国际社会关注的重要原因。

但是，随着中国的快速发展，国际上关于中国模式的议论也多了起来，2004年5月，美国《时代》杂志前任编辑乔舒亚·雷默首次提出"北京共识"的概念，对中国发展模式进行了较为系统的阐述。近年来，随着国际金融危机的不断深化，中国模式更加引人注目。对于这些，中国共产党没有沾沾自喜，更没有输出模式的冲动，甚至压根儿就没有正式承认过有所谓中国发展模式之说，而是继续本着求同存异的原则，一如既往地坚持各国根据本国国情选择自己的发展道路，反对将社会制度和发展道路强加于人。因为中国共产党深知，世界是多样化的，也是丰富多彩的，世界上没有最好的制度，只有最合适的制度，没有最好的模式，只有最合适的模式。中国因"不是苏联"而生，怎么会再去重复苏联做过的事呢？！

---

① 《毛泽东文集》第七卷，人民出版社1990年版，第83页。

第一章　从贫穷有理到致富光荣

不坚持社会主义，不改革开放，不改善人民生活，只有死路一条。①

——邓小平

1992年初，邓小平同志在南巡讲话中提出了"发展是硬道理"这一论断，当时正值苏联解体不久，中国面临何去何从的问题，中国共产党面临如何选择的问题。针对这种情况，小平同志明确指出："经济不能滑坡，凡是能够争取的发展速度还是要积极争取；强调稳定是对的，但强调的过分可能会丧失时机，要注意经济稳定、协调地发展，但稳定和协调是相对，不是绝对的，发展才是硬道理。"②现在想来，面对上世纪80年代末、90年代初那场疾风暴雨般的苏东剧变，面临攸关中国前途命运的关键抉择，如果中国共产党的领导人受"左"的思维惯性影响做出错误的判断，如果没有紧紧扭住经济建设这个中心不放，如果没有继续推进改革开放和现代化事业，中国可能是另外一种局面，整个世界的格局也可能是另外一幅图景了。历史不能

---

①② 《邓小平文选》第三卷，人民出版社1993年版，第370、312页。

假设，好在中国共产党的领导人头脑清醒，好在已尝着"甜头"的中国老百姓不愿走回头路。也可以这么说，是苏东剧变给中国共产党提了醒，使中国共产党坚定了继续改革开放的决心，坚定了继续"一心一意谋发展、聚精会神搞建设"的决心，坚定了继续走中国特色社会主义道路的决心。正如邓小平所讲的，"从一定意义上说，某些暂时复辟也是难以完全避免的规律性现象。一些国家出现严重曲折，社会主义好像被削弱了，但人民经受锻炼，从中吸取教训，将促使社会主义向着更加健康的方向发展。"① 这句话讲得多好！试想，一个再强壮、再优秀的人，如果朝着"不健康"的方向成长，最终也会变得羸弱、病态甚至夭折。社会主义的发展何尝不是如此呢？正是苏联发展过程中的种种不健康因素导致了它的解体，也毁了社会主义的声誉。而中国正是从苏联的成长、发展、生病和消亡中看到了"什么不是社会主义"，并进而逐步探索出一条体现"什么是社会主义"的道路。

一、要不要发展

从某种程度上讲，这是个伪命题。简单地讲斯大林或毛泽东不重视发展显然是不客观的。有哪个国家的领导人不希望自己的国家发展呢？问题在于怎么发展，从哪儿开始发展以及用什么模式发展。苏共的问题在于把发展问题"异化"了，变味了，最后不但没有发展上去，还落了个"众叛亲离"的下

---

① 《邓小平文选》第三卷，人民出版社1993年版，第146页。

场。中国共产党则在萧规曹随之后，在发展问题上拨乱反正，真正把中国发展起来了。

"赶超型"发展的功与过

"赶超"是苏联经济发展战略的主要特征，也是改革开放前中国经济发展战略追求的目标，但一味地凭借国家的力量，追求在某些指标上"赶超"，带来了许多问题。

苏联是跨越资本主义的"卡夫丁大峡谷"、在经济文化落后的条件下建设社会主义的，也是在资本主义包围封锁遏制的国际环境中建设社会主义的，面临着生存和发展的双重任务。特别是面对资本主义国家扼杀苏维埃政权的企图，苏共领导人有着强烈的危机感：如不尽快在经济发展特别是工业化方面赶上西方资本主义国家，社会主义就很难在苏联站住脚，亡党亡国的危险就始终存在。列宁在十月革命前夕发表的《大难临头，出路何在》一文中指出："革命在几个月以内就使得俄国在政治制度方面赶上了先进国家。"[①] "但是这还不够。战争是铁面无情的，它残酷地尖锐地提出问题：要么灭亡，要么在经济方面也赶上并且超过先进国家。"[②] 斯大林也强调，"落后就要挨打。"[③] 在这种形势下，苏联放弃按部就班地走英美那种优先发展轻工业的工业化道路，打破常规，集中一切人力、物力、财力优先发展重工业和军事工业，以期尽快在工业化方面赶上或超过先进的资本主义国家，建立起可抵御外部干预的强大物质基础。正如地球人都知道的，这一点苏联做到了。在短短 10 多

---

①② 《列宁全集》第三十二卷，人民出版社 1995 年版，第 181－225 页。
③ 《斯大林选集》（下），人民出版社 1979 年版，第 272 页。

年时间内，苏联就由落后的农业国变成了工业国，成为仅次于美国的世界第二大工业强国，开创了社会主义现代化的新路。世界银行曾把二战后20年间世界上其他国家与苏联工业化的发展作了对比，认为："工业化国家除了日本和德国，以及所有非市场经济国家外，增长速度都没有苏联快，增长持续时间也没有苏联长。"试想，如果苏联不采用"赶超"战略，恐怕生存就成问题了，社会主义制度也难以巩固了。连布热津斯基也承认，苏联模式一度是人类文明的吉兆，一大批民族国家竞相以苏联模式为样板，自由资本主义一度处于守势、劣势。否定这一点就是历史虚无主义。

但同样不可否认的是，这种"赶超型"发展战略留下的后遗症实在是太大了，并最终埋下了苏联解体的祸根。这种"赶超"，繁荣的只是几项与军事、国防有关的指标，而与人民生活息息相关的农业、轻工业都长期落后，排队和日用消费品短缺成了苏联的一大特色。这种"赶超型"发展战略最大的问题就是把特殊当成了一般，把应急变成了常规，把权变视作了真理，最后固化成一种模式，并把这种模式同社会主义完全等同起来，从而把社会主义本来就有的生机和活力给扼杀了。恩格斯指出："所谓'社会主义'社会，不是一种一成不变的东西，而应当和任何其他社会制度一样，把它看成是经常变化和改革的社会。"[①] 这句话再清楚不过地表明，社会主义是发展着的理论，不是现成和僵死的教条，也不存在固定的程式，但苏共却把在赶超过程中采取的一些做法如优先发展重工业、指令性计划、单一公

[①] 《马克思恩格斯全集》第三十七卷，人民出版社1971年版，第443页。

有制等上纲上线，将它们变成了社会主义必须遵守的准则。虽然斯大林之后的有些苏联领导人若明若暗都试图突破这些条条框框，但囿于已经形成的社会主义教条，取得的成效甚微。

中国在建国初期也采取了"赶超型"战略，也效法了苏联优先发展重工业的计划经济体制，并用很短的时间建立了比较完整的独立的工业体系和国民经济体系，但在发展中更加急于求成，这种发展模式的弊端在中国同样存在。随着苏联经济体制的弊端日益暴露，特别是斯大林去世后，中国共产党人开始探索自己的社会主义道路。不过到改革开放前，基本精神没有离开"赶超"二字。在 1957 年 10 月召开的党的八届三中全会上，毛泽东指出："我们是不是可以把苏联走过的弯路避开，比苏联搞的速度更要快一点，比苏联的质量更要好一点？应当争取这个可能。"[①] 1957 年 11 月，毛泽东在率团赴莫斯科参加十月革命 40 周年庆典活动时，针对赫鲁晓夫提出 15 年后苏联工农业主要产品将超过美国，他即兴提出在 15 年后中国钢产量超过英国。1958 年提出"总路线"、发动"大跃进"和人民公社化运动，都是围绕上述主题的。后来更发展到批判修正主义、维护苏联经济模式的老路上去。直到 1978 年党的十一届三中全会召开，这种局面才开始得到根本改变。

这种改变是从对时代主题及国际形势的基本判断的改变开始的。"赶超型"发展战略的实质就是"备战"，一切从备战需要出发，经济工作服从于战争需要。十月革命后苏联先是"备"帝国主义武装干涉之"战"，后"备"德国法西斯侵略之

---

① 《毛泽东文集》第五卷，人民出版社 1977 年版，第 466 页。

"战",再后来就是"备"与美国争霸的冷战。苏联的经济是一种典型的备战型经济。新中国成立后,我们经历了抗美援朝、中苏珍宝岛之战、中印边界自卫反击战、中越边界自卫反击战等几场战争,并认定第三次世界大战难以避免,过分强调战争的危险。之所以有"赶超型"发展战略,与对当时所处时代的认识有关,与对我们所处的国际环境和对国际形势的判断有关。如果这个大的形势没有变,社会主义国家就始终有危机感,就始终有赶超资本主义国家的内在动力和需求。

上个世纪70年代末,国际形势和东西方关系出现缓和,维护世界和平的力量在增长。邓小平敏锐地抓住这一变化,不失时机地指出,在较长时间内不发生大规模的世界战争是可能的,维护世界和平是有希望的。这一重要判断为中国共产党把发展战略由实际的战时状态转到和平状态提供了可能。之后,中国共产党提出了和平与发展的时代主题观,制定了和平时期的发展战略,并提出了坚定不移地走和平发展道路的主张。据此,我们虽然也讲保持一定的发展速度,强调"发展太慢也不是社会主义",但早已摈弃了那种不切实际的"高速度";我们也讲发展目标,力争到2050年左右达到中等发达国家水平,但我们制定的是分步走的战略目标,强调步步为营、稳扎稳打;我们也讲完成工业化任务,但我们走的是以信息化带动工业化、以工业化促进信息化,科技含量高、经济效益好、资源消耗低、环境污染少、人力资源得到充分发挥的中国特色的新型工业化道路。总之,在速度、目标、路径、手段等方面,我国的发展理念和发展战略实现了从"战时"到"平时"、从"赶超备战"到"和平发展"、从外延"扩张"到内涵增长的根本性转变。

从此，我国开创了一个又一个崭新的发展局面，也为国际社会提供了可资借鉴的发展经验。

"抓革命、促生产"的是与非

无论是苏联共产党，还是中国共产党，在领导群众干革命方面都有着丰富的经验，也都习惯于通过群众性的政治运动解决矛盾和问题。确定了"赶超型"发展战略后，如何把它落到实处呢？无论是斯大林还是毛泽东，首先想到的是依靠群众，这无疑是对的。因为在唯物史观看来，人民群众是历史的创造者，是推动历史前进的决定性力量。但是，共产党人在组织群众进行大规模经济建设方面缺乏必要的经验，于是自然想到了革命年代屡试不爽的方式和方法，那就是放手发动群众，通过兵团作战式的群众运动搞经济建设。中国"文化大革命"中提出的所谓"抓革命、促生产"就是这种倾向的典型表现。

这个"革命"到底怎么抓？从苏联和改革开放前中国的情况看，主要是两种办法：一个是搞阶级斗争，就是对那些搞破坏、消极抵抗或对上面的做法有不同意见的人进行批判和斗争。一个是搞政治运动，说要大炼钢铁，就全国人民一块炼；说要"大跃进"，就全国人民一起跃进。在经济文化比较落后的情况下，集中人力物力财力干大事，干成一些艰、难、险、要之事是必要的，也是社会主义制度的优势所在，但通过政治运动搞建设显然违背了经济规律，或可偶尔为之，但不能经常化、制度化。在社会主义国家建立初期，出于巩固新生政权的需要，对阶级矛盾、阶级斗争保持高度的敏感性也是无可非议的，否则就会放松警惕，被人钻了空子，甚至有被扼杀、颠覆之虞，但社会主义改造基本完成之后，再继续坚持这种观点就不符合实际情况了。

　　上面这两种做法之所以在社会主义国家流行，除了革命时期的惯性作用外，一个很重要的原因，与其说是对社会主义阶段的主要矛盾和根本任务缺乏清醒的认识，还不如说对如何实现经济发展缺乏科学的认识。这里有一点必须澄清，无论"赶超型"发展战略有多大的问题，但其本意还是谋求发展；无论片面发展重工业有多少不合理，但其本意还是实现工业化、发展生产力。所以不能简单地认为苏联和改革开放前的中国不重视发展生产力，问题出在如何发展上，是用革命的办法还是其他的办法？马克思和恩格斯在《共产党宣言》中指出：无产阶级将利用自己的政治统治，"尽可能快地增加生产力的总量"。列宁也指出："无产阶级取得国家政权以后，他的最主要最根本的利益就是增加产品数量，大大提高社会生产力。"[①] 对于这些论断，作为马克思主义者的斯大林或毛泽东都应是熟悉和清楚的，但由于国内外形势的复杂，更由于缺乏必要的经验，他们都把革命当作了促进经济发展的途径，最后都在自觉和不自觉中把手段和途径当成了目的，颠倒了政治与经济在整个国家建设中的位置，甚至为此提出了一系列不符合实际的理论，却被称作发展了马克思主义。这在阶级斗争问题上表现得尤为突出。

　　作为资本主义的对立面，社会主义国家在相当长的历史时期内都会存在阶级斗争，有时这个斗争会表现得很尖锐，但总的看是逐渐趋向缓和的。而斯大林却把阶级斗争简单化、绝对

---

① 《列宁全集》第四十二卷，人民出版社1987年版，第369页。

化，把几乎所有矛盾斗争都解释为"阶级矛盾"和"阶级斗争"，把1927年底、1928年初因计划和管理错误而发生粮食收购危机归为"富农捣乱"和阶级斗争激化；把1928年春主要由偶然技术原因引起的沙赫特煤矿事故解释成是资产阶级专家同国际资本勾结向苏维埃政权发动的"严重进攻"；甚至把经济领域和工业战线在"大跃进"、劳动竞赛中因设备超负荷运行而发生的机器损坏、残次品增加等统统视为"人民敌人"的"破坏活动"。最后发展为30年代的"大清洗"和战后一系列政治镇压运动，完全背离了阶级斗争和政治运动的初衷，严重损害了社会主义的形象，也使发展没有可持续性。中国在1957年之后到"文化大革命"，也基本上"以阶级斗争为纲"，重蹈了苏联的覆辙。

其实，苏联国内战争结束后，在新经济政策初期，列宁在《论合作社》中便提出了"工作重心转移"的问题，即应由大规模的阶级斗争，"转向和平的文化组织工作，即经济建设上来"。斯大林执政后，却把阶级斗争看成是社会主义发展的动力，并认为"我们所有的进展，我们在社会主义建设方面的每一个稍微重大的成就，都是我们国内阶级斗争的表现和结果"。[①] 他把苏联的社会主义搞成了以阶级斗争为中心的社会主义。邓小平吸取了苏联和中国自身的深刻教训，在十一届三中全会上果断地提出了停止使用"以阶级斗争为纲"的口号，把全党工作的着重点转移到经济建设上。此后中国共产党就紧紧抓住经济建设这个中心，再也没有撒手过。即使发生了1989年那样的

---

① 《斯大林全集》[C]，人民出版社1955年版，第149页。

政治风波，也没有放弃党以经济建设为中心的基本路线，在苏联解体后更是提出了"发展是硬道理"和"三个有利于"[①] 的重要论断。邓小平指出："社会主义的优越性归根结底要体现在它的生产力比资本主义发展得更快一些、更高一些，并且在发展生产力的基础上不断改善人民的物质文化生活。"[②] 以江泽民同志为核心的第三代中央领导集体提出"三个代表"的重要思想，强调发展是党执政兴国的第一要务，是解决中国所有问题的关键。党的十六大以来，以胡锦涛为总书记的党中央又提出了科学发展观的重大战略思想。从革命到生产，从阶级斗争到经济建设，从经济建设为中心到发展是党执政兴国的第一要务，从发展是硬道理再到强调实现全面协调可持续的发展，中国共产党对社会主义建设规律有了越来越深刻的认识，中国的发展正站在新的历史起点上。

发展阶段的高与低

中国人常说，人贵有自知之明，国家也是如此。了解一个国家的基本国情和所处的发展阶段至关重要。苏联是一个在经济文化比较落后的基础上建设社会主义的，与马克思恩格斯所设想的社会主义截然不同。列宁之所以提出要在经济方面赶上先进国家，主要是因为当时的俄国比较落后，社会主义制度的经济基础十分薄弱；斯大林提出"赶超型"的发展战略也是基于同样的原因。从社会生产力方面判断，新生的社会主义国家

[①] 判断姓"资"姓社的标准，应该主要看是否有利于发展社会主义社会的生产力，是否有利于增强社会主义国家的综合国力，是否有利于提高人民的生活水平。

[②] 《邓小平文选》第三卷，人民出版社1993年版，第63页。

都处于较低的发展阶段，这应是一个不言而喻的事实。

但实际情况并不那么简单。可能是因为对社会主义抱有充分的信心吧，也可能觉得"赶超型"发展不断取得新的重要成就，无论是苏联还是中国，开始都主要是从生产资料的所有制形式，也就是从生产关系的角度来区分社会发展阶段的。斯大林提出，完成生产资料由私有制向公有制的转变，即是社会主义的"基本建成"，并在1936年的宪法中对此作了郑重宣布。按照这一基本思想，仅仅过了三年，1939年联共（布）十八大就宣布苏联已经进入了"从社会主义逐渐过渡到共产主义的阶段"。斯大林认为，在一个国家内实现共产主义"完全可能"，因此在1946年二战刚刚结束，当苏联还处于国民经济大破坏状态时，斯大林就宣布要进行一系列"共产主义建设工程"。受此影响，1959年初，赫鲁晓夫提出苏联已进入"全面开展共产主义建设时期"。1961年10月，赫鲁晓夫在苏共二十二大的总结报告中更明确提出要"在20年（1960—1980）内基本上建成共产主义社会"，并提出了超越阶段的"全民国家"和"全民党"口号。勃列日涅夫虽有所保留，但在1967年庆祝十月革命50周年大会的报告中第一次宣布"苏联已经建成了发达的社会主义社会"。安德罗波夫则将勃列日涅夫的"发达社会主义建成论"修正为"发达社会主义起点论"，认为苏联"正处在发达社会主义这一漫长历史阶段的起点"。到戈尔巴乔夫执政，他又以"发展中的社会主义"的新概念，取代了安德罗波夫的"发达社会主义起点论"，将苏联社会主义发展阶段向后退缩了一步，并提出了"社会主义完善论"，把苏联"完善"到"人道的民主的社会主义"方向去了。尽管苏共有关社会主义发展阶段的提法不断调整，但总的看没有摆脱"超阶段论"，未能正确认识本国的国情和发展程度，而且提法多，既导致有关方针政策错乱，也影响人们对社会主义的信心。

毛泽东同志也曾认为完成生产资料的社会主义改造，就是完成了从新民主义向社会主义的过渡，进入了社会主义。但他把社会主义的"建立"和"建成"作了严格的区别。他在1957年《关于正确处理人民内部矛盾的问题》的报告中指出："我国的社会主义制度还刚刚建立，还没有完全建成"，"还需要有一个继续建立和巩固的过程"。① 在他看来，只有"社会生产力的比较充分的发展，我们的社会主义的经济制度和政治制度，才算获得了自己的比较充分的物质基础（现在，这个物质基础还很不充分），我们的国家（上层建筑）才算充分巩固，社会主义社会才算从根本上建成了"②。毛泽东还认为，要建成"伟大的社会主义国家"大约需要50年左右的时间，因为"你有那么多人，有那么大一块地方，资源那么丰富，又听说搞了社会主义，据说是有优越性，结果你搞了五六十年还不能超过美国，你像个什么样子呢？"③这里的第一段话讲得是对的，但第二段话就显得有点急躁和脱离实际了。正因为要急于建成社会主义，从1958年开始，搞了以高指标为特征的大跃进和轰轰烈烈的人民公社化运动。当时是把人民公社当成向共产主义过渡的条件提出来的，认定"共产主义是天堂，人民公社是金桥"。这实际上也是从生产关系的角度看待问题的。后来面对三年严重困难的挫折，毛泽东提出社会主义应划分为"不发达"阶段和"比较

---

① ② ③ 《毛泽东著作选读》（下），人民出版社1986年版，第768、768、769页。

发达"阶段,并在1962年的七千人大会上讲,"中国的人口多,底子薄,经济落后,要使生产力很快地发展起来,要赶上和超过世界上最先进的资本主义国家,没有一百年的时间,我看是不行的","把时间设想得长一点是有许多好处的,设想得短了反而有害"。① 这里毛泽东开始更多从生产力发展的角度看待社会主义发展阶段问题,但实践中特别是"文革"期间,中国共产党在社会主义发展阶段问题上还是很"左"的。

邓小平审视和总结了我国社会主义事业的进程,主张"不要离开现实和超越阶段"来搞社会主义建设。他认为,采取"左"的办法,是"搞不成社会主义的"。在邓小平的积极推动下,1981年党的十一届六中全会通过了《关于建国以来党的若干历史问题的决议》。《决议》首次明确提出"我们的社会主义制度还是处于初级阶段",但当时主要还是从生产关系角度讲的。1982年党的十二大政治报告中指出:"我国的社会主义社会现在还处在初级发展阶段,物质文明还不发达。"这一论述较明确地从生产力发展的角度提出了我国处于社会主义初级阶段的理论根据。1986年十二届六中全会通过的《中共中央关于社会主义精神文明建设指导方针的决议》中,进一步指出:"我国还处在社会主义的初级阶段,不但必须实行按劳分配,发展社会主义的商品经济和竞争,而且在相当长历史时期内,还要在公有制为主体的前提下发展多种经济成分,在共同富裕的目标下鼓励一部分人先富起来。"② 这个论断则从生产力和生产关系

---

① 《毛泽东著作选读》(下),人民出版社1986年版,第829页。
② 《中共中央关于社会主义精神文明建设指导方针的决议》,人民出版社1986年版,第11页。

相互关系的角度论述社会主义初级阶段。1987年10月，党的十三大更为明确地指出，正确认识我国社会主义处于初级阶段，是建设中国特色社会主义的首要问题，是我们制定和执行正确路线和政策的根本依据，并完整地提出了社会主义初级阶段的基本路线。之后至今，虽然中国实现了快速发展，但中国共产党仍然坚持社会主义初级阶段的基本判断不动摇。党的十七大政治报告强调，经过新中国成立以来特别是改革开放以来的不懈努力，我国取得了举世瞩目的发展成就，但我国仍处于并将长期处于社会主义初级阶段的基本国情没有变。报告不但提出要立足社会主义初级阶段这个最大的实际，更加自觉地走科学发展道路，而且全面分析了进入新世纪新阶段我国发展呈现的一系列阶段性特征，就实现全面建设小康社会奋斗目标提出了一系列新要求，表明中国共产党关于社会主义发展阶段的认识更加深入、更加务实、更加科学。

二、如何发展

马克思主义经典著作中有一条世人皆知的原理，那就是：生产力决定生产关系，生产关系对生产力产生反作用。一定的生产力要求一定的生产关系相适应。当生产关系适应生产力的发展程度时，就会产生积极的推动作用，否则就会产生消极的阻碍作用。也就是说，两者关系的最佳状态是相互适应。落后或超越于生产力发展阶段的生产关系都不会推动生产力的发展，即便短时间内可以发挥一定的效用，长远看也不可持续。这已被各国的发展实践所证明。

改革还是改良？

作为世界上第一个马克思主义政党，苏共对社会主义制度的优越性是深信不疑的，特别重视发挥生产关系的反作用。列宁实行的军事共产主义政策是对生产关系的"极端"运用，但列宁并没有把军事共产主义固定化、模式化，内战一结束就开始实行新经济政策，并取得了很好的效果，表明列宁是以改革的态度对待马克思主义的。遗憾的是，斯大林并没有沿着这条路走下去，不但在列宁去世后不久中止新经济政策，而且重新强调生产关系的独特而重要的作用，并把这种作用发挥到了极致，声称要"堵死和消灭阶级首先是资本籍以产生的一切孔道，最后造成直接消灭阶级的生产条件和分配条件"[①]，也就是把生产关系的变革和"升级换代"放在了第一位。斯大林据此在30年代创立了"社会主义＝公有制＋计划经济＋无产阶级专政"的模式，连生产力的影子都不见了。中国在生产资料的社会主义改造基本完成之后，也陷入了与苏联几乎同样的境地，"一大二公三纯"等急躁冒进和主观主义的做法盛行，实际上片面夸大了生产关系的反作用。这好比微积分虽高级，但用在小学生身上就起不了什么作用，对小学生本身也无益。马克思强调："无论哪一个社会形态，在它所能容纳的全部生产力发挥出来以前，是决不会灭亡的；而新的更高的生产关系，在它的物质存在条件在旧社会的胎胞里成熟以前，是决不会出现的。"[②] 上述不顾生产力发展水平急于"升级"生产关系，显然是违反马克

[①]《斯大林全集》第九卷，人民出版社1954年版，第21－22页。
[②]《马克思恩格斯全集》第十三卷，人民出版社1962年版，第9页。

思主义的。

那么，面对这种情况怎么办？当然要调整和改革过于"高级"的生产关系了。社会主义的生产关系还需要调整和改革吗？这是需要解决的第一个重大问题。因为在20世纪30年代到80年代中期以前，在苏联官方和理论界中居于主导地位的观点认为，在社会主义社会，生产关系与生产力是"完全适应"的，社会主义生产关系"自动适应"生产力的需要。如1938年斯大林在《论辩证唯物主义和历史唯物主义》一文中，就认为"苏联的社会主义国民经济是生产关系完全适合于生产力性质的例子"。在14年之后斯大林所著的《苏联社会主义经济问题》一书中，虽然他承认社会主义条件下生产关系与生产力之间存在矛盾，但仍认为苏联的生产关系"完全适合于生产力的增长"。与此相似的观点认为，在社会主义条件下，生产关系与生产力性质的相适应是自动得到保证的。无论是"完全适合论"，还是"自动适应论"，其实质都是否定社会主义条件下生产关系与生产力之间的矛盾，结果必然导致否定社会主义条件下实行改革开放的必要性。苏联高度集中的经济体制、严重失衡的经济结构和粗放式的经济增长方式长期难以调整，都与上述指导思想有着密切的关系。

中国在这个问题上也经历了一个探索的过程，付出了一些代价，但最终走到正确的轨道上来。以十一届三中全会为开端，中国共产党认为，社会主义制度建立以后，社会的基本矛盾是"制度"适应前提下的"体制"不适应，为此既要改革旧的僵化的经济体制，也要根据形势发展不断进行体制创新。邓小平突破"两个凡是"的禁锢，率先提出"革命是解放生产力，改革也是解放生产力","改革是中国的第二次革命","不要改良,不要修修补补"等重要论断,同时强调改革不是抛弃已形成的社会主义生产关系,而是"社会主义制度的自我完善"。这样,既明确了改革的基本性质,又弄清了改革的基本方向,既不能像赫鲁晓夫、勃列日涅夫等人推行零敲碎打、修修补补的改革,更不能像戈尔巴乔夫那样一旦改革进行不下去,就抛弃社会主义的基本原则,把脏水和孩子一起倒掉,最后把偌大一个苏联给搞垮了。这是中国改革不同于苏联改革的地方,也是中共不同于苏共的地方。

渐进还是激进?

苏联式的经济体制不是一朝一夕形成的,也不是在一天之内就移植到中国的。很重要的一点是,这种体制曾经给苏联和中国带来过诸多辉煌和骄傲,也承载着许多人关于那个时代的记忆。要改变这种体制,既要触动这种体制背后的利益格局,也要冲破人们关于这种体制的心理"积淀"。尽管许多人内心很清楚这种体制的弊端,但真要改变时却未必下得去手。在这种情况下,从哪儿改、改什么、怎么改的问题就显得尤为重要,弄不好就会前功尽弃。一旦出现严重失误,再要改革恐怕就难了,特别是在改革的启动阶段。

中文和俄文中都有一个成语叫"万事开头难"。中国人常讲,良好的开始是成功的一半。西方的系统论也认为,起始点的扰动可以产生蝴蝶效应。从哪儿出发对于一个人的发展很重要,对于一个国家的发展也很重要。中国是从农村开始改革的,在农村打响了改革的第一枪。为什么要从农村开始呢?邓小平说，改革是一场革命。既然是革命，就要选择最容易突破的地方，选择最有利的路径，否则会事倍功半，甚至头破血流。"明知山有虎，偏向虎山行"，表达一种坚定的态度可以，或战略上蔑视敌人也可以，但在战术上却要细心琢磨、精心设计，否则中了埋伏，就全盘皆输了。从这个意义上讲，路径的选择是有战略意义的。中国共产党把农村作为改革的突破口，最主要的是因为农村是高度集中的计划经济体制最为薄弱的环节、是最容易突破的环节。由于生产力水平的限制，在广大的农村，没有建立起国营农场式的机械化生产。即使是"人民公社"，在形式上也仅仅是集体所有，不是中央计划经济要求的完全国有。中国农村中一直存在生产销售的自由化现象，即所谓的"资本主义尾巴"，虽经百般割杀而未除，农副产品集市交易从未中断和消失。此外，考虑到农民也是旧体制下工农业产品价格剪刀差最大的受害者，亟需阳光雨露的滋润。还有一点就是，中国有 10 多亿人口，大多数生活在农村。农业不仅为国家提供粮食和农副产品，还为工业和其他产业提供原料和广阔的市场；农村的发展和稳定，构成了整个国家发展和稳定的基础。这一基本国情决定了必须首先解决农村问题，"摆稳了这一头（指农村），就是摆稳了大多数，七亿多人口稳定了，天下就大定了"①。

中国农村改革始于安徽农村。1978 年底，安徽省凤阳县小岗村的 18 户农民自发地在一张合约上按下手印，悄悄地将集体耕地包干到户，拉开了以家庭联产承包责任制为主的经济体制

---

① 《陈云文选》第三卷，人民出版社 1995 年版，第 236 页。

改革的序幕。1980年9月,中共中央首次以文件形式,肯定了农民群众的创造。自此,"承包"这个词开始进入中国人的视野,也成为所有权与经营权分离的主要形式。可要在过去,"包"是资本主义的,是修正主义的。当年刘少奇、邓小平作为最大的第一号和第二号走资派,在经济方面的基本罪状叫"三自一包","三自"就是自留地、自负盈亏、自由市场,"包"就是包产到户。农村改革突破了长期以来国有的东西不能承包的思想障碍,并出人意料地引发了一场涉及整个经济体制的大变革。它也在中国刚刚走上改革之路,人们对改革尚无认识的时候,像一场及时雨,给所有的中国人以看得见、摸得着的实惠。中国改革的高明之处就在这里,渐进式改革的精髓就在这里,小平同志讲的"摸着石头过河"的合理性也在这里。

循序渐进是中国人的智慧,也符合中国人讲究实际的特点。所谓渐进式,是指先启动见效快的改革,后推进见效慢的改革;先涉及难度小的改革,后推进难度大的改革;先着手浅层次的改革,后推进深层次的改革;先注重竞争型的改革,后推进垄断行业的改革;先着力推进经济体制改革,后推进政治文化社会体制改革;先实施体制外的增量改革,后推进体制内的结构改革。具体做法,在突破口上是先农村后城市,走的是"农村包围城市"的道路,和中国革命的道路有点相似;在地域上是先沿海后中西部;在企业类型上是先乡镇企业、民营企业后国有企业改革等等。对于看不准的,就先试验再推广,不行就叫停并总结经验教训。在节奏上采取先立后破的策略,让人们先看到实惠,然后再引领大家去做。这样的路径选择对于确保中国社会稳定、减少改革带来的震荡有很大的好处。

从苏联改革的进程看，从赫鲁晓夫到戈尔巴乔夫则经历了一个从"慢进"到"激进"的演变过程。由于对改革的必要性和紧迫性缺乏共识，各方面的阻力也很大，苏共一度在改革问题上进展缓慢，基本上是在技术层面问题上打转转，以至到20世纪80年代初期被称作"停滞时期"的经济危机发展到很严重的地步。1976—1980年和1981—1985年两个五年计划期间经济增长率分别降到了3.9%和3.2%，其中勃列日涅夫逝世的1982年仅有2.6%。戈尔巴乔夫上台后立即着手对苏联经济进行改革，提出了加速国家社会经济发展的战略，但核心仍然是寻求重工业的加速发展。而在重工业当中，又把机器制造业作为重中之重。也就是说，戈氏把改革的突破口选在了传统经济体制最牢固的地方，而且是在旧的体制框架内进行的。其结果，在"加速战略"实行的一两年里，苏联经济增长速度甚至比不上改革前的水平。1986—1988年间下降到2.8%，1989年则只有2.4%。与此同时，财政赤字比80年代初增加了一倍。整个经济状况开始恶化。在这种情况下，戈尔巴乔夫的指导思想发生了变化，把改革重心转向政治领域，认为不进行政治改革，经济改革就难以开展。于是在1988年6月召开的苏共19次代表会议上，正式决定将政治体制改革提到首位。在经济改革上则推出被称作"休克疗法"的500天计划、哈佛计划等激进改革方案。从慢进变成激进，从一个极端走向了另一个极端，试图把长期积累起来的问题在短时间内解决，显然违反了事物发展的规律。而且苏联的改革是在人们还看不到餐品的时候，先激起人们的食欲，当不能实现承诺的目标时，人民的饥饿感和失落感就更强烈，对党失去了信心，整个社会就垮了，整个党也就散了。这个教训是惨痛的。

计划还是市场？

长期以来，这是困扰社会主义国家的一个重大理论问题。按照马克思主义经典作家的观点，由于生产的社会化与资本主义私人占有之间存在不可调和的矛盾，建立在资本主义基础之上的社会主义应当实行计划和产品经济。但由于社会主义首先是在经济文化比较落后的国家实现的，生产的社会化程度比较低，实现那种高级的计划经济实际上不可能。所以列宁早在新经济政策时期就运用商品货币关系杠杆恢复和发展国民经济。毛泽东在党的八大以后也提出了"可以消灭了资本主义，又搞资本主义"、"价值规律是一所伟大的学校"等重要思想。但那时还是把市场经济和资本主义联系在一起，认为市场经济和资本主义是"连体婴儿"，与社会主义水火不容。在通向社会主义的道路上，可以用市场经济来为社会主义服务，但本质上市场经济和社会主义基本上是两码事，没有必然的联系。

在上世纪20年代末到30年代初，斯大林发动"向资本主义全面进攻"，取消了列宁的新经济政策，取消了商品市场，把苏联经济完全纳入了产品交换和计划经济的轨道。他把计划经济看作社会主义制度的本质属性，而将商品、市场视为资本主义的"胎记"。在他晚年的《苏联社会主义经济问题》一书中，只承认物质利益和价值关系对劳动者积极性的有限影响，反对利用商品货币杠杆，坚持认为价值规律在社会主义经济中不具有调节作用，尤其不能扩大到生产资料范围。在斯大林这一思想影响下，苏共特别是勃列日涅夫执政时期，不但固守计划经济理念，还大肆批判南斯拉夫、匈牙利、捷克斯洛伐克等国的"市场社会主义"理论，甚至进行镇压，导致了"布拉格之春"等悲剧的发生。到了戈尔巴乔夫执政时期，他先是在不触动计划经济体制的前提下推进改革，后又急于实现向"完全的市场经济"过渡，最后落得个"赔了夫人又折兵"的下场。

中国的改革从一开始就坚持了市场取向。1979年，邓小平在接见美国一个学术代表团时指出："说市场经济只存在于资本主义社会，只有资本主义的市场经济，这肯定是不正确的。社会主义为什么不可以搞市场经济，这个不能说是资本主义。我们是计划经济为主，也结合市场经济，但这是社会主义的市场经济。"[①] 但囿于当时的政治氛围，这个讲话没有公开发表。到了1982年，党的十二大才正式提出"计划经济为主，市场调节为辅"的原则，允许在一定的经济范围，由价值规律自发地起调节作用。1984年，党的十二届三中全会提出要建立"有计划的商品经济"，指出商品经济的充分发展是社会经济发展不可逾越的阶段，只有充分发展商品经济才能把经济真正搞活。这就突破了把计划经济同市场经济对立起来的传统观念，将商品经济也看成了社会主义的内在属性，是对市场经济认识的一次重大突破。1987年，党的十三大进一步提出要建立"国家调节市场、市场引导企业"的新型经济运行机制，指出"社会主义有计划商品经济的体制，应该是计划与市场内在统一的体制"，市场的作用范围覆盖全社会，并将制度和体制做出了区分。邓小平在南巡讲话中，针对社会上一些人要恢复传统计划经济的企

---

① 《邓小平文选》第二卷，人民出版社1994年版，第236页。

图，旗帜鲜明地指出："计划多一点还是市场多一点，不是社会主义和资本主义的本质区别。计划经济不等于社会主义，资本主义也有计划。市场经济不等于资本主义，社会主义也有市场。计划和市场都是手段。"① 1992年，党的十四大明确提出经济体制改革的目标是"建立和完善社会主义市场经济体制"。党的十四届三中全会通过的《中共中央关于建立社会主义市场经济体制若干问题的决定》，进一步勾画出建立社会主义市场经济体制的蓝图和基本框架。由此中国共产党彻底突破了总是疑问计划与市场是姓资姓社的思想禁锢，把更多精力用在发展生产力上。

建立社会主义市场经济体制并不是要排除计划的作用，而是要发挥计划的正向作用。事实上，这些年我们一直沿袭苏联发明的"五年计划"的做法，这正是发挥社会主义优越性的重要方法。进入新世纪后，为减少主观随意性、体现决策科学性，中国共产党又把"计划"改为"规划"。中国改革的基本经验是，任何时候都要把市场和计划结合起来，把发挥市场在资源配置中的基础性作用和发挥政府的宏观调控职能结合起来。从历史和现实情况看，任何一个所谓的市场经济国家的经济运行，无不存在计划的影子，没有也不可能有纯粹意义上的市场经济。1929—1933年经济大萧条之后，政府对经济的干预成为市场经济的常态。二战后，西方资本主义国家吸取教训，采用了通常认为是社会主义的计划方法，罗斯福新政就是如此。2008年国际金融危机后，以美国为首的西方发达国家纷纷采用大规模的政府注资救助和政府干预的方式来挽救经济，类似计划的办法

---

① 《邓小平文选》第三卷，人民出版社1993年版，第373页。

再次发挥作用,也再次证明计划与市场的手段性和工具性。中国之所以能率先走出这场危机,正是科学运用这两种手段的结果。

公有还是私有?

与计划经济体制相联系的是生产资料的所有制形式,换句话说,你要能做到有计划、按比例,就必须对所计划的东西拥有所有权,而且所有权越绝对越好,越纯越好,否则你怎么可能对生产资料本身做出计划呢?这是斯大林和苏共的逻辑,也是改革开放前中国共产党的逻辑。所以,无论是苏联还是中国,在建国初期都建立了公有制的所有制形式,只不过程度不同而已。

毋庸置疑,公有制是社会主义制度的主要特征,也是区别于资本主义制度的主要方面,如果社会主义国家继续实行私有制,那就不成其为社会主义国家了。但公有制的表现形式是否只有一种,是否越纯越好呢?从本质上讲,所有制形式是对生产资料的占有形式,是属于生产关系的范畴,采取什么样的所有制形式要以能否促进生产力的发展作为主要的衡量标准,而不能以公有化程度的高低作为标准。十月革命前的俄国,经济相当落后,生产力很不发达。俄国是一个农民小生产者占绝大多数的国家,大工业的基础十分薄弱,在工农业总产值中仅占42%,而农业却占58%。十月革命后形成了先进的生产关系与落后的生产力之间的矛盾。按照生产关系与生产力发展相适应这一马克思主义原理,应建立多种形式的所有制关系,以适应不同层次的生产力发展水平。然而,苏共却没有这么做。

长期以来，苏联把国家所有制看成是一种最完善、最彻底的社会主义公有制形式。1955年由人民出版社出版、由苏联科学院经济研究所编写的《政治经济学教科书》认为："国营企业中的生产关系是最成熟的、最彻底的。"与此同时，认为集体所有制是社会主义所有制低级的、不发达的形式，把其他所有制形式看成是资本主义残余或与社会主义格格不入的东西。这样一来，苏联所有制关系的单一化、国家化就不可避免。既然国家所有制是最成熟的、最彻底的，当然用不着进一步改革和完善了，这是苏联国营企业改革难以进行和取得成效的理论根源。在上述思想指导下，在赫鲁晓夫和勃列日涅夫时期，急于把集体所有制提高、过渡或融合到国家所有制，使集体农庄实际上变成了准国营企业；个体经济长期被限制，私人经济被禁止，在苏联境内与外国资本合办企业成为不可逾越的禁区。安德罗波夫时期，苏共在所有制问题上有所松动，强调"所有制方面的变革绝不会是一次性行动"，有点想改革所有制结构的意思。到了戈尔巴乔夫时期，苏共进一步强调社会主义所有制"具有丰富的内容"，"处于运动之中"，需要"经常的调整"等，但随着向自由市场经济过渡为取向的改革的推进，有关所有制的改革开始转向非国家化、民营化和私有化，走向了公有制的反面。

社会主义中国应采用何种所有制结构，也经历了一个十分曲折的认识和探索过程。建国前夕，中国共产党认为，单一的所有制形式是不适合中国生产力发展的。毛泽东在中共七届二中全会上指出："单有国营经济而没有合作社经济，我们就不可能领导劳动人民的个体经济逐步走向集体化，就不可能由新民主义社会发展到将来的社会主义社会,就不可能巩固无产阶级在国家政权中的领导权。谁要是忽视或轻视了这一点,谁也就要犯绝大的错误。"① 建国初期,我国采取了多种所有制形式,对于恢复国民经济起了很大作用。但受苏联模式影响,1956 年我国社会主义改造基本完成之后,尤其是 1958 年"大跃进"之后,我们开始把所有制关系简单化、凝固化、单一化,不加分析地推动所有制形式的"升级"和"穷过渡",盲目追求"一大二公三纯",甚至把一切形式的个体经济和私营经济都视为"资本主义的尾巴"加以割除,严重压抑了人们的积极性,阻碍了社会生产力的提高。

所有制问题的实质和核心是对非公有制经济的态度问题。十一届三中全会以来,中国共产党对非公有制经济的认识是逐步深入的。中共十一届六中全会确认非公有制经济是公有制经济的必要补充。党的十五大确立了以公有制为主体、多种所有制经济共同发展的基本经济制度,把非公经济作为社会主义市场经济的重要组成部分。党的十六大则强调"毫不动摇地巩固和发展公有制经济,毫不动摇地鼓励、支持和引导非公有制经济发展"。党的十七大提出,要坚持和完善我国的基本经济制度,坚持平等保护物权,形成各种所有制平等竞争、相互促进新格局。从"必要补充",到"组成部分",再到"平等竞争",中国共产党对非公有制经济的定位越来越准确,对所有制问题的认识越来越科学。

我们讲各种所有制经济可以平等竞争、相互促进、共同发

---

① 《毛泽东文集》第六卷,人民出版社 1999 年版,第 299 页。

展，并不是说非公有制经济和公有制经济的地位是平等的、一样的。我国的基本经济制度包含三层意思：一是"公有制为主体"，说明我国经济的主体是社会主义；二是"多种所有制经济"，说明所有制结构，既不是单一公有制经济，也不是单一的私有制经济，而是各种公有制经济和各种非公有制经济的总和，其中公有制经济是主体；三是"共同发展"，说明在我国所有制结构中，在公有制为主体的前提下，各种所有制经济都要发展，既不是以公有制经济压抑其他经济的发展，也不是以非公有制经济妨碍公有制经济的发展，更不是以非公有制经济损害公有制经济的主体地位。因此，在我国基本经济制度中，"公有制为主体"是核心，是主干，只要"公有制主体"地位不动摇，我国的社会主义性质就不会改变。相比之下，苏联的改革一开始在所有制问题上采取了固步自封和无所作为的态度，到了戈尔巴乔夫时期，随着1991年7月《关于企业非国家化和私有化的基本原则》的颁布，苏联经济体制改革抛弃生产资料公有制的绝对主导地位，走进了全面私有化的死胡同，偏离了社会主义方向，岂有不失败之理？

三、"中国神话"能继续吗？

经过30多年的改革开放，中国取得了举世瞩目的发展成就，中国的国际地位和影响力也日益提高，被世界看成是仅次于美国的最具全球影响力的国家，国际上甚至一度出现了所谓G2的议论，一时间各种乐观的情绪升腾起来、生发开来。但也有人提出这样的疑问：苏联也曾经取得过经济的辉煌，成为综合国力可与美国比肩争霸的国家,那么中国是否会重蹈苏联的覆辙呢?经过多年的改革开放,中国克服了苏联经济体制的所有弊端了吗?现在已全然没有苏联体制的影子了吗?这些疑问的背后实际上涉及中国的发展能否持续和往哪儿发展的重大问题。好在,与苏共不同,中国共产党从改革开放伊始就注意到这些问题,并着手解决这些问题,迄今已形成了包括科学发展观、构建和谐社会等重大战略思想在内的一整套思路,这些思路倘能得到很好的贯彻和实施,上述疑问当随之化解。

能否抓住发展机遇?

无论是一个人的成长还是一个国家的发展,关键的就那么几步,就看你能不能抓住了,抓住了就能实现质的飞跃,错过了就被落在后面。所谓"一步赶不上,步步赶不上",严重的就不是赶上赶不上的问题了,而是能不能生存下去的问题。纵观世界各国的发展,凡是能抓住机遇的就能保持较好的发展势头,否则就落伍乃至衰败了。

对于一个国家来说,机遇在哪里呢?诚如一个人的机遇在社会交往中一样,一个国家的机遇就在世界交往中。马克思恩格斯曾把生产力的普遍发展和世界性交往的普遍发展作为社会主义和共产主义产生的两个前提条件。列宁也强调,"社会主义共和国不同世界发生联系是不能生存下去的。"[①] 可见世界性交往对于社会主义产生发展的重要性。但参与世界性交往与能否抓住机遇并不是一回事,一切全看你有没有这方面的意识以及

---

① 《列宁全集》第四十一卷,人民出版社1995年版,第167页。

有没有做好准备。机遇只垂青那些有准备的人，历史性机遇也只光顾那些有准备的国家。

资本主义产生以前，各国相互交往很少，是资本主义开启和推动了世界性交往进程。这一进程用现在人们熟知的语言来描述就是经济全球化，就是商品、资本、劳动力、技术、信息等跨越国家和地区界限以市场为中介在全球范围内加速流动和扩散的趋势。当一个国家参与其中并及时捕捉到对自身发展有利的商品、资本、技术和信息等，这时机遇就出现了，其发展就获得了先机和优势，就能在国际竞争中脱颖而出。这已被迄今为止许多国家崛起的事实所证明。

经济全球化是从15世纪末哥伦布发现美洲新大陆、东西半球汇合之际开始的，迄今已经历了4次高潮。18世纪中叶到19世纪末在以蒸汽机的发明与应用为标志的第一次科技革命的推动下，第一次经济全球化浪潮兴起，自由资本主义用商品、炮舰推动着殖民体系的建立和全球经济体系的建立。19世纪末20世纪初在以电的发明与应用为标志的第二次科技革命的推动下，第二次经济全球化浪潮到来，垄断资本主义通过资本输出实现了对整个世界的瓜分与蚕食，建立了金融资本对全世界的垄断统治。二战结束后，在以电子计算机的发明与应用为标志的第三次科技革命的推动下，经济全球化加快发展，形成了第三次浪潮，跨国公司大量涌现，国际贸易的增长速度超过了世界生产的速度。冷战结束以来，在以生物、信息技术为特征的第四次科技革命的推动下，经济全球化进入了信息化、网络化的新阶段，第一个真正的全球化时代已经到来。

社会主义从空想到科学，从理论到现实，从一国建立社会主义到社会主义阵营的形成，乃至从辉煌走向低谷，都产生于经济全球化的背景之下，都与对经济全球化的态度及能否抓住经济全球化提供的机遇有着密切的关联。苏联的社会主义革命和建设正在进行的时候恰逢第二次全球化浪潮，由于苏联的经济体制和发展目标正好和第二次科技革命的主题相适应（电力技术的发明与应用形成了重工业为主体的产业结构、电力生产所需要的集中性与计划经济的集中性相契合等），苏联抓住了第二次全球化浪潮的历史机遇，集中人力、物力、财力迅速实现了国家工业化，为打败法西斯奠定了较为雄厚的物质基础。从第二次世界大战结束直到20世纪70年代中期，第三次科技革命对生产力的影响还处于初级阶段，苏联的计划经济体制与生产力基本适应。

之后，第三次科技革命以微电子技术和电子计算机技术为主要标志，呈现出与以往的科技革命不同的特点。这些新变化、新情况势必对苏联的体制、模式和发展战略产生强烈的冲击并提出了新的要求，产生于电气化时期的计划经济体制越来越显得无法应对。新科技革命要求建立有宏观调控的市场经济，而苏联长期将计划经济等同于社会主义，市场经济等同于资本主义，排斥任何市场机制和行为，使资源无法有效配置。新科技革命的加速发展，要求体制不断创新，而计划体制却呈现出严重的保守性和呆板性。新科技革命要求企业具有经营的自主性，以充分发挥企业的信息主体功能，而计划体制不允许企业拥有经营自主性和追求利益的最大化，严重束缚了企业主动性和积极性的发挥，使企业丧失了生机和活力。结果是，1970年，苏联在基本建设投资规模上虽已同美国大体相当，但其工业劳动生产率才仅是美国的约53%。世界发达的资本主义国家在工业生产中都实现了电子化、信息化和自动化，生产技术和工艺发生了革命性的变化，而苏联国民经济在总体上却还保持着20世纪上半期的工艺技术水平和经济结构。戈尔巴乔夫试图与时俱进、有所作为，但大势已去，为时已晚。

第一次、第二次经济全球化浪潮兴起的时候，中国或闭关锁国或因内忧外患错过了发展机遇，第三次经济全球化浪潮兴起的时候，中国也因自身原因错过了部分发展机遇。20世纪50年代中期以后，随着一些殖民地半殖民地国家的独立，他们的矿产资源得到了发掘，中亚的石油、东南亚的矿产资源产量大增。国际关系也开始趋向缓和。日本和联邦德国抓住了这个契机，从战争废墟上一跃而成为世界强国。中国却因"大跃进"、"穷过渡"等做法葬送了这次机遇。60年代末至70年代初，国际经济再次出现产业大调整，当时西方发达国家把劳动力和消耗多的产业转移到发展中国家，加之它们处于相对繁荣时期，市场容量大，国际贸易活跃。亚洲"四小龙"便凭借其优越的地理位置，制定适当的经济政策，大量引进外资，迅速完成了经济的腾飞。而中国正值"文革"，机遇再次失去。

好在这次所丧失的只是部分发展机遇，因为在我国实行改革开放的时候，这一轮的经济全球化浪潮仍在继续，还存在新的发展机遇。所以改革开放伊始，中国共产党特别强调要抢抓机遇，把开放和改革同步推进的深层考虑也就在这里。之后，每到一些重要的节点上，中国共产党总要不断地从战略高度看待发展机遇问题，强调战略机遇是一种条件、一种可能，既是客观存在的，也是动态的，稍纵即逝。如果抓不住、抓不紧，就会时过境迁,机遇甚至会变成挑战。苏联解体后,着眼于抓住第四次经济全球化浪潮提供的机遇,邓小平强调"要抓住机遇,发展自己,关键是发展经济"①。1997年亚洲金融危机后,又有人过分关注经济全球化负面影响,江泽民明确指出要积极参与经济全球化进程,并在党的十六大政治报告中做出了"纵观全局,二十一世纪头二十年,对我国来说,是一个必须紧紧抓住并且可以大有作为的重要战略机遇期"的重要判断。2008年国际金融危机爆发后,针对我国面临的日益复杂的国内外形势,《中共中央关于制定国民经济和社会发展第十二个五年规划的建议》强调指出:"我国发展仍处于可以大有作为的战略机遇期,既面临难得的历史机遇,也面对诸多可以预见和难以预见的风险挑战,我们要继续维护和利用好发展的重要战略机遇期。"这实际上是将抓住发展机遇上升到国家大政方针的高度。应当说,这些年中国取得的成就是与我们牢牢抓住经济全球化提供的发展机遇分不开的。难怪有国际舆论认为,美国是经济全球化的最大推动者,而中国却是经济全球化的最大受益者。

当然,有机遇就有挑战,经济全球化是把"双刃剑",我们身处其中,可谓处处皆机遇,时时有陷阱,既不能像斯大林那样简单地拒绝经济全球化,否则就会丧失发展机遇;也不能像戈尔巴乔夫那样一味地迎合经济全球化,否则会把自己置于险境而浑然不知。既要积极参与,又要注意防范风险、化解挑战,否则危机就会在你不经意间甚至高兴的时候降临到你的头上。美国作为经济全球化的"火车头"和"发动机"曾一度以为很

---

① 《邓小平文选》第三卷,人民出版社1993年版,第375页。

安全，没想到金融危机会降临到自己身上，至今尚未彻底走出来，还连累了欧洲以及其他地区的许多国家。中国目前从经济全球化中获益良多，但以后呢？随着中国更深地参与经济全球化，机遇和风险会同步增加。有预言称，下一个发生危机的将是新兴经济体，尤其是中国。果真会如此吗？冷战结束以来，历次由经济全球化的深入发展带来的经济金融危机，中国都躲过了，有人说，这是中国的幸运。我们还会那么幸运吗？

能否做到又好又快？

苏联的经济发展有三个互相关联的特点：一个是超"重型"的经济结构，表现为和平时期重工业的比重与战时相当，甚至高于战时；重工业比重同农业以及轻工业相比，具有绝对优势地位；重工业在工业中的比重远高于西方发达国家。二是片面强调和追求经济发展特别是重工业的高速度，把高速度看成是社会主义制度优越性的表现，忽视经济的效率和质量。三是采取粗放型的经济增长方式，靠不断增加生产资料和劳动力的投入来实现扩大再生产。20世纪80年代中期生产的切削机床的金属耗用量就比美、日、德和法国同类新产品高1—1.5倍。这三个方面都是在苏联的赶超型发展战略影响下形成的，直到苏联解体时都没有得到妥善解决。

粗放型的经济增长模式造成了原料与燃料的极大浪费。上世纪70年代中期，苏联生产每亿度电所耗费的燃料比日本多46.4%，每吨钢多耗140.3%，每吨铁多耗164.6%。80年代初，苏联比起美国每单位的国民收入消耗的电力多20%，钢多90%，石油多100%，水泥多80%。这对经济可持续发展产生了致命的影响。到1979年夏，苏联的数控机床总计才将近6万台，这对早在1970年金属切削机床年产量已超过20万台的国家来说，技术水平之低是显而易见的。从70年代后期开始，苏联进行现代科技革命，实现由粗放型向集约型增长方式转变的有利时机已经过去。

苏联经济发展的上述特点对中国经济发展的影响是很深的，但中国共产党对这一问题认识比较早，动手解决还比较及时。在新中国建立及国民经济恢复之后，同苏联一样，中国也实行了优先发展重工业的发展战略。但从毛泽东发表《论十大关系》开始，我们就着手调整工业与农业、重工业与轻工业等之间的比例关系，调整经济结构更是我国经济发展过程的一项主要任务。在发展速度上，中国共产党一度也是"快"字当头，但后来纠正了"大跃进"时期那种不正常的卫星上天式的"快"，既强调保持必要的发展速度，也比较注重效率。党的十二大提出把全部经济工作转到以提高经济效益为中心的轨道上来。党的十三大提出要从粗放经营为主逐步转到集约经营为主的轨道。到90年代初确立发展社会主义市场经济后，我们提出要实现经济社会"又快又好"的发展，把效益、质量等"好"的指标提到与速度并列的地步，为此先后在中共十四届五中全会上和2005年"十一五"规划建议中提出要转变经济增长方式，但从指导思想上仍是"快"字当先。2006年召开的中央经济工作会议，将其改为"又好又快"发展，并在随后召开的党的十七大上把"转变经济增长方式"改为"转变经济发展方式"，把转变经济发展方式作为关系国民经济全局紧迫而重大的战略任务。从"又快又好"到"又好又快"，表明我们更加重视经济发展的质量和效益；从"转变经济增长方式"到"转变经济发展方式"，则表明我们关于经济发展的理念发生了重要转变。经济增长是经济发展的基础，没有经济增长谈不上经济发展；但不能简单地把增长等同于发展，增长并非必然带来相应的发展。国际经验表明，"没有发展的增长"甚或"负增长"大量存在。转变经济发展方式，既要求从粗放型增长转变为集约型增长，又要求从通常的增长转变为全面、协调、可持续的发展。

新形势下，要实现又好又快发展，关键在于转变经济发展方式。一方面，长期以来，我国经济发展的高投入、高消耗、高排放、高污染，经济结构失衡，难循环、低效率等问题比较严重。如不转变经济发展方式，资源将难以支撑，环境将难以承受，竞争将难以提升，全面协调可持续的发展将难以实现。另一方面，国际金融危机后，全球经济可能在较长时间里处于低速增长，我国发展的外部空间将受到制约；全球科技和产业变革、国家间贸易关系的调整，将使我国未来发展面临的国际产业、技术竞争更加激烈；应对气候变化的博弈和能源资源的获取，粮食供求形势和金融体制的变化调整，也将影响我国经济安全。各国在积极应对国际金融危机冲击的同时，都在抓紧进行经济结构调整，为未来更高水平的发展做准备。美国等发达国家重新重视实体经济，纷纷推出绿色新政、再工业化等战略，力图在新能源、新材料、生物医药等新兴产业领域扩大优势、抢占制高点。在这一背景下，如果我们不能尽快适应世情变化，改变传统发展模式，就很难更好地抓住机遇、应对挑战。为此，党的十七届五中全会通过的《中共中央关于制定国民经济和社会发展第十二个五年规划的建议》深刻分析了我国的基本国情和发展的阶段性特征,明确提出"以加快转变经济发展方式为主线,是推动科学发展的必由之路",要坚持把经济结构战略型调整作为加快转变经济发展方式的主攻方向,把科技进步和创新作为加快转变经济发展方式的重要支撑,把保障和改善民生作为加快转变经济发展方式的根本出发点和落脚点,把建设资源节约型、环境友好型社会作为加快转变经济发展方式的重要着力点,把改革开放作为加快转变经济发展方式的强大动力,在发展中求转变,在转变中求发展,努力实现经济社会又好又快的发展。可以说,加快转变经济发展方式的政策条件和路径选择等都已具备,接下来就是落实的决心和推进的力度了。应当汲取的教训是,没能根据国内外环境和发展条件的变化及时转变经济发展方式,是苏联经济发展由快变慢、苏共由盛而衰的重要原因之一。能否尽快实现经济发展方式的转变也将在某种程度上决定中国的发展可否持续及其在国际上的地位,对中国共产党的先进性也将是一个重要的考验。

能否实现共同富裕?

邓小平讲:"社会主义的本质就是解放和发展生产力,消除两极分化,最终达到共同富裕。"他还指出:"一个公有制占主体,一个共同富裕,这是我们所必须坚持的社会主义根本原则。"[①] 可见,是否走共同富裕的道路是一个关系到社会主义性质和原则的大问题。换句话说,如若发展的结果没有最终带来共同富裕就不能算是社会主义,至少是不合格、不称职、不健

---

① 《邓小平文选》第三卷,人民出版社1993年版,第373页。

康的社会主义。

从社会主义国家的实践来看,共同富裕问题可以分为两个层次:一是国富与民富的关系,一个是先富与共富的关系。国富不等于民富,也可以导致民穷。苏联由于长期以来不能正确处理生产和消费的关系,甚至把两者对立起来,视消费为社会再生产的一个消极因素,经济建设过程中重生产、轻消费,高积累、低消费的现象比较严重,人民生活水平虽逐渐提高,但速度缓慢。上世纪80年代中期之后经济形势陷入低谷,人们排队买食品的时间越来越长,出现了国强民不富的局面。而且,苏联的分配制度是平均主义的,其初衷是实现共同富裕,但由于将其绝对化,反而对生产力的发展和共同富裕产生了消极影响。1985年苏联人均GNP在全世界的排名位居第38位,不仅低于所有西方国家,也低于一些发展中国家。

新中国成立后,毛泽东首次提出"共同富裕"的概念,但他选择的是一条平均发展、同步富裕的道路。在他看来,我国所要实行的制度和计划,"是可以一年一年走向更富更强的,一年一年可以看到更富更强的。而这个富是共同的,这个强,是共同的强,大家都有份,也包括地主阶级"。[①] 他虽然在时间上已充分认识到由贫穷到富裕需要有一个较长的过程,却没有认识到地区之间和劳动者个体之间的发展不平衡,过分看重劳动者实现富裕过程中在时间上的同步和在程度上同等,因而把共同富裕同平均主义混淆起来。他虽然也讲按劳分配,但到了晚年又把按劳分配当作"资产阶级法权"来批判,实际上实行的

---

① 《毛泽东文选》第五卷,人民出版社1997年版,第495-496页。

是平均主义，谁冒尖就割谁的"资本主义尾巴"，最后也成为"均穷"。正如邓小平所总结的，"过去搞平均主义，吃'大锅饭'，实际上是共同落后，共同贫穷，我们就是吃了这个亏。"①

党的十一届三中全会后，邓小平总结我国社会主义革命和建设几十年的经验教训，并根据改革开放的新的实践，既继承和发展了毛泽东共同富裕思想中合理正确的东西，又纠正了毛泽东在实现共同富裕问题上曾经出现的偏差和失误，找到了一条有中国特色的社会主义的富裕之路。他首先指出："贫穷不是社会主义，更不是共产主义。"②社会主义的目标是共同富裕，但要消灭贫穷，实现共同富裕，必须实行一条与以往不同的分配政策，即让一部分人、一部分地区先富起来，以先富带动后富，最终达到共同富裕的目标。也就是说，"先富"是走向"共富"的不二法门，但鼓励和允许先富并不意味着差距越大越好。他说："中国发展到一定的程度后，一定要考虑分配的问题。也就是说，要考虑落后地区和发达地区的差距问题。不同地区总会有一定的差距。这种差距太小不行，太大也不行。如果仅仅是少数人富有，那就会落到资本主义去了。要研究提出分配这个问题和它的意义。到本世纪末就应该考虑这个问题了。我们的政策应该是既不能鼓励懒汉，又不能造成'内仗'。"③"社会主义的目的就是要全国人民共同富裕，不是两极分化。如果我们的政策导致两极分化，我们就失败了。如果产生了什么新的

---

①② 《邓小平文选》第三卷，人民出版社1993年版，第155、116页。
③ 《邓小平年谱（1975－1997）》（下），中央文献出版社2004年版，第1356－1357页。

资产阶级,那我们就真是走了邪路了。"① 所以,在拉开差距的同时,必须考虑社会承受能力和社会稳定,适时掌握差距合理的"度"。只有在合理的"度"的范围内,我们才能逐步实现共同富裕目标。

经过30多年的改革开放,让一部分人先富起来的目标可以说是达到了,中国人的腰包逐渐地鼓了起来。如今,改革开放之初的"万元户"早成了温馨的回忆,马克·吐温笔下的百万富翁如今在中国比比皆是,就连拥有千万、上亿资产的人也大有人在。西方人到了中国,特别是到了东部的大中城市,谁还会把贫穷和社会主义联系在一起呢!?不过,由"先富"带来的地区和居民收入差距过大等问题也日益严重,富者更富、穷者更穷的马太效应有所显现,社会上仇富、仇官思想蔓延。如任其发展,很可能出现邓小平所告诫的两极分化,既影响发展的社会主义方向,也会动摇社会主义赖以存在的根基。从上个世纪末开始,中国共产党开始着手解决这个问题。开发大西北战略的提出是党中央为缩小地区差异采取的重大战略举措,后又提出中部崛起、振兴东北老工业基地等规划,推动各地区朝着共同富裕的方向发展。进入新世纪后,又把解决个人收入差距问题摆在了党和国家各项工作的突出位置。党的十六届五中全会通过的《中共中央关于制定国民经济和社会发展第十一个五年规划的建议》强调指出:要"更加重视社会公平,使全体人民共享改革发展成果",以此取代了先前的"效率优先、兼顾公平"的说法,反映了中国共产党关于实现共同富裕根本指导思

---

① 《邓小平文选》第三卷,人民出版社1993年版,第111页。

想的重大转折，即由"先富论"到"共富论"的历史性转变。党的十七届五中全会通过的《中共中央关于制定国民经济和社会发展第十二个五年规划的建议》进一步强调"初次分配和再分配都要处理好效率和公平的关系，再分配更加注重公平"，并提出了包括提高居民收入在国民收入分配中的比重、创造条件增加居民财产型收入、逐步提高最低工资标准、有效调节过高收入等在内的一些具体措施。中国正在共同富裕的道路上大踏步前进。今年以来，社会上一直在热议做蛋糕还是分蛋糕问题。其实，科学发展观的提出已很好地回答了这个问题。科学发展观的第一要义是发展，基本要求是统筹兼顾，核心是以人为本。如此，既要做大蛋糕，又要分好蛋糕，在这一过程中，更加注重公平，实现发展成果共享，但也绝不以牺牲效率为代价，闹得最后没有什么东西可分。杀鸡取卵、劫富济贫不是已经成熟起来的中国共产党的选择。

第二章　从过度集权到人民民主

没有民主就没有社会主义,就没有社会主义的现代化。①

——邓小平

"民主"是一个古老的概念。在中国历史上,"民主"二字的出现可以追溯到3000年前的西周时代。据《尚书·多方篇》记载,西周政治家周公姬旦曾使用过"民主"一词,他说:"天惟时求民主。"意即老天爷将适时地寻求一个皇帝为民作主。古代戏文中也有"当官不为民作主,不如回家卖红薯"的台词。这里的"民主"更多是"民之主"或"为民作主"的意思,"民主"成为一主一仆的关系,和通常讲的"民主"不是一回事。现在世界上通用或是法律意义上的"民主"一词起源于希腊文,系由"人民"与"权力"两个词合成,最早见于被称为"历史之父"的古希腊历史学家希罗多德(约前484—约前425年)的《希腊波斯战争史》一书,认为民主政治的特点表现在公民"在法律面前人人平等",直接参与政权,政事"取决于民众"。可见,"民主"的原意即"人民的权力"、"人民的政权",

---

① 《邓小平文选》第二卷,人民出版社1994年版,第168页。

意味着公民在政治上自由和平等，直接参与政权，共同治理国家，实现所谓多数人的统治，人民也由客体变成了主体。

实现真正的多数人的统治即人民当家作主，乃是共产党人的不懈追求。早在 1847 年 11 月，恩格斯就在《共产主义原理》一文中明确提出："首先无产阶级革命将建立民主制度，从而直接或间接地建立无产阶级的政治统治。"稍后，马克思、恩格斯在《共产党宣言》里强调指出：在未来的联合体里，"每个人的自由发展是一切人的自由发展的条件"①。"工人革命的第一步就是使无产阶级上升为统治阶级，争得民主。"② 这就从国体的高度把"无产阶级上升为统治阶级"同"争得民主"联系了起来，表明自由和民主也是以共产主义为奋斗目标的共产党的追求，根本不是资产阶级的专利。只不过由于形势的发展和革命的需要，无论是苏联共产党还是中国共产党都一度特别强调铁的纪律和实行集中制，进而发展到一定程度的集权制。所不同的是，苏共从过度集权走向了滥用民主，从一党独存转为议会民主多党制；中国共产党则坚持民主基础上的集中和集中指导下的民主相结合的民主集中制原则，坚持中国共产党领导的多党合作与政治协商制度，不断深化政治体制改革，走出了一条中国特色的社会主义政治发展道路。

一、民主耶？集权耶？

这是苏联政治体制改革的核心问题，也是所有社会主义国

---

① 《马克思恩格斯选集》第四卷，人民出版社 1972 年版，第 370 页。
② 《马克思恩格斯经典著作选读》，人民出版社 1999 年版，第 54 页。

家政治体制改革所要解决的主要问题。要知道，在马克思、恩格斯那里，是没有集中制这一说法的。19世纪中叶，他们在创建共产主义者同盟和第一国际的实践中，针对当时工人政党和组织中流行的密谋、独裁、宗派等错误的组织原则和制度，特别重视提倡"民主制"原则。他们认为"民主制度"适合无产阶级政党的性质和任务，而"集中制"的组织则对密谋、独裁和宗派活动有利。马恩提倡的民主制原则，后来为第二国际所继承。但理论上是一回事，实践上则是另一回事。当一种理论不能解决现实问题的时候，与此对应的另一种理论就会产生，相互之间也会争论不休。事实上，从共产党成立的那天开始，关于民主好还是集中好的争论始终没有停止过，革命时期如此，和平时代也是如此。

集中和民主都不能过头

列宁在俄国创建布尔什维克党的进程中，从俄国专制制度的现实和党组织涣散的状况出发，最初强调和提倡的是"集中制原则"，要求"成立统一的因而也是集中制的党"，提出为了保证党的集中统一，全党必须由统一的中央委员会来领导，必须"扩大中央机关对于部分的权力和权限"，全党必须服从中央，统一于中央。同时强调，这一集中制不是"官僚的"集中制，而是"民主的"集中制。后来随着1905年俄国革命的爆发和社会环境的改善，布尔什维克党就"利用了昙花一现的自由时期，来建立一个公开组织的理想的民主制度"，公开宣布党实行"民主集中制"的组织原则。当年12月，党的第一次代表会议第一次确认了这一原则。第二年4月，党的四大根据列宁的提议，第一次把民主集中制写进了新的党章。从此，民主集中制就成为苏共的组织原则。

遗憾的是，列宁倡导的这种民主与集中相结合的制度到了斯大林那里就扭曲变形了。由于二战前后的革命形势大大强化了，在斯大林领导下，虽然联共（布）党章都规定党的组织机构的指导原则是民主集中制，但民主选举制完全被委任制、推荐制所代替，常常用"替补来代替选举，用表决整个名单来代替表决个别候选人"（日丹诺夫语）；党的代表大会流于形式，起不到最高权力机构的作用，甚至都不能如期召开。党的十五大（1927年）、十六大（1930年）、十七大（1934年）、十八大（1939年）都是延期召开，而且不说明原因。从十八大到十九大（1952年）竟相隔了13年，期间虽然有卫国战争，但1945年卫国战争结束到1952年的十九大也相隔了7年之久。中央委员会的职能和集体领导遭到破坏。八大规定中央全会"至少每月按规定的日期召开两次"，十四大改为4个月召开一次，但从1934—1953年的20年里，总共只召开过23次全会。

其结果，一方面，广大党员很难按照党章的规定通过各级党代会来行使自己的政治和组织权利，长官意志盛行，广大党员群众与党的领导机关不能保持正常关系，党员对党的建设无能为力，最终变得漠不关心。另一方面，随着个人集权制在党内的形成与发展，对斯大林的个人崇拜也随之流行起来。斯大林被称颂为"天才的领袖"、"人类最伟大的天才"，"斯大林的每一句话都是代表苏联人民说的"。据说，在联共（布）十八大前夕，斯大林周围的人在谈到斯大林将在大会上作的报告稿时大加颂扬。斯大林却说："我给你们的报告稿是我已经淘汰了的,你们还在唱赞歌……我准备讲的稿子全都改过了。"在场的大多数人都非常尴尬,但贝利亚却说:"但是就在这一稿中已经显示了您的手笔。如果您把这一稿再加以改写,可以想像得出,报告将是多么精彩!"①

在领导体制方面则实行"家长制",使党难以作出科学的、符合实际的决策。从斯大林到赫鲁晓夫,再到勃列日涅夫,如果这些领导人在上任之初还能听得进一些不同意见的话,那么到他们执政的后期,无一不落入"家长制"的窠臼。赫鲁晓夫揭批斯大林搞个人崇拜、独断专行,在他自己领导地位确定后,个人专断、唯意志论也是日益增长,他对农业心血来潮的改革和对农业发展政策的瞎指挥尤为突出。而使苏联深陷10年之久、付出惨重代价的侵略阿富汗战争,竟然是勃列日涅夫等4个人背着多数中央政治局委员作出的冒险决策。戈尔巴乔夫后期实行的也是个人独断专行的"家长制"。

戈尔巴乔夫从两个极端进一步严重破坏了民主集中制。一方面,他强调绝对的"民主",使党难以对重大问题和突发事件作出及时、正确的决策和反应,如苏共领导在维护联盟国家、巩固党的权力等重大问题上,面对反对派的凌厉攻势,只以"民主"粉饰现实,优柔寡断,大大助长了反共、反社会主义势力的嚣张气焰,中央政治局变成了"清谈馆",只能靠妥协和折衷来通过决议。在少数服从多数问题上,以"保护少数"为名允许党的高层干部公开对抗党的决议,导致党内纪律松驰、派系林立。另一方面,个人独断专行在戈尔巴乔夫执政时期也有

---

① 《斯大林文集》第十四卷,人民出版社1985年版,第466页。

进一步的滋长。到苏共后期，戈尔巴乔夫主要依靠雅科夫列夫等侧近人士掌控党政权力，实际上甩掉了中央政治局、书记处和中央委员会对他的约束和监督。戈尔巴乔夫可以独自决定任何事情，发展到最后，他个人决定宣告苏共中央委员会解散。

曾几何时，民主集中制、科学决策在中国共产党党内也遭到严重破坏，出现了同苏共和苏联类似的问题。邓小平指出："我们过去的一些制度，实际上受了封建主义的影响，包括个人迷信、家长制或家长作风，甚至包括干部职务终身制。我们现在正在研究避免重复这种现象，准备从改革制度着手。"[①] 事实正如邓小平所讲的，改革开放以来，我们在进行经济体制改革的同时，也不断对"权力过分集中"的政治体制进行改革。所谓"权力过分集中的现象，就是在加强党的一元化领导的口号下，不适当地、不加分析地把一切权力集中于党委，党委的权力又往往集中于几个书记，特别是第一书记，什么事都要第一书记挂帅、拍板。党的一元化领导往往因此变成了个人领导"[②]。这种体制实际上是领导者个人高度集权的体制，是必须要改的。"改革的总方向，都是为了发扬和保证党内民主，发扬和保证人民民主。"[③]。那么怎么改呢？是像戈尔巴乔夫那样一下子放开、不着边际呢，还是采取循序渐进的方式呢？基于经济体制改革经验，中国共产党在这方面采取了循序渐进的方式，一是先易后难，从扩大农村、居委会等基层民主开始，积累经验后再推广。二是先党内后党外，视"党内民主为党的生命"，把党内民主当作重点和关键，以党内民主带动人民民主。三是

[①][②][③]《邓小平文选》第二卷，人民出版社1994年版，第327-328、328-329、372-373页。

在重大决策过程中注意听取不同的意见,把民主协商、科学决策作为民主建设的重要组成部分。

民主协商、科学决策是中国共产党积累的宝贵历史经验,也是中国共产党行之有效的执政方式。新中国第一部宪法的起草委员会包括了各民主党派人士,列名其中的还有参与1913年《中华民国宪法草案》和1921年曹锟宪法起草工作的民主人士沈钧儒。据有关人士统计,约有一亿五千万人参与了讨论,提出的意见多达138万多条。据参与宪法起草工作的中国人民大学许崇德教授回忆,宪法草案公布的时候正好是6月份,洪水淹没了许多地方的道路,各地就用飞机大包大包地运材料。"十二五"规划纲要草案的编制历时两年半,也是全党和全国人民集体智慧的结晶。初步统计,纲要形成过程中,全国有包括外国研究机构和外资公司在内的70多家研究机构参与,形成了500多万字的研究报告。在国家发改委在全国范围开展的为期两个月的建言献策活动中,广大人民群众共提出64709份建议,超过了"十一五"规划和"十五"计划编制时征集的建议总和。由50多位经济、科技、企业、政府部门专家组成的国家规划专家委员会,对规划纲要编制进行了3次咨询论证,形成了专家论证报告。胡锦涛多次深入工厂、农村、社区调研,温家宝在中南海主持召开5次座谈会,最终共收集各方意见1175条,经起草组进行研究,直接采纳了366条。纲要草案先后经国务院常务会议、中央政治局常委会会议审议修改,再发给各地区、各部门征求意见。之后再提交全国人大财经委初步审查,并再度经中央政治局会议讨论研究后报送全国人大。经过全国人大代表和政协委员审议讨论,在十一届全国人大四次会议闭幕前夕，根据代表和委员提出的意见，起草组对规划纲要草案再次进行了修改完善，共修改了 38 处，之后才正式出台。

民主不是标签和口号

无论是作为科学社会主义创始人的马克思和恩格斯，还是作为科学社会主义的实践者的列宁、毛泽东和邓小平，都把民主视为社会主义的本质和特征，探索了各种体现和实践社会主义民主的路子，总结了不少成功的经验和失败的教训。十月革命前，布尔什维克和列宁十分推崇巴黎公社的经验和管理制度，列宁把工兵代表苏维埃看成是巴黎公社类型的国家。十月革命胜利后，苏俄政治体制的建设基本上是朝着使所有人参加管理的方向行进。然而，这显然不符合俄国的实际，当时的俄国还是一个文盲遍地的国家，更是一个长期受到沙皇封建专制统治、人民没有受过普遍的民主政治生活熏陶和训练的国家。1919 年 3 月，列宁在俄共（布）八大上指出："苏维埃虽然在纲领上是通过劳动群众来实行管理的机关，而实际上却是通过无产阶级先进阶层来为劳动群众实行管理而不是通过劳动群众来实行管理的机关。"[①] 这表明，苏俄的政治体制就是由无产阶级的先进阶层、即共产党来代表人民群众管理国家。如果说在苏俄建立的初期、苏联组成的早期，由于恶劣的内外环境，布尔什维克不得不采取一些加强党的领导甚至以党代政等临时性措施的话，那么在苏联进入和平发展阶段之后，这些临时性的措施应及时得到纠正，回归常态。但事实恰恰相反，斯大林上台后，相关

---

① 《列宁全集》第三十六卷，人民出版社 1985 年版，第 126 页。

措施不但没有被纠正，反而被大大强化，这就不可避免地妨碍了国家和政府机构的正常运转，影响、削弱了党的自身建设，破坏了社会主义民主和法制。

第一，党的机关越俎代庖使各级苏维埃等国家权力机关名存实亡。苏维埃名义上是人民代表机关、权力机关，实际上成为通过党的决议、把党的决议变成国家法令的表决机器和橡皮图章。各级党组织无视或限制苏维埃的职能、作用，事无巨细，取而代之，扼杀了苏维埃的积极性和创造性，使党成为变相的国家权力机关。如制定国家经济发展计划、批准国家预算等本属于国家最高权力机关——最高苏维埃权限的大事，都是由党中央领导机关作出的。

第二，国家行政机关的许多职能被取代。原本属于政府部门纯技术性的工作，如对于什么作物施什么肥料、施用量多少，客货车用什么牌号等等，都首先要由党中央讨论，作出决议后再交政府部门执行。20世纪30年代后，在领导和监督的名义下，新设立的党的各个主管生产部门实际上取代了政府各归口部门的职能，成为以党代政的典型体现。

第三，党一直也未能处理好与社会团体的关系。工青妇组织的某些职能被党和行政机关包办代替。这种社会组织官方化的做法表面上看似强化了党的领导作用，实际上扭曲了党同社会、同群众的关系。其实，十月革命前，包括列宁在内，布尔什维克的普遍看法就是革命以后将把工会组织同国家政权机关结合起来，也就是后来所谓的"工会国家化"思想。十月革命胜利后，布尔什维克立即把这一思想付诸实践，并且确实取得了一定的成效。工会成为党依靠的主要力量，在组织生产、筹建经济管理机关等方面发挥了重大作用。但是，实践的发展日益表明，在工人群众中思想混乱，工联主义、无政府工团主义、民粹主义等思想影响较大，在缺乏现代化的科学文化知识和管理知识的条件下，立即实现"工会国家化"、通过工人阶级来管理国家和企业是不可能的。1922年3月俄共（布）十一大通过了列宁起草、经中央政治局讨论并批准的《工会在新经济政策条件下的作用和任务》的提纲，指出工会是党和国家联系群众的"纽带"、"传动装置"，是学习管理、学习主持经济、学习共产主义的学校。工会要以各种形式积极参与企业和国家经济机关的管理，维护工人阶级的合法权益。然而，列宁逝世后，工会组织自身的活动和作用逐渐遭到弱化，党越来越"无所不能"。

苏维埃，其实就是我国人民代表大会制度的原型。早在1918年11月，李大钊在《布尔什维克主义的胜利》一文中就介绍过布尔什维克所建立的政权的基本制度是"劳工联合的会议"，这一机关职能极广，"什么事都归他们决定"。不过，李大钊当时并没有直接音译出"苏维埃"这个词。中共历史上最早用这个词的是蔡和森。他指出，苏维埃是"无产阶级革命后的政治组织"，"就是把中产阶级那架机器打破，而建设无产阶级那架机器——苏维埃"。1921年中共通过的第一个党纲明确提出："本党承认苏维埃管理制度。"1927年9月中共中央作出决议，指出中共的任务不仅是宣传苏维埃思想，还要在革命斗争新的高潮中成立苏维埃。当年10月，彭湃在海陆丰地区领导武装起义后，成立了海丰、陆丰县苏维埃政府，这是我国第一个农村苏维埃政权。12月，张太雷等在广州发动武装起义，建立了广州苏维埃政府，这是我国第一个城市苏维埃政权。毛泽东在成功领导秋收起义后，几经转战，在井冈山建立了革命根据地，从此开创了农村包围城市、武装夺取政权的中国革命道路。到1930年6月，中国工农红军已经建立了10多块根据地，遍布全国10多个省300多个县，并且先后建立了乡、区、县各级苏维埃政权。采取"苏维埃政权"组织形式的地区，后来被简称为"苏区"。1931年11月7日，十月革命胜利的日子，中华苏维埃第一次全国代表大会在江西瑞金召开。出席会议的代表分别来自中央苏区和其他苏区，红军部队和全国总工会、全国海员总工会等。大会通过了《中华苏维埃共和国宪法大纲》，规定中华苏维埃共和国是"工人和农民的民主专政的国家"，"中华苏维埃共和国之最高政权为全国工农兵代表大会"。

中华苏维埃政权的建立和发展，在中共领导的政权建设史上具有重要地位和作用。它是中共领导人民大众建立新的政权——人民代表大会制度的最初尝试，为中共以后的政权建设积累了宝贵的经验。同时，它也说明，中共在学习和借鉴苏联苏维埃建设经验时，无论是形式还是内容都存在着教条主义硬搬照抄的重大缺陷。我们在很多个地方都看到过这样的传说：江西老俵怎么也搞不明白那很洋气的"苏维埃"到底是个么意思，苏维埃政权成立后，他们奔走相告：以后有什么事情就找"老苏"去。

中华苏维埃共和国随红军长征北迁陕北之后，毛泽东等中共领导人不断反思，进一步把马克思列宁主义普遍原理同中国革命的实际相结合，认真探索和推进民主政治建设，积极实践党内民主和人民民主。延安时期的中共高度重视党内民主建设，特别是厉行"廉洁政治"，"只见公仆不见官"。毛泽东在著名的"窑洞对"中告诉黄炎培,共产党人已经找到了跳出历史兴亡"周期律"的新路,这条新路就是民主。只有让人民来监督政府,政府才不敢松懈。只有人人负起责来,才不会"人亡政息"。毛泽东认真吸纳开明绅士李鼎铭的意见,执行"三三制",建立民主政权。延安时期举行的四次选举,都切实做到了"普遍、自由、直接、平等"。许多足不出村的小脚老太太,骑着毛驴、翻山越岭,赶到选举地点。为了使不识字的农民能够行使选举权,不少地方还使用了"碗里放豆"、"香头烧洞"等便于操作的选举方式,开创了"草根民主"的先河。当时的人们编了很多民谣、小曲来表达自己的心声,如:"民主政治要实行,选举为了老百姓。咱们选举什么人?办事又好又公平。""金豆豆,银豆豆,豆豆不能随便投。选好人,办好事,投在好人碗里头。"

1949年9月《中国人民政治协商会议共同纲领》确立:国家最高权力机关为全国人民代表大会,洋气的"苏维埃"一词终被朴朴实实、一目了然的"全国人民代表大会"所替换,其内容和实践也不断得到丰富、发展和完善。中国共产党与全国人民代表大会之间的关系,已经成为目前中国各种政治关系中最核心的关系。中国共产党是中国的执政党,是中国社会主义事业的领导核心。中国共产党对国家的领导主要体现在党制定正确的路线方针政策,并通过法定的程序上升为国家意志,以确定社会发展的总方向和每个历史阶段的总目标。而在法律上,人民代表大会是国家最高权力机关,党必须遵守宪法和法律,人大有权监督宪法和法律的实施。对党违反宪法和法律的行为应予以追究。

2011—2012年，中国全国县乡两级进行选举法修改后的首次城乡按相同人口比例选举的人大代表选举，有9亿多选民行使选举权，这更好地体现了人人平等、地区平等和民族平等的原则，为社会主义民主政治建设翻开崭新的篇章。

条条大路通民主

自"民主"这个概念产生以来，民主就被视为好东西，好像没有人会公开站出来反对民主。但通向民主的路是否只有一条呢？是否意味着三权分立的代议制就是民主，其他形式就不是民主呢？事实上，民主是历史产生的，不能脱离具体的传统、环境和国情谈论抽象的民主，民主总是具体的，总是与一个国家的历史文化传统结合在一起的。正如苏共曾经教条式地对待马克思主义一样，包括戈尔巴乔夫等人在内的许多人在对待民主问题上也陷入了教条主义，他们总以为西方的民主制度是完美的、是榜样，殊不知，他们这样想这样做本身就离真理越来越远了。

苏共领导人曾长期拘泥于资本主义已经陷入各种危机的传统观念，看不到资本主义自我调节的能力已经大为增强，不愿意承认西方国家的生产力在新的科技革命中有了较大的发展，把资本主义社会出现的某些反映新时代普遍规律或者属于人类文明发展成果的东西，统统视为与社会主义格格不入的异己因素而加以排斥。他们坚持自我封闭政策，搞"纯而又纯"的社会主义，结果自我陶醉，抱残守缺，错过了改革发展的历史机遇，致使矛盾不断积累，国家政治、社会和经济逐渐滑向危机，普通群众的物质文化生活水平长期得不到显著改善，党的威信和执政地位受到挑战。

戈尔巴乔夫试图改变对资本主义简单化的看法,但是他走向另一个极端——全面肯定资本主义的政治、经济和社会制度,崇尚美欧西方的"三权分立"、"多党制"、"意识形态多元化"。他竭力鼓吹"毫无保留、毫无限制的公开性"、"民主化"和"意识形态的多元化",放任西方资产阶级意识形态占据思想文化阵地,试图用西方价值观和政治模式来改造苏联社会。他甚至与西方人士共同制定苏联向市场经济过渡的计划,并交由西方首脑审查,渴望得到西方的认可和支持。戈尔巴乔夫不是太愚蠢就是太天真了。他忘记了,苏联从诞生的第一天起,就处于帝国主义的包围之中,将这样一个全新的国家扼杀在摇篮里,曾经是帝国主义公然叫嚣的口号。第二次世界大战结束后,西方用"冷战"的铁幕把苏联和东欧隔绝在世界潮流之外,花几代人的时间搞和平演变战略,瓦解社会主义阵营,曾经是路人皆知的事情。戈尔巴乔夫似乎不懂或者假装不懂,他全盘接受西方的价值观和制度,也就意味着苏共和苏联的"自动缴械"、"不战而降"。

我国改革开放30多年来,思想理论界围绕民主问题不是没有过争论。西方的价值观在苏联东欧社会主义国家造成了思想混乱,最终导致了苏东剧变、两极格局解体;在拉丁美洲,推行西方价值观最直接的后果是拉美至今没有跳出"中等收入陷阱";在非洲,多党制选举看似普及了,但整个非洲大陆的稳定发展却迟迟看不到希望。世界是多样的,世界文明也是多样的,没有一种放之四海而皆准的体制机制,西方的价值观和经济政治模式不是万能的。国际金融危机爆发之后,人们更加认识到了中国特色社会主义的独特性和价值。这种价值不仅体现在经济领域,也体现在政治领域,体现在"中国式民主"的生动实践中。

所谓"中国式民主",就是对中国特色社会主义政治发展道路的一个概括。它深深扎根于中国大地,始终坚持马克思主义民主理论与中国实际相结合的原则,其特色和优势主要表现在四个结合上:第一,在民主的理念上,把吸收中国传统的优良政治思想与吸收西方的政治思想相结合,实现了"民本"与"民主"的统一。第二,在民主的制度架构上,把坚持党的领导、人民当家作主与依法治国有机统一起来,建立了有中国特色的制度框架。第三,在民主的发展步伐上,努力处理好经济社会的实际发展水平与人民的民主要求之间的关系,实现了中国共产党的"有效执政"与人民大众的"有序参与"的统一。第四,在民主的体制特色上,将创造社会活力的民主分权与创造国家治理的权威体制相结合。其发展路径是一条渐进有序的增量民主之路,强调民主发展对经济与社会发展的实际绩效,把发展民主与改善民生相结合,力图在实现个体发展、社会进步以及国家治理的有机统一中推进民主,汇聚最广大人民的智慧和力量。这种民主不是抽象地谈论民主,而是以权力服务权利,让政治权力服务经济建设,力图处理好经济建设与政治建设的关系,从整体性的战略目标中去深入理解和把握发展民主与改善民生的关系。当前,"中国式民主"正在显示其生机和活力,正在成为民主形式的另一种选择。这是中国共产党为中国人民做出的贡献,也是对世界人民做出的贡献。那些拾西方民主制度牙慧、动辄希望中国三权分立的迷梦可以休矣。

二、人治还是法治？

从以上有关"民主"产生的叙述中可以看出,"民主"从一开始就是和法治联系在一起的。民主权利的行使是以"法律面前人人平等"为前提的,如果没有这个前提,就没有真正意义上的民主了。而且,民主不仅是一项权利,更是一种制度,这种制度必须以法律来保障,否则就会陷入主观性和随意性。无论是苏联的社会主义,还是中国的社会主义,都是在经济文化比较落后的条件下建设和建成的,旧的落后的封建残余比较深厚,民主和法治意识相对淡薄。在建国初期或相当长的一段时间内,集权、长官意志等似乎难以避免,甚至还有一定的合理性。但时间长了、久了,如还不能着手解决,就会酿成很大的悲剧,在中国就造成了"文革"十年浩劫,在苏联则直接或间接地导致了执政党消亡、国家解体。这绝不是危言耸听。

活到老、干到老吗？

民主制度首先要解决的问题,就是党和国家领导人的更替和交接制度。封建王朝采用的是世袭制,老子英雄儿好汉,老子反动儿混蛋。资本主义国家采用的是普选制,你方唱罢我登场,各领风骚三五年。作为共产党执政的社会主义国家应该采取什么制度呢?因为列宁去世得早,这个问题没有来得及解决。斯大林上台后,大搞个人集权和个人崇拜,没人敢触及这个问题,以至苏共始终没有形成一套规范化、程序化和法制化的最高领导更新机制。特别是到了上世纪80年代,苏共政治生活已经被称为"老人政治"。1982年11月，苏共中央总书记勃列日涅夫逝世，安德罗波夫继任；15个月后，1984年2月，安德罗波夫逝世，契尔年科继任；短短一年之后，1985年3月，契尔年科逝世。现代历史上，还没有哪一个国家，在短短不到两年半时间里，先后有三位最高领导人接连死于任上。真是"春蚕到死丝方尽，蜡炬成灰泪始干"呀！

党的高层职务事实上奉行的终身制，严重阻碍了党的领导层的新老交替。其后果就是斯大林之后苏共领导人的执政能力和领导素质呈现出明显的递减之势，造成庸人治国、病夫治国的局面。终身制也使党没有足够的时间去挑选、培养、锻炼和考验最高领导层的接班人，而让那些在党内缺乏足够威信、理论修养甚差、斗争经验并不丰富、领导水平不高、甚至怀有不正当目的的人通过投机、钻营，轻而易举地掌握了党的各级领导大权。戈尔巴乔夫在契尔年科之后"脱颖而出"，某种程度上就是因为他早年工作的斯塔夫罗波夫边疆区是苏联党和国家领导人经常去的疗养胜地，他在照顾几位苏共领导人方面"表现出色"而得到提拔重用。这些人往往在面临重大转折关头或社会经济政治危机时，意志软弱，立场动摇，无能无力无方，甚至加速、加重危机的爆发和到来。

委任制、推荐制完全代替了选举制，形成干部选拔和任用过程中的严重"人治"现象。领导者个人意志起决定作用，一大批机会主义者、官僚主义者和不称职的人混入党的干部队伍，大大削弱了党组织的战斗力。党内和国家机关内任人唯亲、拉帮结伙、腐败堕落等风气盛行，出现了相当一批见风使舵、营私舞弊的投机分子，广大党员的积极性主动性受到严重压制，党的领导机关越来越脱离群众。勃列日涅夫的儿子是个酒鬼,却当上了苏联外贸部副部长。他经常在半醉半醒的状态中进行重大商务谈判,因而有时不得不依靠戴墨镜来掩饰自己的醉态。上述那些投机分子往往在局势稍会变化的时候巧取豪夺,大发国难财,率先成为瓦解苏共和苏联国家的蛀虫。1994年6月,在俄罗斯50位最有影响的私营企业家中排名第8位的尼古拉·巴巴科夫曾在1965—1985年期间一直担任苏联国家计划委员会主席,2004年被逮捕的尤科斯金融集团总裁霍多尔科夫斯基是苏联共青团莫斯科市委书记。据一份由美国和几个东欧国家学者组成的课题组提供的材料,苏联解体后俄罗斯的经济精英中,有52.6%在1988年是苏联的"权贵官员"。美国专门研究苏联俄罗斯问题的专家弗兰克·奇福德就此评价说:"苏联共产党是唯一一个在自己的葬礼上致富的政党。"

党的监督机制形同虚设,使党的各级领导人的权力失去制约,各种腐败现象得以蔓延。列宁曾经设想建立一套有效的权力监督机制,以防共产党蜕化变质。但苏联在其存在的70多年时间里,始终没能解决对执政党的监督问题,党的最高领导层权力不受制约,党的领导人独断专行、为所欲为、排斥异己等权力腐败现象司空见惯。正是由于党的领导权力失去制约,戈尔巴乔夫才毫无阻碍地一步步将苏共引向毁灭。党的监督机制名存实亡,也使官僚主义、特权和腐败无时不侵蚀着党的肌体,党的声誉被毁,威信低落。列宁在世时反复告诫要警惕和不断铲除官僚主义这个"毒瘤",但几十年后,官僚主义不仅未被铲除,反而恶性膨胀,泛滥成灾。一大批党员领导干部在掌握了不受监督的权力之后,利欲熏心,变成口是心非、阿谀奉承、以权谋私、生活腐化、脱离普通党员和人民群众的官老爷。老百姓对官僚特权深恶痛绝。戈尔巴乔夫放手民主化和公开性之后,社会上久蓄待发的怨气、怒气冲出闸门,完全失控,并为反共势力所利用,形成无法收拾的动荡局面,党的队伍溃不成军。苏共总部被查封时,尚有1500万党员的苏共竟然没有人出来抵制以捍卫党的利益,广大人民群众对此也漠然置之。

作为国际共产主义运动中的重要成员,中国共产党十分注意从自身和外国政党建设中汲取经验教训。虽然中国党和国家从未明文规定过领导职务终身制,但实际情况是干部的任职一般不受年龄、健康、任期的限制,而且与工作业绩没有什么联系。改革开放初期,针对苏共及当年中国共产党同样也存在事实上的领导职务终身制,1980年1月召开的中共十一届五中全会,就提出要废除领导干部职务终身制,建立干部离退休制度。当年8月,中共中央政治局举行扩大会议,专门讨论党和国家领导制度改革问题。邓小平在会上作了题为《党和国家领导制度的改革》的讲话,指出:"从党和国家的领导制度、干部制度方面来说,主要的弊端就是官僚主义现象,权力过分集中的现象,家长制现象,领导职务终身制现象和形形色色的特权现象。"① "干部领导职务终身制现象的形成,同封建主义的影响有一定关系,同中国共产党一直没有妥善的退休解职办法也有关系。"②邓小平后来在回答意大利记者法拉奇时说:"过去没有规定,但实际上存在领导职务终身制。"③他承认这是我们制度上的缺陷。陈云1981年7月在一次座谈会上说:"老干部带病

---

①②③《邓小平文选》第二卷,人民出版社1994年版,第327、331、350页。

工作的人，或者病死病倒的人，一天天增加。"这是一种情况。"另一种情况，现在各部也好，各个机关也好，开会的时候，部长、副部长、正手、副手，坐了一大桌。真正能做工作的，三几个人。"对这种情况，邓小平尖锐地指出："现在我们面临的问题，是缺少一批年富力强的、有专业知识的干部。而没有这样一批干部，四个现代化就搞不起来。"

1982年2月，中共中央作出《关于建立退休制度的决定》，在国际共运史上第一次建立了干部离休退休和退居二线的制度。这项制度对担任高级领导职务干部的年龄界限做出了规定。4月，国务院发布《关于老干部离职休养的几项决定》的通知。随后，全国人大对国家领导人的任职作出了均不得超过两届的明确规定。

2006年8月，中共中央办公厅印发了《党政领导干部职务任期暂行规定》、《党政领导干部交流工作规定》和《党政领导干部任职回避暂行规定》，其中《党政领导干部职务任期暂行规定》明确指出：党政领导职务每届任期为5年，党政领导干部在任期内应当保持稳定，在同一职位上连续任职达到两个任期，不再推荐、提名或任命同一职务。这是中国共产党历史上第一次专门对党政领导干部正职的任期作出的明确规定，是我国政治制度建设不断走向规范化的重要标志。

权大还是法大？

以列宁为首的布尔什维克在十月革命胜利当晚召开的全俄工兵代表苏维埃第二次代表大会，通过了《土地法令》和《和平法令》，可以说是开创了社会主义法制的新时代。但客观地讲，包括列宁在内，苏共领导人把无产阶级民主具体化为法律形式的意识尚较淡薄，许多好的政策、目标缺乏切实可行的法律制度作保障。斯大林成为苏联最高领导人之后，他个人逐渐成了党和国家的化身，他的话就成了法律。在很多情况下斯大林和党代表苏维埃制定国家的法律，例如，对农民的全盘集体化政策就是斯大林改变党的决议的结果。斯大林强调，布尔什维克是执政党，执政党的口号不是单纯的鼓动性口号，而是具有法律效力的口号，应当立即予以执行。这是苏共长期凌驾于国家法律之上的思想根源。正因为此，在苏联几十年的社会主义建设中，尽管颁布了四部宪法并三次修宪，但始终没有在全社会树立起尊重法律的意识，也没有建立完备的司法制度。这造成了严重的后果：一是有法不依成为普遍现象，在决定事件发展的过程中，领导人的个人喜好和权力起着决定性作用；二是留有不少法律空白，法律许多时候"治民不治官"。

当然，最为严重的后果当属苏联解体。从某种意义上讲，苏联解体是不遵循法律、没有依法行政的结果，是法律无效性的结果。比如，苏联是由多个加盟共和国组成的联盟国家，其三部宪法都有加盟共和国有权退出联盟的规定，但没有明确如何退出和怎样退出的问题。直到上世纪90年代初，面对波罗的海三国欲退出联盟，苏联最高苏维埃才于1990年4月3日通过了《关于解决加盟共和国退出苏联有关问题的程序法》。但这个法令无人执行，没有一个共和国宣布独立和退出苏联时走了这个程序。1990年6月12日，俄罗斯联邦最高苏维埃通过主权宣言，宣布在俄联邦范围内，俄罗斯联邦法律高于一切，这明显违反苏联宪法，但没有人对此提出质疑。在苏联宪法中，就重大事件进行全民公决具有最高的法律效力，1991年3月17日苏联全民公决的结果是76.4%的投票者赞成保留苏联。但当年12月8日俄罗斯联邦、乌克兰和白俄罗斯三个共和国的领导人签署的一纸协议，便宣告了苏联这个由15个成员组成的联盟国家停止存在。在这里起作用的显然是权力，而对这种严重违法的行为没有任何制约的手段。可以说，法制建设的缺失是苏联社会主义失败和苏联解体不可忽视的原因。

中国的社会主义是脱胎于半封建半殖民地社会的旧中国，法制建设的基础比较薄弱。新中国成立之后，中国共产党开始注意以法律形式保障革命和建设的果实。根据政权建设的需要，先是颁布实施了具有临时宪法性质的《中国人民政治协商会议共同纲领》，后于1954年通过了新中国第一部宪法。1956年，党的八大提出，"国家必须根据需要，逐步地系统制定完备的法律"，此后至1966年"文革"前，中国立法机关共制定法律、法令130多部。"文革"期间，中国的民主法制建设遭到严重破坏。党的十一届三中全会以来，我国的法制建设稳步推进。1982年12月第五届全国人民代表大会第五次会议通过了新的《中华人民共和国宪法》，随着改革开放和经济社会发生深刻变化，先后于1988年、1993年、1999年和2004年对宪法的部分内容进行修改，确认了非公有制经济在国家经济中的重要地位，将国家"实行社会主义市场经济"、"实行依法治国，建设社会主义法治国家"、"尊重和保障人权"、"公民合法的私有财产不受侵犯"以及"中国共产党领导的多党合作和政治协商制度将长期存在和发展"等内容写入宪法，从而推动了中国经济、政治、文化和社会等各方面的发展和进步。特别是1997年，党的十五大确立了"依法治国,建设社会主义法治国家"的基本方略,明确提出到2010年形成与社会主义市场经济体系相适应的中国特色社会主义法律体系,并把重点从法律制度的建设(法制)转到法律制度的实施(法治)上来,从主要依策(政策)执政转到主要依法执政的轨道上来。这些标志着中国共产党的执政理念和执政方式发生了重大改变。

新中国成立以来特别是改革开放30多年来,中国的立法工作取得了举世瞩目的成就。截止2011年5月底,中国已制定现行宪法和有效法律240部、行政法规706部、地方性法规8600多部,涵盖社会关系各方面的法律部门已经齐全。一个立足于中国国情和实际、适应改革开放和社会主义现代化建设需要、集中体现党和人民意志的,以宪法为统帅,从民法商法等多个法律部门的法律为主干,由法律、行政法规、地方性法规等多个层次的法律规范构成的中国特色社会主义法律体系已经形成。国家经济建设、政治建设、文化建设、社会建设以及生态文明建设的各个方面均实现有法可依。

当然,有法可依只是实现建设社会主义法治国家目标的第一步。面对现实生活中仍然屡见不鲜的"权大于法"现象,更重要的"有法必依、执法必严、违法必究"等依法治国的任务还在后面。我们深信,在已经具有很强法律意识的中国共产党的领导下,这样的局面一定会到来。

三、党的领导与民主矛盾吗?

在西方的政治家和舆论看来,坚持共产党的领导与民主是风马牛不相及的事情，两者是截然对立、互相矛盾的，要民主就不能要共产党，要共产党就没有民主。显然，作为法律系毕业生的戈尔巴乔夫也是这么想的，所以他在改革进程陷入混乱、反共势力气焰嚣张的时候就开始了修宪进程。修什么呢？就是修改苏共的领导地位：取消 1977 年苏联宪法中关于苏共领导地位的规定，宣布给予一切政党"积极参与制定国家政策和管理国家事务及社会事务的平等机会"，同时设立苏联总统，成立由苏联总统直接领导的苏联内阁，取代苏联部长会议，一句话，就是实行西方那样的多党制。正如我们看到的，苏共的领导地位被取消后，整个社会都乱了，陷入群龙无首的境地，最后苏共被解散、苏联也解体了。这个教训是深刻的、沉痛的。其实坚持党的领导与民主之间并不矛盾，更非水火不容。相反，两者可以相辅相成、互相促进。从根本上讲，如果没有中国共产党的领导，中国人民在争取民主的道路上还不知要摸索多久。西方的系统论告诉我们，一个系统要稳定，必须有核心或轴心，否则整个系统就会自己耗散掉。

中国特色的政党民主

现代政治的实质与核心是政党政治，民主体制的运作最终要体现在政党身上。一个国家采取什么样的政党制度，不是凭空想象的，而是由这个国家的国情和历史发展进程决定的。苏联历经了从苏维埃俄国时的多党合作、分掌政权到共产党一党执政、一党独存的历史，中国则建立了由中国共产党领导的多党合作与政治协商制度。

二月革命前，俄国政党林立，资产阶级保守派政党有 20 多个，自由派政党有15个，小资产阶级政党也多达20多个。十月革命胜利当晚，全俄工兵代表苏维埃第二次代表大会召开，选出101人的全俄中央执行委员会作为全俄苏维埃代表大会的常设权力机构，其中，布尔什维克62人，左派社会革命党人29人，社会民主党人国际主义派6人，乌克兰社会党人3人，社会革命党人最高纲领派1人。这是一个多党联合的权力机构。在政府组成的问题上，经过一系列谈判和斗争，人民委员会和左派社会革命党中央委员会12月10日达成协议，7名左派社会革命党的代表分别担任司法、邮电、地方自治等人民委员。

然而，俄国多党联合掌权的体制并没有维持多久。1918年3月，是否签订布列斯特和约，成为左派社会革命党人与布尔什维克从合作走向分裂的转折点。左派社会革命党人还反对粮食垄断制，反对剥夺富农，并进而对苏维埃政府表示不信任，密谋策划了刺杀事件、军事叛乱等。国内战争开始后，孟什维克和社会革命党先后宣布放弃与布尔什维克的斗争，承认苏维埃政权，并开始了合法活动，他们的主张对布尔什维克从军事共产主义转向新经济政策起了积极作用。但是，经济政策的合法化并未带来政治上的民主，布尔什维克在经济上做出让步的同时，政治上加强了集中，一方面强调党的统一，反对派别争斗，另一方面加强对社会革命党和孟什维克的镇压，并在1921年3月喀琅施塔得叛乱后，取消了这些政党的合法地位。从此，苏俄一党独掌政权、一党独存的政党体制确立，也为苏共成为社会矛盾的焦点埋下了伏笔。到了戈尔巴乔夫时期，则由一党制过渡到多党制，直接导致了苏联的解体。

我国的政党制度也是历史形成的。2011年是辛亥革命100

周年。辛亥革命刚获成功之后,华夏大地一度以西方政治制度为楷模,设立议会,实行多党制。一时间,中国社会党派林立,大小政党达 300 多个。由于这些党派效仿西方政党,醉心于所谓的议会政治,专注于选举活动,为了争权夺利而彼此倾轧,结果不到两年就被袁世凯的封建铁蹄践踏粉碎了。1927 年蒋介石发动"4·12"政变,国民党成为地主、买办、官僚资产阶级的政党,实行一党专制,极力排斥工人阶级、农民阶级、小资产阶级和民族资产阶级,并对中国共产党和其他民主党派实行排斥、迫害和镇压政策。抗日战争胜利后,蒋介石和国民党不顾广大人民群众的利益,拒绝中共和各民主党派要求建立真正的"联合政府"的主张,悍然发动内战。中国共产党把马克思主义普遍真理同中国革命实践相结合,制定了新民主主义革命的正确纲领,指出了中国革命的正确道路,实行武装斗争,建立统一战线,团结和带领全国人民进行了推翻三座大山的伟大斗争,建立了新中国。我国的民主党派大多是在抗日战争时期成立的,他们作为民族资产阶级、城市小资产阶级和知识分子的政治代表,受到帝国主义、封建主义和官僚资本主义的压迫,其反帝爱国和民主要求与共产党在新民主主义革命时期的政治主张基本一致,从产生之日起就不是站在共产党的对立面,而是在共产党的帮助下,团结合作,共同斗争。

人民解放战争取得决定性胜利后,中共于 1948 年发布"五一口号",得到各民主党派的积极响应。各民主党派纷纷发表声明,拥护共产党领导,并与共产党一道筹备召开了新的政治协商会议,制定了《共同纲领》,建立了新中国。中国共产党领导的多党合作和政治协商制度正式形成。新中国第一届中央人民政府 6 位副主席中，有 3 位是民主党派和无党派人士；第一届政务院 4 位副总理中，有 2 位是民主党派和无党派人士；15 名政务委员中，民主党派和无党派人士占 9 位；在政务院所辖的部、会、院、署等的正职负责人中，民主党派和无党派人士有 14 位；省市政府主席、副主席中，民主党派和无党派人士有 54 位。直到"文革"前夕，国务院各部委正职领导中有 9 位民主党派和无党派人士，地方政府中有 3 位省长是民主党派和无党派人士。

正是在汲取苏联在政党制度建设的经验教训的基础上，1956 年毛泽东在《论十大关系》中将共产党与其他民主党派的关系总结为"长期共存、互相监督"。1982 年，在总结了反右扩大化和十年"文革"的教训的基础上，中共又在党的第十二次代表大会上将"长期共存、互相监督"扩大为"长期共存、互相监督、肝胆相照、荣辱与共"。中国共产党是社会主义各项事业的领导核心，是执政党，各民主党派是接受中国共产党领导，同共产党通力合作，共同致力于社会主义事业的亲密友党，是参政党。中共与各民主党派的关系，既是政治上领导与被领导的关系，也是亲密合作的友党关系。这是有中国特色社会主义的新型政党关系，根本不同于西方资本主义国家那种执政党与反对党、在朝党与在野党那种相互倾轧、相互斗争的关系。新中国成立 60 多年来的实践已经充分证明，这一制度体现了中华民族和而不同、兼容并蓄的优秀文化传统，符合社会主义民主政治的本质要求，合乎时代发展潮流，顺应社会发展趋势。正如胡锦涛所指出的，这一制度最鲜明的特质是思想上同心同德、目标上同心同向、行动上同心同行。这是我们不断夺取革命、建设和改革事业胜利的有力保证。

民主和能力哪个重要？

现在生活中常常碰到的一个现象是：一个人很能干，能给大家带来实惠，但有点武断、不给人留面子；另一个人能力一般，不能带给大家实惠，但人很和气，很注意和你沟通。在这种情况下，你觉得哪个人好呢？这个问题不太好回答，是吧？实际上，这个问题涉及到另外一个更重要的问题，那就是：民主到底是手段还是目的、是过程还是结果。比较一致的看法是，民主既是手段也是目的，既是过程也是结果，主要看一个国家处于什么发展阶段。对穷人来说，如果民主能带来温饱问题的解决，民主只是手段。对富人来说，因民主能带来尊严和体面，那么民主就是目的。不管怎么说，如果民主带来的只是混乱和无序，那么民主什么都不是，也没意义。戈尔巴乔夫搞了一通"民主化"与"公开性"，把苏联都搞没了，那样的民主化与公开性价值何在呢？

这个问题还涉及到文化传统和背景，处于不同文化传统中的人们，对民主的感觉和需求也是不一致的。俄罗斯曾流行的一个笑话说，一个农民夜间要过一座桥，桥边一个警察对他说，桥断了，你最好不要过去。那个农民不听，一直往前走，结果掉河里了。那个农民从河里爬上岸，找到警察，气冲冲地说，你明知桥断了，为什么不拦着我？警察说，我已经告诉你了，可你偏要过呀。农民吼道，你不能光告诉，你抽我两个耳光我不就不过去了吗？在这里农民享受了知情权，却掉到河里了！民主是个好东西，但不是在任何情况下都能带来好结果，所以要问，能提供食物与可激起食欲到底哪个重要？至少对于发展中国家来说，前者更重要，过度民主、过快民主的后果只能削弱这个国家的经济，最后倒霉的还是老百姓。当然，这两者并不是绝对矛盾的。能力的提高不一定以压制民主为代价，民主程度高了也可以形成更大的能力，关键是看两者结合的程度，看执政党的执政能力！能力上去了，可以共赢；能力不给力，说得再好也没用！

领导中国人民走出半封建半殖民地社会的中国共产党，深知民主自由的可贵，更深知积贫积弱的可怕；深知西方文明的精髓，更深知中华文化的底蕴；深知革命之艰辛，更深知建设之曲折；所以面对西方一些人的压力和叫嚣并基于苏联解体的深刻教训，在政治体制改革的问题上再次表现出中国特有的智慧。这就是，一方面坚定不移地推进党内民主，另一方面以党的执政能力建设和先进性建设为主线，以改革创新精神全面推进党的建设新的伟大工程，把推进民主与提高能力有机结合起来，并着重在提高执政能力方面下功夫。

无产阶级革命党在执政后，有一个如何学会执政的问题，对这个问题，中国共产党是有自觉认识的。毛泽东把执掌全国政权比作"进京赶考"。在中共七届二中全会上，他告诫全党"务必使同志们继续地保持谦虚、谨慎、不骄、不躁的作风，务必使同志们继续地保持艰苦奋斗的作风"，并提醒全党要警惕"资产阶级用糖衣裹着的炮弹的攻击"。邓小平大声疾呼，"要忧国、忧民、忧党啊"，并强调改革开放是决定中国命运的关键一招，是实现富国强民的必由之路。江泽民适应新的形势提出"三个代表"重要思想，要求进一步提高党的执政水平和领导水平。以胡锦涛为总书记的党中央非常重视党的执政能力建设，2004年9月，中共中央第十六届中央委员会第四次全体会议通过了《中共中央关于加强党的执政能力建设的决定》，全面总结了半个多世纪以来中国共产党执政的主要经验，明确提出了加强党的执政能力建设的指导思想、总体目标和主要任务。《决定》指出：无产阶级政党夺取政权不容易，执掌好政权尤其是长期执掌好政权更不容易；党的执政地位不是与生俱来的，也不是一劳永逸的。一定要从关系社会主义事业兴衰成败、关系中华民族前途命运、关系党的生死存亡和国家长治久安的高度，充分认识加强执政能力建设的重要性和紧迫性，不断提高加强执政能力建设的自觉性和坚定性。《决定》从党为谁执政、怎样执政、靠什么执政的角度，明确了加强党的执政能力建设的总体目标，就是通过全党共同努力，使党始终成为立党为公、执政为民的执政党，成为科学执政、民主执政、依法执政的执政党，成为求真务实、开拓创新、勤政高效、清正廉洁的执政党，归根到底成为始终做到"三个代表"、永远保持先进性、经得住各种风浪考验的马克思主义执政党，带领各族人民实现国家富强、民族振兴、社会和谐、人民幸福。《决定》还提出了当前和今后一个时期加强党的执政能力建设的主要任务，即按照推动社会主义物质文明、政治文明、精神文明协调发展的要求，不断提高驾驭社会主义市场经济的能力、发展社会主义民主政治的能力、建设社会主义先进文化的能力、构建社会主义和谐社会的能力、应对国际局势和处理国际事务的能力。

  5年后，2009年9月，中共中央第十七届中央委员会第四次全体会议通过了《中共中央关于加强和改进新形势下党的建设若干重大问题的决定》,指出当今世界正处于大发展大变革大调整时期,党在推进改革开放和社会主义现代化建设中肩负任务的艰巨性、复杂性、繁重性世所罕见。全党必须居安思危,增强忧患意识,常怀忧党之心,恪尽兴党之责,勇于变革、勇于创新,永不僵化、永不停滞。《决定》提出了加强和改进党的建设六大方面的意见:一是建设马克思主义学习型政党,提高全党思想政治水平。要推进马克思主义中国化、时代化、大众化,用中国特色社会主义理论体系武装全党开展社会主义核心价值体系学习教育,建设学习型党组织;二是坚持和健全民主集中制,积极发展党内民主。要坚持和完善党的领导制度,保障党员主体地位和民主权利,完善党代表大会制度和党内选举制度,完善党内民主决策机制,维护党的集中统一;三是深化干部人事制度改革,建设善于推动科学发展、促进社会和谐的高素质干部队伍。要坚持德才兼备、以德为先用人标准,完善干部选拔任用机制,提高领导班子和领导干部推动科学发展、促进社会和谐能力,培养造就大批优秀年轻干部,健全干部管理机制;四是做好抓基层打基础工作,夯实党执政的组织基础。要扩大基层党组织的覆盖面,推进基层党组织工作创新,增强党员队伍生机活力,建设高素质基层党组织带头人队伍,构建城乡统筹的基层党建新格局;五是弘扬党的优良作风,保持党同人民群众的血肉联系。要大兴密切联系群众之风,大兴求真务实之风,大兴艰苦奋斗之风,大兴批评与自我批评之风,以坚强党性保证党的作风建设;六是加快推进惩治和预防腐败体系建设,深入开展反腐败斗争。要加强廉洁从政教育和党员领导干部廉洁自律,加大查办违纪违法案件工作力度,健全权力运行制约和监督机制，推进反腐倡廉制度创新。这个决定实际上是将深化民主、提高能力、保持先进有机结合起来，把党的建设推进到一个新的阶段。

在庆祝中国共产党成立90周年大会上，胡锦涛回顾了党的历史和中国的发展变迁。他强调在世情、国情、党情发生深刻变化的新形势下，要提高党的领导水平和执政水平，提高拒腐防变和抵御风险能力，加强党的执政能力建设和先进性建设。我们面临许多前所未有的新情况新问题新挑战，执政考验、改革开放考验、市场经济考验、外部环境考验是长期的、复杂的、严峻的。精神懈怠的危险，能力不足的危险，脱离群众的危险，消极腐败的危险，更加尖锐地摆在全党面前，落实党要管党、从严治党的任务比以往任何时候都更为繁重、更为紧迫。我们必须从新的实际出发，坚持以科学理论指导党的建设，以改革创新精神研究和解决党的建设面临的重大理论和实际问题，着眼于全面建设小康社会、加快推进社会主义现代化，全面认识和自觉运用马克思主义执政党建设规律，全面推进党的建设新的伟大工程，不断提高党的建设科学化水平。这个讲话的重要贡献之一就是不仅提出了新形势下加强党的建设的重要性和紧迫性，而且把党的建设纳入科学化的轨道，是科学发展观在党的建设问题上的具体运用和重要体现，是开创新时期新阶段党的建设新局面的纲领和指南，也是破解所谓民主与党的领导之间的矛盾的一把钥匙。

第三章 从思想僵化到文化繁荣

一个党，一个国家，一个民族，如果一切从本本出发，思想僵化，迷信盛行，那它就不能前进，它的生机就停止了，就要亡党亡国。①

——邓小平

以苏联模式为特征的传统社会主义，普遍存在着个人崇拜和把马克思主义教条化的问题，遇事不是遵从马克思主义的精神实质，而是把丰富的马克思主义理论变成僵硬的教条。最高领导人往往垄断解释马克思列宁主义的权力，不允许存在与领袖不同的看法与主张，个人无法发挥主动性与创造性，严重窒息了社会。实践证明，这种社会主义模式不适应时代发展的要求，需要进行改革，而改革的一个重要条件就是从传统的苏联模式社会主义观念中解放出来，在实践中解决什么是社会主义和怎样建设社会主义的问题。古代行军打仗常说，兵马未动，粮草先行。对于社会主义国家来说，改革未动，思想先行。实践证明，解放思想、鼓励创新是社会主义改革和发展的必要条

---

① 《邓小平年谱（1975–1997）》（上），中央文献出版社2004年版，第450–451页。

件，也是中国特色社会主义取得成功的重要经验。

一、"解放思想是个重大的政治问题"

　　这句话是小平同志讲的。为什么他把解放思想看作是一个重大的政治问题呢？一方面，思想属于上层建筑范畴，稍有政治经济学常识的人都知道，上层建筑之于经济基础具有相对独立性和延后性，经常是经济基础已经走到后天了，思想还停留在昨天甚至大前天。另一方面，无产阶级政党区别于资产阶级政党的根本点之一就是其思想上的集中和统一，从思想上建党是共产党的优势和原则所在，这保证了党的战斗力和凝聚力，但也使得传统的社会主义思想在党员中根深蒂固，"左"的思想比较严重。正是由于以上两点，如果不能从旧的思想束缚中解放出来，就不能形成新的思想共识，那些重大的改革举措也就难以有效地推进。中国改革开放的过程，就是一个不断解放思想的过程，一个新旧思想观念碰撞的过程，一个新思想战胜旧观念从而推动社会进步的过程。2007年6月25日，胡锦涛在中央党校的讲话中把解放思想当作四个"坚定不移"之首，提出"解放思想，是党的思想路线的本质要求，是我们应对前进道路上各种新情况新问题、不断开创事业新局面的一大法宝"。在党的十七大报告中胡锦涛又强调"解放思想是发展中国特色社会主义的一大法宝"，足见解放思想之重要。

不解放思想就没有社会主义

　　解放思想不仅是发展中国特色社会主义的一大法宝，也是无产阶级革命取得成功、社会主义制度得以建立的一大法宝。马克思、恩格斯所设想的社会主义是建立在发达资本主义的基础上，其一切关于社会主义和共产主义未来的设想都是以此为前提的，强调的是共同胜利。如果列宁固守这一理论，十月革命是不可能在落后的俄国发生的，也不可能取得胜利。十月革命一声炮响，给中国送来了马列主义，同时也送来了"城市中心论"的革命理论。如果中国共产党人一味坚持这一理论，就不会有农村包围城市的革命道路。早在1942年的延安整风，实际上也是一场思想解放运动，它把全党从主观主义、宗派主义和党八股的束缚中解放出来，为毛泽东思想的产生和中国革命的成功奠定了思想基础。没有共产党就没有新中国，而共产党如果不解放思想，就既没有新中国，也没有社会主义。

苏共的思想僵化是从斯大林社会主义模式形成以后逐渐滋生和蔓延的。1953年斯大林去世，苏共开始进行政策调整。苏共二十大揭开了斯大林个人崇拜的盖子，把斯大林从神变成了人。但是，无论是当时的赫鲁晓夫，还是后来的戈尔巴乔夫，都只注重斯大林的个人品质，而没有看到斯大林的社会主义观念有许多背离马克思列宁主义之处，实际上是把思想解放的方向搞错了。这严重制约了苏联的改革。赫鲁晓夫的改革只是在斯大林模式内打转，到了勃列日涅夫时期，在柯西金推动下苏联搞了一些经济改革，但又被迫停了下来，重新恢复了斯大林化。由于延续长期形成的思维模式，没有突破公有制和计划经济才是社会主义特征的传统观念，相关经济改革效果不佳。1985年，戈尔巴乔夫为了克服苏联面临的政治、经济、社会、道德的全面危机，又开始了新一轮变革，但戈尔巴乔夫一开始仍排斥非国有制和市场经济，搞大力发展机器制造业的"加速战略"，结果行不通，才不得不在1987年开始进行企业改革。由于排斥市场经济，企业始终无法成为独立的商品生产者，对严重背离价值规律的价格体制没有进行改革，让生产者无利可图，落到了在商店里买饲料比买面包还昂贵的荒唐地步，国家花在食品上的补贴让财政不堪重负，生产者却是生产得越多越亏损。直到1990年，在出现严重经济危机的情况下才决定向市场经济过渡，但由于激烈的党内斗争、社会政治动荡和章法混乱，难以达成共识，致使这一政策难以推行。思想僵化导致的经济崩溃，成为苏联解体的重要原因。

再看看我们中国，在整个改革过程中，始终注意解放思想，把解放思想当作改革的先导和先锋，在解放思想中规划改革，在改革中实现思想解放，不断突破影响中国改革开放的重大思想束缚，从而取得了一个又一个改革攻坚的胜利，进一步扩大了中国特色社会主义的影响力、感召力和辐射力。

中国的三次思想大解放

第一次思想解放以十年"文革"和两年徘徊为背景，冲破的是"个人崇拜"。十年"文革"，极左盛行，个人崇拜和个人专断达到登峰造极的地步，国民经济遭到严重破坏，处于崩溃的边缘。1976年10月，"四人帮"被粉碎，全党、全国人民一片欢腾，人们在冷静的思索中，热切地盼望中国共产党能彻底纠正"左"的错误。然而，当时却出现了"两个凡是"的口号，这给纠"左"制造了严重的障碍，在党内外群众的思想中引起了新的思想混乱。在这种情况下，1978年5月12日，《光明日报》以特邀评论员名义发表了《实践是检验真理的唯一标准》的文章,在全国范围内引发了历时半年的大讨论,树立了实践的权威,确立了实践是检验真理的唯一标准,破除了"两个凡是"的思想束缚,破除了对毛泽东的迷信,重新确立了马克思主义的思想路线,为党的十一届三中全会的召开奠定了思想基础,成为改革开放的思想先导。邓小平在1978年的中央工作会议上所作的《解放思想、实事求是、团结一致向前看》的讲话,成为冲破"两个凡是"的禁锢、开辟新时期新道路、开创建设中国特色社会主义的宣言书。此后,改革从农村启动,获得巨大成功,而后把重点转向城市,从经济领域向政治、教育、科技、文化等领域扩展。

第二次思想解放以上个世纪80年末90年代初,国际、国内的严重政治风波为背景,冲破的是"计划经济崇拜"。1989年国内发生了"六四"政治风波,搞资产阶级自由化的人要否定社会主义,否定共产党的领导。坚持传统社会主义的人则要否定改革开放,认为是改革开放导致了中国的混乱。国际上出现了东欧剧变、苏联解体,世界共运遭受严重挫折。在这种形势下,右助长"左","左"右相通,把改革开放说成是引进和发展资本主义,认为和平演变的主要危险来自经济领域的声音回潮。针对这种情况,1992年初,邓小平发表南巡谈话,强调"中国要警惕右,但主要是防止'左'"。这一讲话开启了中国第二次思想解放运动,破除了长期以来人们在计划与市场问题上姓"社"姓"资"的思想束缚,确立了"三个有利于"的判断标准,为建立社会主义市场经济体制奠定了思想基础,使中国改革找到了明确的方向,推动了中国经济与世界经济的融合,大大促进了生产力的发展。当年召开的党的十四大最终确立了建立社会主义市场经济体制的改革目标。至此，从思想到实践，我国终于彻底突破了原有苏东改革模式框架的限制：各领域的改革力度加大并取得突破性进展；开放形成以内陆省会城市为重心，沿海、沿江、沿边等全方位、多层次的大开放格局；发展形成东西协调、互促、互动的局面。

第三次思想解放以邓小平逝世和改革进入攻坚阶段、发展面临跨世纪的考验为背景，冲破的是"所有制崇拜"。1997年初，我国改革开放和现代化建设的总设计师邓小平逝世，这引起了全党、全国人民乃至全世界的极大关注。他们注视着中国是否会继续邓小平开启的改革开放进程，关注着中国的改革开放往哪个方向走。特别是围绕公有制的实现形式国内存在各种各样的认识。有的人认为目前非公有经济成份太大了，已影响了公有制的主体地位；有的人则认为实行现代企业制度和股份制就是搞"私有化"，走资本主义道路等等。这些不同的思想认识亟需统一。当年5月29日，也就是在邓小平逝世百天祭的日子里，江泽民在中央党校省部级干部进修班毕业典礼上发表讲话，将党的十五大报告（征求意见稿）的主要内容向党的干部宣讲出来，并以新华社通稿的形式进行公开报道。之后，中央各大报刊有组织地刊发了一些学习文章。经过4个月时间的学习和宣传，全党、全国人民在继续高举邓小平理论旗帜、改革公有制的实现形式等问题上取得了共识。在随后召开的党的十五大上，江泽民集中回答了当时党内外存在的种种疑问，强调公有制的实现形式可以而且应该多样化，一切反映社会化大生产规律的经营方式和组织形式都可以大胆利用，并要求全党抓住机遇而不可丧失机遇，开拓进取而不可因循守旧。十五大冲破了所有制崇拜，明确澄清了姓"公"姓"私"的疑惑，为深化经济体制改革扫清了一大障碍，在全国范围掀起了第三轮思想解放的高潮。

在总结改革开放以来的一系列理论和实践经验基础上，党的十七大前后开始了又一次思想解放，对于破除一切不符合科学发展观的思想观念和制度机制，确立符合科学发展观要求的新观念、新思路、新制度，起了巨大的促进作用。1992年以后，市场活跃起来了，经济迅速发展了，但是，一切向钱看，浪费资源、污染环境、贫富差距拉大等问题十分突出。我们发展起来了，温饱问题解决了，如何实现可持续发展的问题摆在了大家面前。在中国这个人口众多的国度，发展无疑是执政兴国的第一要务，但必须科学地发展，要推进物质文明、精神文明和政治文明的共同发展，不能不计成本代价地单纯追求GDP。江泽民曾大声疾呼："我们不仅要安排好当前的发展，还要为子孙后代着想，绝不能吃祖宗饭，断子孙路。"[①] 党的十七大把科学发展观确定为党的指导思想，并写入新修改的党章，这为发展中国特色社会主义提供了思想指南。

苏共则缺少对社会主义理论的反思，长期没有破除对传统社会主义理论的迷信，无法探索新的改革之路。到了20世纪80年代末，戈尔巴乔夫等人仍坚信市场经济、私有制都是资本主义的，虽然为布哈林等党内受害者恢复了名誉，但仍不能科学对待他们的思想。在中国的改革已经突破了所有制、商品货币

---

① 《江泽民论有中国特色社会主义（专题摘编）》，中央文献出版社2002年版，第279-280页。

关系、价格体制等界限时，苏共仍然在所有制、商品货币关系、商品价格等问题上固守传统的社会主义观念，改革难以前行。苏共仍然只注重给民众描绘蓝图，先是提出了"更多的民主"、"更多的社会主义"、"建设带有人的面孔的社会主义"等，后又提出建设"人道的民主的社会主义"，但民众在改革中得不到实惠，付出的多，得到的少，人们不再相信苏共所描绘的宏伟目标和美好前景。如果说中国靠解放思想，抛开教条，尊重群众的首创精神，推进了社会主义改革大业的话，苏共则直至最后也没有根本改变做群众"上帝"的角色、为民众规定思维和行动的模式。

　　回顾中国改革开放的历史进程，我们不难发现思想领域的解放、融合和自我创新从中发挥着重要作用。在改革开放之初，中国共产党重新确立了党的思想路线，这就是：一切从实际出发，理论联系实际，实事求是，在实践中检验和发展真理。在改革开放的实践中，我们坚持把解放思想和实事求是相统一，大力发扬求真务实精神，不断深化对共产党执政规律、社会主义建设规律、人类社会发展规律的认识，自觉把思想认识从那些不合时宜的思想观念的束缚中解放出来，从对马克思主义错误的和教条式的理解中解放出来，从主观主义和形而上学的桎梏中解放出来，在实践基础上进行理论创新，回答了国民关心的一系列重大理论和实际问题，为改革开放提供了体现时代性、把握规律性、富于创造性的理论指导，开辟了马克思主义新境界。实践证明，解放思想是推动社会主义大发展的法宝，也是推动中国进步的必然要求。

解放思想不等于胡思乱想

解放思想是从那些不符合社会实际，阻碍社会主义发展进步的旧教条中解放出来，是坚持马克思主义的实事求是的原则，坚持一切从实际出发，从民众的需要出发，在实践中探索如何建设社会主义的问题，而不是怀疑和否定社会主义，不是搞乱人们的思想，更不是胡思乱想。正如邓小平所说："我们讲解放思想，是指在马克思主义指导下打破习惯势力和主观偏见的束缚，研究新情况，解决新问题。"① 解放思想的过程，就是总结经验和不断修正错误的过程，就是思想创新和开拓新局面的过程，也是实事求是地坚持马克思列宁主义基本原理与中国实践相结合的过程。

解放思想，首先要求实事求是地对待社会主义建设的历史。由于缺少经验，中苏在社会主义建设中都经历过严重的曲折，都需要总结历史的经验教训，对历史问题有个明确的态度，这是解放思想的内容之一，更是确定未来发展方向的要求。

在社会主义历史上，首先绕不过去的问题就是如何看待斯大林及斯大林建立的社会主义模式。苏联50年代的改革需要回答这个问题，赫鲁晓夫在苏共二十大上所作的《关于个人崇拜及其后果》的报告，也首先触及了这个问题。但是，赫鲁晓夫的方式方法有问题，他并没有把这个问题列入大会要讨论的核心问题，只是在正式会议结束后以"秘密报告"的方式向人们通报了斯大林时期大清洗的情况。赫鲁晓夫把斯大林搞个人崇

---

① 《邓小平文选》第二卷，人民出版社1994年版，第279页。

拜，对持不同意见者进行无理镇压，都看成是斯大林的品质问题，是他不够谦虚、骄傲自大造成的，大批斯大林的个人错误。这对苏联社会和国际共运都造成很大冲击，迫使赫鲁晓夫不得不后退，在对待斯大林的问题上反反复复，严重干扰和影响了苏联的改革。而且，在完全肯定斯大林所建立的社会主义制度模式的背景下，继续超越现实，追求"一大二公"，大搞合并集体农庄的运动，急于过渡到共产主义，也没有为布哈林等党的高级领导人平反，无法实事求是地评价历史，结果阻碍了对改革新路的探索，使改革无果而终。勃列日涅夫则中断了改革，重新斯大林化，在科学、文学以至艺术方面，又做起了带有普遍性的伪造历史的工作。为了掩盖1937—1938年"大清洗"高潮中的血迹，连对这几年被处死的将领、作家和文化人的死亡时间也竭力加以掩饰甚至篡改。卫国战争初期苏联失败的规模，更是被大大缩小了，对于失败的原因，不是加以歪曲，就是语焉不详地回避。对朱可夫回忆录的篡改就很典型，不仅由编辑人员以作者的名义对作品任意删改，还从书中砍掉了有关1937年镇压红军高级指挥人员的一章。正是这种掩盖历史真相和伪造历史的行为，成了一颗不利于苏共的定时炸弹。

到戈尔巴乔夫改革之时，历史问题再次成了绕不过去的坎儿。1987年11月2日，在十月革命胜利70周年之际，戈尔巴乔夫做了《十月与改革：革命在继续》的报告，但这一报告未对历史做出实事求是的科学总结，不能满足民众的要求。在谈到20世纪20—30年代苏联社会主义建设时，戈尔巴乔夫仍重复苏共党史上现成的结论，完全否定托洛茨基，不公正地指责布哈林不懂辩证法，肯定斯大林埋葬新经济政策的全盘农业集体化政策，认为"布哈林和他的拥护者在自己的筹划中、在理论观点上实际上都对在30年代社会主义建设中的时间因素估计不足。他们的立场在很大程度上取决于教条式的思维，取决于对具体情况的不合乎辩证法的评价"。戈尔巴乔夫评价斯大林所选择的工业化和农业集体化模式是唯一正确的选择，只批评斯大林时期形成的行政命令、个人迷信、破坏法制、大肆镇压、官僚主义等现象，实质上仍然肯定斯大林所建立的体制模式。这种显然不符合实际的结论很难让学者和民众接受，也直接影响了苏共改革方针的选择，更谈不上达到解放思想的目的。由于公开性的推动，苏联社会掀起了一场"历史求真热"，斯大林时期大清洗的许多材料被揭示出来，颠覆了苏共的传统价值观，也使苏共威信扫地，乃至丧失了执政的合法性。

中国吸取了苏联的教训，以辩证的态度对待历史，既承认并纠正了当时所犯的错误，彻底拨乱反正，同时也肯定了新的探索，从失败中学习。1981年6月27—29日，中共十一届六中全会一致通过了《关于建国以来党的若干历史问题的决议》，统一全党的思想认识。《决议》运用马克思主义的唯物辩证法和历史唯物论，对建国32年来党的重大历史事件特别是"文化大革命"，做出了正确的总结，科学地分析了在这些事件中党的指导思想的错误，分析了产生错误的主观因素和社会原因，实事求是地评价了毛泽东在中国革命中的历史地位，论述了毛泽东思想作为中国共产党的指导思想的伟大意义。《决议》在事关党和国家前途与命运的重大问题上做了根本性的拨乱反正：否定以阶级斗争为纲，把党的工作重心转移到经济建设上来；彻底否定"文化大革命"及无产阶级专政下的继续革命理论；把毛泽东思想与毛泽东的晚年错误区分开来。《决议》确立了十一届三中全会以来的改革开放政策，进一步指明了今后前进的方向。《决议》的形成与通过是中国共产党一次历史性的思想大解放，对于团结全党、结束过去、开创未来，具有深远的历史意义。

任何认识都只是对客观世界的某一领域、某一部分、某一方面、某一片断的认识，而不是对全部事物的反映。我们在社会主义实践中犯错误也是正常的，关键在于不要受固有的错误观念的束缚，要善于总结经验，修正错误，推动历史进步。"解放思想，就是使思想和实际相符合，使主观和客观相符合，就是实事求是。今后，在一切工作中要真正坚持实事求是，就必须解放思想。认为解放思想已经到头了，甚至过头了，显然是不对的。"[①] 我们在科学总结历史的教训中找到了未来前进的方向，丰富了马克思主义的社会主义建设理论，是创新社会主义的实践形式，而不是抛弃和否定马克思主义与社会主义。

二、让人讲话，天塌不下来

马克思曾指出："相同的经济基础——按主要条件来说相同——可以由于无数不同的经验的情况、自然条件、种族关系、各种从外部发生作用的历史影响等等，而在现象上显示出无穷无尽的变异和彩色差异，这些变异和差异只有通过对这些经验上的已存在的情况进行分析才可以理解。"[②] 社会中存在差异是正常现象，执政者应该创造条件让民众自由表达自己的思想，

[①] 《邓小平文选》第二卷，人民出版社1994年版，第364页。
[②] 马克思：《资本论》第三卷，人民出版社2004年版，第894-895页。

注意倾听这些民意，吸取其合理的成分，使决策更加科学化，以推动社会的发展与进步。否则整个社会都会死气沉沉，缺乏生机和活力。要知道，解放思想的过程既是一个破除旧思想的过程，也是一个创造新思想的过程，如果一个社会，一个党，一个国家整天死气沉沉，新的思想从何而来？不破不立，不立也难破，若方向不明，破只是破而已，革命性有了，建设性却没了。

"三不主义"

思想观念的价值，在竞争中才会彰显，在实践中才能检验。社会主义需要不断探索和创新，有一个民主讨论、自由争鸣、畅所欲言、和谐宽松的环境十分重要。1842年马克思在批评普鲁士政府时说："你们赞美大自然悦人心目的千变万化和无尽宝藏，你们并不要求玫瑰花和紫罗兰散发出同样的芳香，但你们为什么却要求世界上最丰富的东西——精神只能有一种存在形式呢？"[①] 1889年恩格斯在批评丹麦工人党开除持有不同观点的党员时说："工人运动的基础是最尖锐地批判现存社会。批评是工人运动生命的要素，工人运动本身怎么能避免批评、禁止争论呢？难道我们要求别人给自己以言论自由，仅仅是为了在我们自己队伍中又消灭言论自由吗？"[②] 让人们畅所欲言是一个社会发展与进步的保障，也是一个社会发展与进步的标志。

在世界上第一个社会主义国家——苏联的实践中，却严重背离了马克思主义的基本原理。在相当长的时间里，苏共搞的

---

① 《马克思恩格斯全集》第一卷，人民出版社1956年版，第7页。
② 《马克思恩格斯全集》第三十卷，人民出版社1971年版，第324页。

是思想文化专制，不允许存在任何与官方不同的声音，严重窒息了社会，也使社会失去了创新的能力，失去了发展的生机与活力。党的最高领袖对真理有垄断权，是各学科的最高权威和真理的最终裁决者。最高领袖握有对马列著作、言论的发表权与解释权，领导人的言论成了判断真理的唯一标准，对于发表不同意见者，轻则进行政治批判，开除公职，重则被定罪，关进集中营，或送进精神病院。在20世纪20年代党内大争论中，斯大林以维护列宁和列宁主义为名，垄断了对列宁主义的解释权，把列宁主义泛化和神化，他在《论列宁主义的基础》、《论列宁主义的几个基本问题》、《苏联社会主义经济问题》、《联共（布）党史简明教程》等论著中，确立了官方的不容置疑的社会主义革命与建设的理论。在30年代新造神运动中，斯大林成了党和真理的化身，斯大林一个人的理论与思想成了一切工作的指针，他代替所有人思考、做结论，其他人只能照本宣科。恩格斯的《俄国沙皇政府的对外政策》一文，在斯大林的反对下，不能在苏联发表。他们对马列主义理论搞的是实用主义，有利于自己的，就拿来用，不利于自己的，就避而不谈，但要求别人对他们的言论不能有丝毫的怀疑，要求把他们的言论当成教条。而一旦领导人更迭，他们的权威性就丧失了，后来的领袖又开始否定前面的领袖，然后自己又开始扮演前一个领袖扮演过的角色。

中国在这个问题上则走了一条不同的路。1956年4月28日，毛泽东在中共中央政治局扩大会议上说，艺术问题上的"百花齐放"，学术问题上的"百家争鸣"，应该成为我国发展科学，繁荣文学艺术的方针。在1957年写的《关于正确处理人民内部矛盾的问题》中他又指出:"百花齐放、百家争鸣的方针,是促进艺术发展和科学进步的方针,是促进我国的社会主义文化繁荣的方针。"①"双百方针"对于繁荣中国的社会科学、文化艺术起了非常好的作用,但遗憾的是,我们未能把这一方针一以贯之地坚持下去。在反右、"文化大革命"等一系列运动中,严重背离了这一方针,扼杀了让人能够畅所欲言的氛围,严重阻碍了科学、文化、艺术、思想的发展。

党的十一届三中全会以后,中国的政治经济环境相对宽松,邓小平特别注意让人们畅所欲言,认为只有这样中国的社会才更加文明和进步。1979年3月30日,他严肃地指出:"思想理论问题的研究和讨论,一定要坚决执行百花齐放、百家争鸣的方针,一定要坚决执行不抓辫子、不戴帽子、不打棍子的'三不主义'的方针,一定要坚决执行解放思想、破除迷信、一切从实际出发的方针。"② 这是对中国前一时期历史经验的总结,也体现了高度的自信和宽广的胸怀。实行市场经济以后,中国共产党更加重视思想和学术观点的正常争论,更加重视开拓创新、与时俱进,不断强调"创新是一个民族的灵魂,是一个国家兴旺发达的不竭动力,也是一个政党永葆生机的源泉"③。理论枯竭,思想僵化,没有生机与活力是苏共长期存在的最大问题,也是其失败的重要根源。客观实际是不断向前发展的,我们的思想不可能一劳永逸,任何思想禁锢、思想僵化和思想懈怠都是违背解放思想的,动辄进行思想政治大批判也是不符合

---

① 《人民日报》,1957年6月19日。
② 《邓小平文选》第二卷,人民出版社1994年版,第183页。
③ 《人民日报》,2000年6月22日。

社会发展规律的。

"七嘴八舌并不可怕,最可怕的是鸦雀无声"

从一种声音到百花齐放,从千人一面到丰富多元,反映出思想的极大解放,也体现着中国的前进方位。在改革深水区和攻坚期,不同利益的调整与博弈,自然带来不同诉求的表达;随着开放扩大和全球化深入,传统与现代、国外与本土,不同价值观念也必然产生碰撞交锋。在一个多元社会,尊重不同的声音和意见,既是尊重公民的表达权,也是减轻社会焦虑、疏导矛盾冲突的必然要求。毛泽东曾说过:"让人讲话,天不会塌下来。"邓小平也认为:"七嘴八舌并不可怕,最可怕的是鸦雀无声。""创造条件让人民批评监督政府",是保证决策科学化和政府为人民服务的重要条件。

要求只有一种声音、一种色彩,既不现实,也不正确。不能简单地用一方封杀另一方的老办法来解决问题。究竟孰是孰非,不是由哪个人或哪部分人说了算,而是最终要由实践来检验,看是否得到绝大多数人的赞同,是否能增进人民的福利。用和谐精神处理不同观点与矛盾,求同存异,求真存疑,民主讨论,以理服人。苏联社会主义失败的一个重要原因,就是长期不让人讲话,只提倡它那个社会主义,只允许歌颂它那个社会主义,而揭示社会阴暗面,表达点不同于主流的声音,则被严格禁止。苏联的最高领导人成了各学科的最高权威和真理的最终裁决者,某一部作品能否问世要取决于总书记的好恶(赫鲁晓夫允许索尔仁尼琴的小说发表,勃列日涅夫则因此把索驱逐出境),某个画家的画能否展出也要听从总书记的意见,甚至自然科学的争论也要由总书记来裁决。在斯大林的干预下，量子物理学说、关于遗传的物理化学原理的学说、相对论、谐振论等现代自然科学理论被宣布为"唯心主义"，控制论、逻辑学被宣布为资本主义伪科学，优生学、儿童学、应用心理学、个体生态学等被禁止研究。生物学被分为无产阶级生物学和资产阶级生物学，批评斯大林所支持的农业草田轮作制者被处死。斯大林作为党和国家的最高领袖，不仅写了《苏联社会主义经济问题》作为教科书，还写了一本不二法门的《马克思主义和语言学问题》。

苏共二十大后，苏联的思想与理论界一度活跃起来。但从20世纪60年代下半期开始，苏联在学术文化领域中的活跃气氛又被压了下去，正统的教条主义的学术思想观点在各方面重又压倒一切。在经济学方面，提倡多搞政治经济学抽象的理论研究，少搞现实经济问题的探讨；在1968年出兵捷克斯洛伐克后则展开了对"市场社会主义"和"商品派"的大批判。教条主义成了苏联社会思想领域唯一通行的思想，一切与之不同的都成了异端，遭到无情的批判和围堵。在戈尔巴乔夫时期，苏共推行公开性，情况有了很大改观，但由于苏共的软弱涣散，思想解放变成思想混乱，没有形成共识，在公开性的冲击面前完全丧失了阵地。

中国共产党在强调弘扬主旋律的同时，提倡多样化。社会存在决定社会意识，改革开放30多年来，整个社会的经济结构、政治生活与价值取向、观念意识、审美情趣等都发生了重大变化，物质生活越来越多样化，精神生活也越来越多样化，社会文化呈现出多样、多元、多变的特点。随着对外开放的扩大和现代信息传播手段的普及，思想文化战线特别是社会思潮领域十分活跃，出现了各种思潮交流、交融，甚至交锋的状态，这里既有马克思主义、社会主义、爱国主义、集体主义等主流，也有自由主义、民族主义、"新左派"、新保守主义、功利主义、消费主义、后现代主义、人本主义、生态文化理论、人权理论、社会民主主义、新自由主义等等支流。对此，中国共产党的政策是承认和正视这些思潮，对之持"尊重"和"包容"的态度。同时，我们也注意加强引导，在各种思潮的交锋中树立主流价值观和马克思主义的指导地位。尊重差异、包容多样，发挥社会主义先进文化的先导作用。这表明中国共产党在思想文化建设上认识更加深刻、视野更加开阔、胸怀更加博大、境界更加高远，也因而更加自信。

人总是要有点精神的

社会主义核心价值体系是兴国之魂，是社会主义先进文化的精髓。我们提倡解放思想，尊重差异，包容多样，但不是没有主次。社会主义核心价值体系居于核心的地位，是社会思潮的引领者。坚持以社会主义核心价值体系引领社会思潮，尊重差异，包容多样，最大限度地形成社会思想的共识。马克思主义指导思想，中国特色社会主义共同理想，以爱国主义为核心的民族精神和以改革创新为核心的时代精神，社会主义荣辱观，构成社会主义核心价值体系的基本内容。文化繁荣，思想活跃，但意识形态不能乱，要用社会主义核心价值体系引领社会思潮，使之沿着正确和健康的道路前进，向着积极的方向发展。要在社会主义核心价值体系的引领下，在全党全社会形成统一指导思想、共同理想信念、强大精神力量、基本道德规范。在当今这样一个信息高度发展，信息传播工具不断更新的情况下，我们的一个重要任务就是要"积极探索用社会主义核心价值体系引领社会思潮的有效途径，主动做好意识形态工作，既尊重差异，包容多样，又有力抵制各种错误和腐朽思想的影响"。① 在尊重差异中最大限度地扩大社会认同，在包容多样中增进思想共识，团结社会不同阶层和不同认识水平的人们共同前进。

在思想领域，苏联的教训是深刻的。他们开始是强求统一思想，压制舆论，到1988年又一下子放开舆论，"公开性把人们从普遍的沉睡状态中唤醒过来了，帮助大家克服了漠不关心和对一切都消极的态度，感受到变革对自己的切身利益，自己与改革的切身关系"。② 但是，由于缺少法律规范，不负责任的言论自由没能起到激发民众改革热情、促进社会主义改革事业的作用，反而抹煞苏联社会主义建设过程中所取得的成就，进而全面否定苏联的社会主义制度。正如美国学者所评价的："关于苏联过去阴暗面的铺天盖地的公开讨论不仅没有带来有关改革的新乐观精神，反而引发了对社会主义计划全部构想的嘲笑。事实是到处都充满了不切实际的理想主义情绪和更多的个人高谈阔论的机会，只有日常物质生活的每况愈下才是这段漫长而悲惨的苏联历史情景部分的真实写照。不管在媒体上还是在日常交谈中，公开性没有带来对改革这一伟大事业的乐观和责任

---

① 《中国共产党第十七次全国代表大会文件汇编》，人民出版社2007年版，第33页。

② （俄）米·戈尔巴乔夫著，徐葵等译：《对过去与未来的思考》，新华出版社2002年版，第76－77页。

感，只带来了对现在和过去不断堆积的愤怒和冷言嘲讽，尤其是对领导人的政治辞令和允诺的不满。"① 汹涌的批判浪潮，不仅否定了斯大林，同时也否定了苏联 70 多年社会主义建设所倡导的价值观和文化成果。从一个极端走向了另一个极端，形成不了有利于改革的主流文化，却让人们失去了前进的方向，轻信了叶利钦等少数人廉价高调的许诺。

苏联解体的教训表明，思想不能乱。思想乱了，人们将无所适从，改革将失去方向。我们在改革开放、鼓励多元文化的发展中，始终坚持马克思主义在社会意识中的主导地位，但这个马克思主义已经不是从苏联那里搬来的马克思主义，而是与中国实际相结合并不断发展的马克思主义。我们把坚持马克思主义基本原理同推进马克思主义中国化结合起来，与时俱进，在实践的基础上不断进行理论创新，并为改革开放提供理论指导。30 多年来，我国改革开放取得很大成功，基本走出了苏联的经济建设模式，关键是我们既坚持马克思主义基本原理，又根据当代中国实践和时代发展不断推进马克思主义中国化，形成和发展了包括邓小平理论、"三个代表"重要思想、科学发展观等重大战略思想在内的中国特色社会主义理论体系，使当代中国的马克思主义具有勃勃生机，成为引导社会的主流意识形态。这一理论体系"是马克思主义中国化最新成果，是党最可宝贵的政治和精神财富，是全国各族人民团结奋斗的共同思想基础，是扎根于当代中国的科学社会主义。我们要始终坚持用中国特色社会主义理论体系武装全党、教育人民，不断提高全

---

① （美）尼古拉·涅赞诺夫斯基、马克·斯坦伯格著，杨烨等译：《俄罗斯史》（第 7 版），上海人民出版社 2007 年版，第 587 页。

党的马克思主义理论水平,使中国特色社会主义理论体系更加深入人心、更好发挥指导作用"①。

既要体现先进,也要"入心入脑"

由于长期坚持教条主义,苏联的官方文化越来越失去民众支持,党报党刊没有多少人看。20世纪70年代又一轮科技革命浪潮兴起,苏联却抱残守缺,宣扬脱离实际的超阶段思想,用很大气力去研究发达社会主义的特征和社会主义生活方式。勃列日涅夫这个平庸的人物,甚至连马恩著作都很少读的人竟然成了苏共最大的理论家,苏共把勃列日涅夫提出的"发达社会主义理论"说成是对马列主义宝库的重大贡献。苏共没有根据时代的发展创造性地发展马克思列宁主义理论,正如苏共中央机关总务部主任博尔金所说:"科学技术革命根本改变了形势,要求提出能够把群众联合起来的富有成效的新思想,但是苏共被苏斯洛夫和波诺马廖夫为首的意识形态偶像弄得昏昏欲睡,不愿在这日新月异的世界里革新共产主义运动的思想。党依然坚持过去的立场,从而在对于世界发展的认识上失去了战略优势,丧失了主动权,无力地、教条地反抗着西方宣传的进攻。"② 苏共的空洞无物、老生常谈的宣传让人们厌烦,领导层中绝大多数人已不是社会主义的热情支持者。人们失去了对伟大思想的信仰,"到80年代初的时候,已经很少有人再相信马克思列宁主义的思想理论了,这使表面看似强大的苏联陷入了

---

① 胡锦涛在纪念改革开放30周年大会上的讲话,《人民日报》2008年12月19日。
② (俄)瓦·博尔金著,李永全等译:《戈尔巴乔夫沉浮录》,中央编译出版社1996年版,第400页。

困境"。①

中国则完全不同。在改革开放中,我们高举社会主义先进文化这一马克思主义政党的思想精神旗帜,努力开辟文化繁荣与发展的未来。所谓先进文化是指科学的、健康的,符合广大人民根本利益、代表人类未来发展方向和有利于社会进步的文化。在当代中国,社会主义先进文化是以马克思主义、毛泽东思想、中国特色社会主义理论体系为指导的,能够为党在社会主义初级阶段的基本路线、为改革开放和社会主义现代化建设提供精神动力的文化。这一文化能够弘扬民族精神、凝聚各族人民的意志和力量,是继承和发扬中华民族一切优秀文化传统基础上的文化。在对外交往日益活跃的情况下,社会主义先进文化也是博采各国文化之长、吸收国外一切优秀文化成果的文化。人民是社会的主人,社会主义先进文化更是面向大众、服务人民,为广大人民群众喜闻乐见的文化。30多年来,在马克思主义和中国特色社会主义理论的指导下,我们把社会主义的理想信念、价值追求,与弘扬中华传统文化结合起来,找到了先进文化繁荣发展的根本。我们着力发展民族的科学的大众的社会主义文化,贴近实际、贴近生活、贴近群众。我们立足当代中国实践,传承优秀民族文化,借鉴世界文明成果,反映人民主体地位和现实生活,创作生产出了许多思想深刻、艺术精湛、群众喜闻乐见的文化精品。我们进行文化和教育体制改革,发展文化事业和文化产业,满足人民群众不断增长的精神文化需求,充分发挥文化引导社会、教育人民、推动发展的功能,

---

① (俄)罗伊·麦德维杰夫著,王晓玉等译:《苏联的最后一年》,社科文献出版社2005年,第286页。

增强了民族凝聚力和创造力。我们推动公共博物馆、图书馆、文化馆、纪念馆、美术馆等公共文化设施免费向社会开放，加强了对文化遗产和自然遗产的保护，拓展了文化遗产传承利用途径。我们实施了以农村基层和中西部地区为重点的文化惠民工程，改善了农村文化基础设施，支持老少边穷地区建设和改造文化服务网络。我们完善了城市社区文化设施，促进基层文化资源整合和综合利用。总之，我们在物质上取得巨大进步的同时，也实现了精神文化领域的迅速发展，社会主义先进文化的吸引力、凝聚力和感召力在不断增强。

发展社会主义先进文化，也需要自觉划清社会主义思想文化同封建主义、资本主义腐朽思想和文化的界限，努力消除封建文化与腐朽的资本主义文化的影响。我国的社会主义脱胎于半封建半殖民地社会，不仅在经济上而且在精神文化上还带有明显的旧社会的痕迹，存在一些旧社会遗留下来的封建主义、资本主义腐朽思想文化，腐败和官本位现象还十分严重。这些腐朽思想文化有着十分浓厚的历史积淀，不可能在短期内完全消失，还会长期存在并产生广泛的社会影响，如经济领域的权钱交易现象、政治领域的个人专权现象、人际关系上的庸俗化现象以及思想作风方面的官僚主义、等级观念、特权思想、家长制作风、封建迷信等。这些腐朽思想文化的存在，严重破坏社会主义建设，侵蚀党的健康肌体，败坏社会风气和党风，是一些党员、干部腐败变质的重要思想根源。从根本上解决这些问题，既要通过加强社会主义制度建设，逐步铲除这些腐朽思想文化存在的条件和土壤，更要发挥社会主义先进文化的先导作用，以提高全社会的精神文化境界，坚定为人民服务的理想信念。

三、推动社会主义文化大繁荣大发展

经济文化落后的国家，能否走上社会主义道路并取得社会主义建设的成功，这是在国际共运中进行了几乎整个一个世纪的争论，也是列宁晚年集中思考和研究的一个问题。列宁敏锐地看到俄国文化落后给苏联革命和建设，给党和苏维埃机构带来的诸多困难和局限，并提出在取得政权进入和平时期之后，要把工作重心转到文化组织工作上去，用"整整一个时代"来进行文化革命和文化建设。列宁在这里是把文化革命和文化建设提到战略高度，作为建设社会主义的整个纲领提出来的。遗憾的是，斯大林在30年代将列宁的文化革命理论简单化为只是解决读写认字、普及教育的问题，并在对待知识分子和科学文化政策上犯了一系列错误。在中国也一度把列宁的文化革命思想弄成了历时十年的"文化大革命"，不但和文化本身根本扯不上干系，还造成了对传统文化的摧残和对外来文化的拒绝和排斥。改革开放以后，中国共产党在推动解放思想的同时，也在着手文化的发展，思想和文化从来没有分家。党的十六大和十七大报告中突出强调了文化建设的极端重要性，把推动社会主义文化大发展大繁荣提到空前的战略地位。党的十七届六中全会专门通过了《中共中央关于深化文化体制改革推动社会主义文化大发展大繁荣若干重大问题的决定》，强调"物质贫乏不是社会主义，精神空虚也不是社会主义。没有社会主义文化繁荣发展，就没有社会主义现代化"，并提出了努力建设社会主义文化强国的奋斗目标，迎接中国文化发展与建设的春天的到来。

文化自信＋文化自觉＝文化软实力

在当今世界，一个国家的实力不仅体现在经济和军事上，而且体现在国民素质、文化发展和道德情操上，随着全球化的发展，后者越来越重要。当今世界正处在大发展大变革大调整时期，世界多极化、经济全球化深入发展，科学技术日新月异，各种思想文化交流交融交锋更加频繁，文化在综合国力竞争中的地位和作用更加凸显，增强国家文化软实力、中华文化国际影响力要求更加紧迫。中国正在成长为一个世界大国，对国际社会的影响日益增强，但这种影响能否长久保持，则取决于中国是否具有雄厚的文化软实力。

文化软实力是一个国家综合国力和国际竞争力的重要组成部分，是国家的核心竞争力之一。提升文化软实力的战略地位是胡锦涛在十七大报告中提出的，他强调："当今时代，文化越来越成为民族凝聚力和创造力的重要源泉、越来越成为综合国力竞争的重要因素"，"要坚持社会主义先进文化前进方向，兴起社会主义文化建设新高潮，激发全民族文化创造活力，提高国家文化软实力。"[①] 这说明"提高文化软实力"已上升到了国家战略的高度，为以后的文化建设指明了方向。

中国要在激烈的国际竞争中赢得主动，就必须在壮大经济实力、科技实力和加强国防力量的同时，使国家文化软实力有大的提高。在建设文化软实力上，中国有得天独厚的条件。我们有连绵不断的五千年文明史，中华文明没有中断的秘诀在于

[①] 《中国共产党第十七次全国代表大会文件汇编》，人民出版社2007年，第32页。

我们优秀的文化。我国目前被列入联合国非物质文化遗产名录的项目已达 29 个，成为世界上入选名录最多的国家，这反映出在我国日趋强大的经济实力面前，国际社会对我们文化价值的认同。中华文化中的宽容精神、多样性、中庸和不走极端的特点、强调施德政的意识等等，都是今天处理许多问题所需要的，因此，提升文化软实力，必须大力弘扬优秀的传统文化。越来越充满自信和活力的中华文化，也在不断地以创新的形式走向世界。我们也应在提升文化软实力的过程中加强文化自信，自己都不相信，怎么指望别人会认可和欣赏你的文化？

光有文化自信不够，还必须有文化自觉。发展是硬道理，中国在经济上的巨大成就是文化软实力得以提升的重要根源，是中国文化特别是传统文化的吸引力越来越大的根本原因。正因为快速发展，扩大了中国的影响力，才使越来越多的人关注中国的文化。但经济上去了，不等于文化就自动上去，还必须增强对外传播中华文化的自觉性和紧迫性。从世界范围内看，文化的传播能力已经成为国家文化软实力的决定性因素。全球文化态势与格局之所以是"西强东弱"，主要原因是西方经济实力和传播手段拥有绝对优势，导致信息和文化单向流动。我国虽有丰厚的文化资源，但因文化传播能力相对薄弱，影响了民族文化在国际上的可见度和竞争力，从而无法将其转化为强大的国家软实力。因此，积极、主动、自觉地提高国家文化传播力成为增强国家文化软实力的切实途径。

应当说，近年来，我们在通过树立文化自信和推动文化自觉提升国家文化软实力方面，取得了不少成绩。特别值得一提的是，为了让世界人民更多地了解中国的传统文化，我们在国外建立了许多"孔子学院"。2004年11月21日,全球第一所"孔子学院"在韩国首都首尔挂牌。孔子学院作为推广汉语和传播中国文化的教育和文化交流机构,是一个非营利性的社会公益机构,通常设在国外的大学和研究院之类的教育机构里。目前,全世界已经有超过300所孔子学院,遍布全球近百个国家和地区,成为推广汉语教学、传播中国文化及国学的全球品牌和平台。我们在驻外使领馆设立文化处,在许多国家建立中国文化中心,举办中国"文化年"、"文化节"和各种国际文化学术论坛,组织艺术展览、文艺表演、民俗展示等活动,充分展现中华文化的风貌,使文化外交成为继经济、政治之后的第三大外交形式。中国旋律、东方韵味已经成为世界舞台上的新的焦点。我们还利用报纸、杂志、广播、电影、电视等传统的传播媒介,通过覆盖广泛的强有力传播体系,多维立体地将我国优秀的民族文化推向国际,让世界了解中国,认识中国文化及其价值体系。此外,考虑到互联网在文化传播方面的巨大潜能和可能产生的不可估量的影响,我们把发展积极健康的网络文化作为提高文化软实力的新平台。

文化繁荣,教育先行

没有社会主义文化繁荣发展,就没有社会主义现代化。没有教育的大发展,要实现文化的大繁荣是不可能的。文化的繁荣与发展离不开教育,只有大力发展教育事业,全面持续有效地提高全民族文明素质,才能实现社会主义文化的大繁荣大发展,也才能为社会主义现代化提供强有力的思想保证、精神动力和智力支持。中苏都是在落后国家进行社会主义建设的,提高人民的文化水平是共产党要完成的重要任务。苏共重视教育，在执政70年时间里取得的最大成就是在教育方面，特别是在落后地区的教育发展上，苏联成为世界上先进的人才大国。在沙俄时期，80%的居民是文盲，到1939年，全国识字的居民达到87%，1941年基本消除了文盲，城市普及了七年制义务教育，农村实行了四年制义务教育，高等院校成倍增长。科学技术事业也取得了巨大成绩，有多项科研成果居于世界领先地位。斯大林时期为苏联科学技术的高速发展和繁荣奠定了基础，取得了举世公认的成就，至今，这仍是独联体国家的一笔财富。苏联的历届领导人都比较重视发展教育和科学技术，苏联在许多科技领域取得了领先地位，苏联人的受教育水平和苏联的人才资源在世界上都是首屈一指的。

中国在发展教育上走过很长一段弯路，曾经在"文革"期间长达10多年的时间停办了正规大学，教育的落后使中国失去了大发展的好时机，错过了科技革命的浪潮。在中国轻视教育的同时，日本、韩国等中国的邻居都迅速发展起来了。实践让我们深刻认识到，"人才乃立国之本，教育乃强国之路"。1977年冬天，中国570万考生走进了曾被关闭了10余年的高考考场，中国由此重新迎来了尊重知识、尊重人才的春天。1977年恢复高考后，中国的教育逐渐走上正轨。1983年9月邓小平为北京景山学校的题词——"教育必须面向现代化，面向世界，面向未来"，成为我们发展教育的重要指针。2010年7月发布的《国家中长期教育改革和发展规划纲要（2010—2020年）》，明确把教育摆在优先发展的战略地位。这为中国教育的发展创造了良好的条件。

改革开放30多年来，我们坚持教育优先发展，促进教育公平，大力实施科教兴国战略和人才强国战略，全面实施素质教育，深化教育改革，提高教育质量，建设现代国民教育体系和终身教育体系，保障人民享有接受良好教育的机会。我们坚持公共教育资源向农村、中西部地区、贫困地区、边疆地区、民族地区倾斜，逐步缩小城乡、区域教育发展差距，推动公共教育协调发展。我们明确各级政府提供教育公共服务的职责，"十二五"规划明确要求："健全以政府投入为主、多渠道筹集教育经费的体制，2012年财政性教育经费支出占国内生产总值比例达到4%。"[1] 我们基本普及了九年制义务教育，免除了义务教育学杂费，全面落实对家庭经济困难学生免费提供课本和补助寄宿生生活费政策，保障农民工子女接受义务教育。我们在大力发展高等教育，加快世界一流大学、高水平大学和重点学科建设的同时，进一步扩大应用型、复合型、技能型人才培养规模，并积极发展继续教育，努力建设学习型社会。

大力发展文化产业

文化的繁荣和发展要靠教育奠基和铺路，更要靠自身的改革。中国改革的特点是经济领先，其他领域依次推进。当经济领域创造了令世界瞩目的"中国奇迹"时，文化领域也到了非改不可的时候。2000年，中国首次举办国际图书博览会，我们的出版社大多一头雾水，图书博览会不能像书市一样卖书，这个道理让很多人想不通。进入新世纪，加入"WTO"后，我们发现：全世界每100本图书，85本由发达国家流向不发达国家；

---

[1] 《中华人民共和国国民经济与社会发展第十二个五年规划纲要》，《人民日报》2011年3月17日。

全世界每100小时音像制品，74个小时由发达国家流向不发达国家；美国生产的电影虽只有全球影片数量的10%，但它却占用了全世界一半的观影时间。更为尴尬的是，我们的"事业单位"这样一个体制，在国际文化交流中根本找不到对等的称谓，更不要说进行版权贸易了。就好像整个世界坐在一张桌子上打牌，"中国"这个特殊的选手，由于没有独立的文化法人地位，连参赛的资格都没有。在这种情况下，要提高中华文化的软实力不容易，要满足人民群众日益增长的精神文化需要就更难。正因为此，文化领域的改革刻不容缓。

但真要改革起来谈何容易。盘点一下中国文化的家底，几乎令人望而却步：10000多家报刊，近10000家图书馆、博物馆、文化馆、美术馆，570多家出版社，3000多个发行企业，2300多家文艺院团，近1000家影视公司……地域不同、行业不同、性质不同，可谓千头万绪，错综复杂。改革所要涉及的内容枝枝蔓蔓，需要调整的关系层层叠叠，从宏观设计到微观操作，中间隔着千山万水。但改革的决心已下，"一切妨碍发展的思想观念都要坚决冲破，一切束缚发展的做法和规定都要坚决改变，一切影响发展的体制弊端都要坚决革除。"[①] 2007年，党的十七大从中国特色社会主义经济、政治、文化、社会建设"四位一体"总体布局的高度，提出要深化文化体制改革，兴起社会主义文化建设新高潮，推动社会主义文化大发展大繁荣。2009年8月，在南京召开的全国文化体制改革经验交流会，标志着改革的全面展开。国务院随后出台的《文化产业振兴规划》

---

① 摘自中共中央、国务院2005年底出台的《关于深化文化体制改革的若干意见》。

首次将发展文化产业上升到国家战略。党的十七届六中全会通过的《中共中央关于深化文化体制改革推动社会主义文化大发展大繁荣若干重大问题的决定》，在总结我国文化改革发展实践经验的基础上，把着力点放在深化文化体制改革，突破影响文化发展繁荣的旧思维、旧框框，基本发展思路就是，"一手抓公益性文化事业，一手抓经营性文化产业"，努力"推动文化产业成为国民经济支柱性产业"，从而把发展文化产业作为一项战略任务提升到前所未有的高度。这充分体现了中国共产党在新的历史条件下的高度文化自觉，标志着中国共产党对文化的认识进入了一个新境界。

　　文化产业是科技和文化紧密结合的产物，是文化软实力的物化和有效载体。在美国本土最大的400家大型企业中，72家是文化公司，美国的文化、美国的价值观主要是靠美国的大型文化公司传播到世界各地的。中国的文化产业发展也取得了很大成绩。从新闻出版领域看，其大范围的转制硕果累累。2009年，中国新闻出版总产出突破万亿元大关，涌现出一大批竞争力强的企业集团。《唐山大地震》以首映票房3600万的业绩超过好莱坞电影《变形金刚》、《哈利·波特》、《阿凡达》的首映票房，这是经济硬指标体现出的中国电影所具备的文化软实力。中央电视台制作的电视连续剧《李小龙传奇》以每集10万美元的市场售价行销海外，仅此一项就回收了整部作品的投资成本，创造了中国电视剧在海外发行的成功业绩。2010年国产电影票房突破100亿元，仅《卧虎藏龙》就获得上亿美元的票房收入。

　　但总的来看，中国的文化产业还处于初级阶段，还没有形成规模，更没有形成系统的国际冲击力和影响力。为了更好地发展文化产业,《决定》提出要按照创新体制、转换机制、面向市场、增强活力的要求,推进经营性文化单位转企改制,建立现代企业制度,建立健全符合文化企业特点的国有文化资产管理体制和运行机制;努力完善统一、开放、竞争、有序的现代文化市场体系,促进文化产品和要素在更大范围内合理流动;加快完善版权法律政策体系,提高版权执法监管能力,严厉打击各类侵权盗版行为;鼓励和支持非公有制经济以多种形式进入文化产业领域,逐步形成以公有制为主体、多种所有制共同发展的产业格局;构建以优秀民族文化为主体、吸收外来有益文化的对外开放格局,积极开拓国际文化市场,创新文化"走出去"模式,增强中华文化国际竞争力和影响力,提升国家软实力。

不过,文化产业不同于物质产业,在追求经济效益的同时,更要注重社会效益。"发展文化产业是社会主义市场经济条件下满足人民多样化精神文化需求的重要途径。必须坚持把社会效益放在首位、社会效益和经济效益相统一,推动文化产业跨越式发展,为推动科学发展提供重要支撑。"[①] 文化产业的发展也必须坚持以科学的理论武装人、以正确的舆论引导人、以高尚的精神塑造人、以优秀的作品鼓舞人,通过群众性精神文明创建活动、公民道德建设、青少年思想道德建设,帮助人们树立正确的世界观、人生观、价值观,培养高尚的理想和道德情操。如果文化产业发展以牺牲社会效益为代价,这样的文化发展不要也罢。因为这样的文化会把人们引到邪路上去,引到社会主义的对立面去。思想的方向一旦出现错误,行动越快离真理就越远。

---

① 《中共中央关于深化文化体制改革 推动社会主义文化大发展大繁荣若干重大问题的决定》,《人民日报》2011年10月26日。

第四章　从粉饰太平到构建和谐

相信谁、为了谁、依靠谁，是否始终站在最广大人民的立场上，是区分唯物史观和唯心史观的分水岭，也是判断马克思主义政党的试金石。①

——胡锦涛

社会是个复杂的系统，即使在实行完全的计划经济，只存在干部、工人、农民和知识分子这样简单的社会结构的情况下，他们之间的利益也有很大的不同。社会主义必须处理好国家、社会、公民的关系。苏共长期没有摆正自己与社会的关系，它控制和垄断了一切资源，却不那么重视社会建设，认为在社会主义制度下，全体劳动人民的根本利益没有冲突，生产力和生产关系完全适应，社会不存在任何矛盾与问题。事实并非如此。无论是中国，还是苏联，都存在着如何认识社会、协调各方利益关系、促进社会和谐发展的任务。面对现实社会不断出现的矛盾与问题，苏共选择了回避，中国共产党则选择了正视。

---

① 胡锦涛：《在"三个代表"重要思想研讨会上的讲话》，人民出版社2003年版，第16页。

第四章 从粉饰太平到构建和谐

一、社会主义社会还存在矛盾吗？

任何社会都有矛盾，人类社会的进步就是不断解决这些矛盾的结果。但是，在社会主义建成后，长期形成了一种观点，认为社会主义已经不存在剥削阶级，只有工人、农民和知识分子，他们的利益是一致的，国家的任务就是消灭阶级差别。在这一思想指导下，社会建设一直得不到应有的重视，结果矛盾和问题被掩盖了起来，在歌舞升平的背后逐渐积累了重重危机。

理论上的拨乱反正

从理论上讲，社会主义是取代腐朽的资本主义的新型社会制度，建立在公有制基础之上，保证了社会的和谐和民众的根本利益。但实际上，社会主义是在落后国家首先取得胜利的，这些国家没有经历资本主义的完整发展阶段，存在着封建专制主义的残余，社会主义的优越性并没有真正发挥出来，矛盾和问题很多。

长期以来，中国深受苏联社会主义理论的影响，对社会主义存在矛盾的现实认识不足。斯大林否认社会主义社会存在矛盾，在1938年发表的《论辩证唯物主义和历史唯物主义》一文中说："在社会主义制度下……人们在生产过程中的相互关系，是不受剥削的工作者之间同志合作和社会主义互助的关系。这里生产关系同生产力状况完全适合，因为生产过程的社会性是由生产资料的公有制所巩固的。"[1] 他把这种完全适合看成是社

---

[1] 《斯大林选集》（下卷），人民出版社1979年版，第449页。

会主义的特征。实际上这种田园诗式的社会在苏联并不存在，所以，斯大林在1952年所写的《苏联社会主义经济问题》中不得不做出修正，提出"不能在绝对意义上来理解""完全适合"论，承认了社会主义制度下生产关系和生产力之间还存在着矛盾。但他又换了一个说法，强调社会主义社会没有"衰朽的阶级"，因此能及时使落后的生产关系完全适合生产力的性质，不会导致两者之间的"冲突"。这显然是片面的。在苏联，不仅存在落后的生产力与高级的生产关系之间的矛盾，更存在党群、干群之间的矛盾。

由于人民的政治权利只停留在字面上，在苏联"不管是工人阶级，还是苏联人民，总体上并没有掌握苏联体制。权力滞留于党和国家制度的最高层。从拟订经济计划，直到做个人生意，工人们都无权制定涉及该制度应如何运行的经济决策"。① 苏联民主的水平极低，民众对政府没有任何制约，权力私有化和腐败现象日益加强，导致"在普通人的意识里，苏维埃国家更多的不是同共产主义理想联系在一起，而是同官僚们的利益联系在一起"。② 特别是到了勃列日涅夫时期，在歌舞升平的干部稳定制度下，权力私有化成了普遍现象。对干部的评定直接取决于领导者们的个人喜好和政治需要，业务素质很少被考虑，正直性和原则性通常最有可能成为升迁的障碍，同乡关系和裙带关系的作用大起来了。高级干部形成了特殊阶层，"这个阶层

---

① （美）大卫·科兹、弗雷德·威尔著，曹荣湘等译：《来自上层的革命——苏联体制的终结》，中国人民大学出版社2002年版，第30页。

② （俄）亚维·菲利波夫著，吴恩远等译：《俄罗斯现代史（1945 - 2006）》，中国社会科学出版社2008年版，第174页。

和社会上其他人的鸿沟不断扩大。这是一个真正的越来越脱离社会的阶层：他们孤立地生活、治疗、休养，在这个阶层中往往形成自己的家族、氏族关系——须知这个阶层的子女们在一起度时光，互相认识，往往通婚。不仅如此，正是在停滞年代，迈出了下述合乎逻辑的一步：试图建立交权制度，或者叫做特权继承制度"。①"到1981年年底的时候，勃列日涅夫的亲朋好友在苏共中央约占100个职位。"权力私有化在地方上也很严重，"中央组织部只是大致定出苏共的结构、它的关键部门，具体事情都由地方领导去做。出于自身的利益，他们挑选'侍从'都是首先能够帮助他们在例行的党的选举中保住职位的人，思想性、诚实、不妥协精神等常常被置于次要地位。人们看到了这一点，他们对那些不称职的工作人员被提升为'领导'感到气愤，由此产生的后果是许多党组织的威信下降，对许多共产党员形成了不好的看法"。②拉希多夫在乌兹别克斯坦当政20多年，该共和国的干部——党的、苏维埃的、政府的、立法的——统统都效忠于拉希多夫个人。仅在乌兹别克斯坦共产党中央机关，他的亲戚就达14人之多。在这种情况下，民众的不满情绪空前增加，也不可避免地导致党群、干群矛盾的深化。戈尔巴乔夫的改革并没有从革除这些弊端入手，民众仍然没有权利选举和监督与其利益相关的领导者，干部的特权依然如故，干群、党群关系依然紧张，他的民主化改革不但没有赢得社会支持，

---

① （俄）格·阿·阿尔巴托夫著，徐葵等译：《苏联政治内幕：知情者的见证》，新华出版社1998年版，第309-310页。

② （俄）瓦·博尔金著，李永全等译：《戈尔巴乔夫沉浮录》，中央编译出版社1996年版，第392页。

还激发了更多的社会矛盾。

在社会主义建设史上,毛泽东首先明确指出:社会主义社会不但普遍存在着矛盾,而且基本矛盾仍然是生产关系和生产力、上层建筑和经济基础之间的矛盾,"研究社会主义经济问题,要以生产力和生产关系、上层建筑和经济基础之间的平衡和不平衡为纲",提出了要"以社会主义基本矛盾为纲研究社会主义经济问题"。1956年召开的中共八大,宣布我国已经建立起社会主义的基本制度,社会的主要矛盾已经不再是阶级斗争,大多数矛盾是非对抗性的矛盾。毛泽东发表了《论十大关系》和《关于正确处理人民内部矛盾的问题》,全面阐发了如何正确认识和处理经济社会发展中出现的矛盾,创立了关于两类不同性质矛盾的学说。他要求全党学会用民主的方法解决人民内部矛盾,包括坚持百花齐放、百家争鸣的方针,以解决科学文化领域里的矛盾;坚持长期共存、互相监督的方针,以解决共产党与民主党派之间的矛盾;坚持统筹兼顾、适当安排的方针,以解决我国经济和社会发展中的矛盾和城乡各阶层以及国家、集体、个人三者之间的矛盾。这样做的根本目的,是为了充分调动各方面的积极性,"我们的目标,是想造成一个又有集中又有民主,又有纪律又有自由,又有统一意志、又有个人心情舒畅、生动活泼,那样一种政治局面"①。这种政治局面就是一种和谐的社会状态。可惜的是,毛泽东并没有按这个思路做下去,1957年开始反右,1959年庐山会议错误地批判彭德怀,批判右倾机会主义,继而又发动了"文化大革命",搞"无产阶级专政

---

① 毛泽东:《关于正确处理人民内部矛盾的问题》,《人民日报》1957年6月19日。

下继续革命",夸大阶级斗争,人为制造了社会矛盾,使中国经历了长达10年的内乱,给国家造成了无可估量的损失。

十一届三中全会以后,中国共产党纠正了错误,把工作重心从阶级斗争转向了经济建设,生产力和人民的生活水平有了极大提高,人们过上了远比过去幸福的生活。但是,由于我国的改革必然涉及到利益的重新分配和权力的再调整,客观上就增大了不同利益主体之间的碰撞几率和摩擦系数,增加了矛盾激化和转化的可能性。由于许多旧体制的弊端还在,新的法律秩序和社会生活准则尚未完全确立起来,特别是当前,随着"我国已进入改革发展的关键时期,经济体制深刻变革,社会结构深刻变动,利益格局深刻调整,思想观念深刻变化",经济和社会生活中的各种矛盾出现了错综复杂的新情况,人民内部矛盾也显得更加突出,并且越来越由隐蔽转向公开,由渐变转向突变。当然,由于这些矛盾与冲突主要集中在与人民群众的直接利益相关联的问题上,没有对抗性,属于人民内部矛盾,是完全可以用发展的办法加以解决的。

"繁荣"背后的隐忧

社会主义制度的建立,激发了民众的积极性和创造性,社会主义成为人民大众向往的制度。在20世纪资本主义大危机中,苏联曾经一枝独秀,令世界羡慕。但是,由于拒绝承认矛盾,更由于没有正确处理民众利益与国家利益的关系,苏联繁荣的背后隐藏着不小的隐忧。比如,凯歌推进的全盘集体化运动曾遭到过农民的激烈抵抗。据有的学者研究统计,"1930年冬春在顿河、库班、西西伯利亚和中央黑土区的某些州,在起义者和得到国家政治保安局和红军增援的军事化的布尔什维克积极分子之间爆发了斗争。根据国家政治保卫总局提供的资料，从1930年1—4月，包括俄罗斯被布尔什维克（苏联）监控到的农民起义有6117起，参加者总数达到180万人，其中在乌克兰有1895起，在中央黑土州有超过1000起，在伏尔加河中下游有801起，在北高加索有649起，在莫斯科州有459起，在俄罗斯联邦的西部地区有268起，在白俄罗斯有265起，在外高加索有229起，在乌兹别克斯坦有212起，在西伯利亚超过200起。如果说1929年国家政治保卫总局抓获了5885人，那么1930年则抓获了179620人，其中18966人被枪决。1930年13754起群体性案件中有7382件因农业集体化而起。"① 由于斯大林的铁腕治理，苏联民众只能用消极怠工的方式来进行反抗。苏联的农业直到斯大林逝世时都没有达到1913年的水平。

　　赫鲁晓夫改革前期，苏联社会从斯大林的禁锢下解放出来，民众的积极性提高，生产得到迅速发展，苏联第一个把人造地球卫星送上天，实现了人类的飞天梦想。但是，由于赫鲁晓夫不尊重自然规律，改革措施不配套，从20世纪60年代初开始，苏联经济形势恶化。1962年6月1日，赫鲁晓夫发表电视讲话，宣布提高一些商品和其他畜牧产品的价格，遭到了居民的激烈反对。在新切尔卡斯克、克拉斯诺达尔、亚历山德罗夫、穆罗姆、毕斯克等地，工人们自发地举行了抗议集会。在新切尔卡斯克矛盾激化，工人打出的口号是"我们要吃肉，要吃黄油，要提高工资！"6月2日，他们打着旗帜，排队向市委大楼行进，

---

① （俄）阿·勃·祖波夫主编：《20世纪俄国史（1894－1939）》，莫斯科阿斯特出版社2009年版，第890页。

手里拿着列宁像和鲜花,声势浩大。石油机械厂和第 17 工厂也有工人加入进来,人数达到 5000 多人。当地领导求助于军队,游行者越过了设置的封锁线,双方发生冲突。"根据对 1962 年 6 月 1—2 日在新切尔卡斯克流血事件的调查材料,这次总共死亡 25 人,50 多人受了枪伤,20 多名平民被打死和打伤。在冲突中受伤的 86 名军人中有 9 名被送进了医院。"[①] 苏共中央主席团成员米高扬、科兹洛夫、波利扬斯基、基里延科和克格勃主席谢米恰斯内到现场处理此事。苏共对闹事者进行了严厉处罚,有 7 人被判处死刑,其余人被判处 10—15 年监禁。严厉的处罚确实起到了一定的震慑作用,在随后的两年时间里(从 1962 年下半年到 1964 年)只发生了两起类似在克拉斯诺达尔的事件,没有像新切尔卡斯克这样大的事件。在被认为相对稳定的勃列日涅夫时期,因为住房条件恶劣、食品不足、工资低、劳动定额高等原因,人们多次公开表示不满,如 1969 年在基辅、斯维尔德洛夫斯克,1972 年在第聂伯彼得罗夫斯克,1980 年在高尔基城,1981 年在陶里亚蒂市,都发生过群众的抗议示威活动。感到失望的民众有的用酒精麻醉自己,有的消极怠工,苏联社会进入了"停滞时期"。当然,也有人起来抗争,出现了要求实现社会主义民主的持不同政见者运动,他们成为推动苏联改革的重要力量。

戈尔巴乔夫时期的改革引发了社会动荡,从 1989 年开始,民族冲突、工人罢工、示威游行经常不断。政府在出台政策时顾虑重重,诸如价格改革等许多重大措施迟迟没有出台。经济

---

① 谢·赫鲁晓夫著,郭家申等译:《导弹与危机——儿子眼中的赫鲁晓夫》,中央编译出版社 2000 年版,第 508 页。

日益恶化，最后爆发了严重的经济危机，苏共也黯然下台。

苏联的教训说明，涉及民生的重大政策的出台一定要考虑民意的接受程度，违拗民众利益的政策必然会导致民众不满，影响社会的稳定。而强硬维稳，掩盖社会矛盾，不但解决不了问题，弄不好还会激化矛盾，造成严重的社会对立，到那时再处理起来就难了。

把矛盾摆到桌面上

我国改革开放以来，由于多种所有制并存，市场经济体制不完善，法律环境不健全，也由于各地自然条件、历史条件和区位优势差异，人们劳动和经营能力不同等等，中国社会各个阶层、群体、个人之间在利益上必然存在矛盾。改革，从一定意义上说，就是对人民内部利益的再调整。马克思指出："人们奋斗所争取的一切，都同他们的利益有关。"[1] 可以说，利益矛盾是人民内部矛盾产生的物质根源，制约着人民内部矛盾的存在和发展。在这种利益调整的过程中，有人处于弱势，有人处于优势，利益不均衡、不平等的问题就突出出来，社会不和谐因素就显示出来。随着改革的深化，这种矛盾会越来越突出、越来越尖锐，例如：贫富差距、城乡收入差距、地区发展差距进一步拉大，"官本位"、"权力本位"现象严重；在经济社会管理和政府自身建设中，一些行政机关执行力、公信力不强，土地征用、企业改制、环境污染等损害群众利益的现象比较普遍，群体性事件时有发生；住房、收入分配、教育、医药卫生、

---

[1] 《马克思恩格斯全集》第一卷，人民出版社1956年版，第82页。

就业和社会保障等方面还存在着许多不公平现象,基本公共服务提供不均的问题也很突出;30年来中国GDP年均增长9.7%,而环境污染的成本占全部GDP的3—5%。所有这些矛盾都需要得到妥善解决,如果处理不及时、不得当,就容易使部分人产生心理冲动和对立情绪,并导致这部分人对党和政府的不满。由此,人民内部矛盾很容易转化为对抗性矛盾,甚至激化为群体性事件,导致局部社会动荡,成为影响社会稳定的突出问题。

事实也是如此。近年来,随着中国经济的快速发展,由社会问题引发的群体性事件有增加的趋势。2008年6月28—29日凌晨,贵州省瓮安县部分群众因对一名女学生死因鉴定结果不满,引发大规模人群聚集围堵政府部门和少数不法分子打砸抢烧突发事件。7月3日,陕西省府谷县一村民驾驶农用货车为逃避检查跳入黄河并死亡,一些民众包围住警察,并把警车掀翻、砸烂。7月19日,云南省孟连县发生胶农聚集和冲突事件,40余名公安民警和10余名胶农在冲突中受伤,2名胶农死亡。此外还有重庆和三亚出租车罢运等事件。群体性事件频发,不同地区也许有不同的原因,但个别领导干部的官僚主义仍是诱发一些人民内部纠纷和群体性事件发生的主要原因,绝大多数矛盾是领导干部在领导作风和工作方法上的官僚主义、简单粗暴、主观臆断等不良现象造成的,如果处置得当是可以避免的。

对于这些矛盾和问题,中国共产党没有掩盖和回避,而是积极寻求解决之道。一是要求各级领导干部转变工作作风,改进工作方法,进一步密切联系群众,关心群众疾苦,维护群众利益,真正帮助人民群众解决实际困难和问题;二是继续深化改革,把改革的力度、发展的速度和社会可承受的程度统一起来，维护社会安定团结，以改革促进和谐、以发展巩固和谐、以稳定保障和谐，确保人民安居乐业、社会安定有序、国家长治久安。通过不断改革，化解产生矛盾的根源；三是注意加强社会主义民主法制建设，把人民内部矛盾问题的解决从经验层面上升到制度层面，建立起维护社会公正的基本制度和政策，真正实现社会主义的按劳分配原则，实现社会成员"各尽所能、各得其所"。建立起公正、科学、有效的利益表达机制、社会成员基本权利的保障机制、利益协商机制和利益调节机制，从制度的层面确保民众的基本权益，在社会成员中公平分配改革的成本，解决分配不公的问题，消除和缓解社会矛盾，实现社会稳定；四是提出以人为本等执政理论和建设社会主义和谐社会等重大战略任务，为解决社会矛盾、加强社会建设提供强有力的理论支撑和现实依据，并指明今后努力的方向。这是中国共产党在处理社会问题和社会矛盾方面与苏共最大的区别，真正体现了中国共产党"立党为公、执政为民"、全心全意为人民服务的宗旨。

二、坚持以人为本

共产党搞革命和建设的根本目的是什么？是为了生产资料的积累，还是为了人们的物质文化生活的丰富？换句话说，人在整个社会主义革命和建设过程中到底扮演什么样的角色？人是目的还是工具？对这个问题，党的十六届三中全会作出了明确回答，那就是坚持"以人为本"，树立全面、协调、可持续的发展观，促进经济社会和人的全面发展。党的十七大进一步做了阐述，提出坚持科学发展观必须坚持"以人为本"，"要始终把实现好、维护好、发展好最广大人民的根本利益作为党和国家一切工作的出发点和落脚点，尊重人民主体地位，发挥人民首创精神，保障人民各项权益，走共同富裕道路，促进人的全面发展，做到发展为了人民、发展依靠人民、发展成果由人民共享"[①]。这段话全面完整地阐明了只有坚持以人为本的发展才是科学的，离开人谈发展至少是片面的，会造成"人成为物的奴隶"的现象。从20世纪世界社会主义的实践进程来看，"以人为本"是对社会主义理论的重要贡献，纠正了以往社会主义见物不见人的严重弊端。

要见物更要见人

中国所进行的改革，也是一次深刻的利益调整。除1989年的风波外，中国社会的发展比较平稳，其中的重要原因在于民众从改革中得到了实惠。中国共产党善于从"人民满意不满意、人民高兴不高兴、人民赞成不赞成、人民答应不答应"出发来制定政策，奉行"立党为公"、"执政为民"。改革开放30年来，中国特色社会主义事业的不断发展使人民普遍受益，城乡居民的收入大幅增加，人们的衣、食、住、行、用的条件有了明显改善，医疗卫生教育条件和生活质量有了极大提高。

重视和满足人民的需要，是世界上第一个社会主义国家的奠基人列宁的重要思想。继列宁之后当政的斯大林弱化了这一思想，重新回到了军事共产主义之路。如果说列宁的理念是富

---

① 《中国共产党第十七次全国代表大会文件汇编》，人民出版社2007年版，第15页。

民,要向世界证明民众生活在苏维埃制度下比生活在资本主义制度下更好,那么斯大林则把国家、制度的纯洁性放到了第一位。他明确表示社会主义不是创造人间天堂,"建立社会主义的经济基础,就是把农业和社会主义工业结合为一个整体经济,使农业服从社会主义工业的领导,在农产品和工业品交换的基础上调整城乡关系,堵死和消灭阶级首先是资本藉以产生的一切孔道,最后造成直接消灭阶级的生产条件和分配条件"[①]。也就是说,把一切生产和分配都纳入国家计划经济的轨道,消灭一切非公有制,包括个体农民。

在斯大林的视野里,民众的利益与要求不是主要的,他要按照自己"大合作社"的蓝图来建设社会主义,实现强国目标。在新经济政策体制下农民不受国家的控制,他们种什么、种多少,由市场来决定,这无法满足斯大林加速工业化的需要,于是,以1928年出现粮食收购危机为借口,迅速实现了农业全盘集体化。斯大林推行高速工业化和农业全盘集体化,违背经济规律,让人民付出了很大的牺牲,不可避免地在党内外引起普遍不满。为了加强自己的权威、消除这种不满,斯大林又在苏联开始了"大清洗"。斯大林体制的核心目标是使苏联成为军事工业强国,满足人民的需要远不是斯大林的首选,人民只是完成国家计划的工具。苏维埃政权初期,在斯大林的体制下,不仅农民的生活处于困苦之中,工人也同样付出了惨重的代价,绝大多数苏联民众实际上处于贫困状态。新经济政策时期取消的凭证供给制到1929年又恢复了,一直到1935年才取消。在

---

① 《斯大林全集》第九卷,人民出版社1954年版,第21-22页。

新经济政策时期,工人用于吃饭的钱占其工资的50%,1935年则占67.3%。1913年,在人口稠密的城市住房就很紧张,人均7平方米,1928年城市居民平均居住面积为5.8平方米,1932年为4.9平方米,1937年为4.6平方米,1940年为4.5平方米。国家计划发展的重心是重工业和军事工业,是能够壮国威的东西。在这一思路下,苏联后来成了仅次于美国的超级大国,但民众的生活水平却相当于发展中国家,甚至落在东德、匈牙利、捷克斯洛伐克之后。赫鲁晓夫时期以及之后,"一切为了人,一切为了人的福利"的口号响亮,但并没有认真落到实处。苏联人生活水平与其国力极不相称,与主要资本主义国家的差距不是缩小而是在扩大。日用消费品的短缺成了苏联社会主义的一大特色。苏联在军事上赶上并超过了美欧先进的资本主义国家,但在国家的整体经济实力和人民的生活水平、生活质量上,不仅没有赶上和超过西方资本主义国家,而且还被许多曾落后于苏联的国家超过。1985年苏联人均GNP在全世界的排名位居第38位,不仅低于所有西方资本主义国家,也低于许多发展中国家。苏联的人均住房面积在20世纪80年代初是15平方米,相应时期的法国则是30平方米,联邦德国是40平方米,美国是50平方米。美国每年提供的住房面积比苏联多一倍,比例是2.6亿平方米对1.3亿平方米。苏联人民在社会保障、医疗服务、劳动就业、文化教育等方面享受的福利高于大多数西方国家,但是,其收入水平和生活水平与西方国家存在很大差距,在汽车拥有量、现代化生活设施方面,苏联远远落后于西方,甚至落后于许多发展中国家,在经互会国家中,苏联人的生活水平也是偏低的。

苏联模式这种见物不见人的发展理念,也影响了其他社会主义国家。第二次世界大战后出现的社会主义国家普遍按照苏联的发展模式进行建设,许多国家都发生了阶级斗争扩大化、清洗、饥荒、日用品短缺、为生产而生产、片面追求高指标等问题,民众长期处于相对贫困状态,中国也深受其害。不过,中国共产党人最终摒弃了以往这种不科学的发展观,从民众的需要出发改革原来不合理的政治经济体制,最后总结概括出"以人为本"的发展理论。这在国际共运史上意义重大,是对马克思主义人的全面发展理论的继承、丰富和发展。

中国曾把"以人为本"当作西方资产阶级人道主义和人本主义的主要观点并对其进行严厉批判,阶级斗争成为影响社会方方面面的主线。实行改革开放政策后,尊重和保障人权逐渐成为人们的共识。2003年底中共中央正式建议将"保护公民人权"写进国家的宪法,2004年3月全国人大以高票通过了中共中央这一建议。中国政府曾一度忽视解决民生问题,中国的社会保障事业、公共教育事业、公共卫生事业都比较落后,满足不了人民群众的需要。但进入新世纪后,中国共产党更加重视民生问题,"十二五"规划更强调"坚持民生优先,完善就业、收入分配、社会保障、医疗卫生、住房等保障和改善民生的制度安排,推进基本公共服务均等化,努力使发展成果惠及全体人民"[①]。

"以人为本"是对传统社会主义长期以国为本,强调国富才能民强理论的扬弃。实践证明,民不富国难富,不建立在民富

[①] 《中华人民共和国国民经济和社会发展第十二个五年计划规划纲要》,《人民日报》2011年3月17日。

基础上的国强，也是不牢固的。

"以人为本"不是以少数人为本

"天地万物，唯人为贵"，人本思想是相对于物本思想而提出来的。"以人为本"，是说我们生活的世界上人最重要，人是根本，是发展的目标和关注的主要对象。在我国古代社会就存在"以人为本"的思想。《管子》一书中曾说："夫霸王之所始也，以人为本。本理则国固，本乱则国危。"儒家政治哲学讲"民为贵，社稷次之，君为轻"。任何一个政权，只有建立在民众认可的基础上才是稳固的，而要想让民众认可，就必须让民众得到实惠，让民众觉得公平。"以人为本"中的"人"是人民大众，不是少数掌权者。

无产阶级政党是以服务民众为宗旨的，是不图私利的政党。十月革命胜利初期，布尔什维克确实如此，干部们很讲奉献。1917年11月，列宁作为人民委员会主席的工资是500卢布，而铁路员工的最高工资是510卢布。但是，随着权力的巩固和支配财富的增加，情况就变了。进入新经济政策以后，干部的工资增长很快，由于职务不同，党员之间的物质待遇悬殊很大和存在着所谓"无节制"现象。党的十三大对此提出了批评。但这种现象不仅没有改变，还变本加厉地发展。在斯大林时期建立和完善了一套官僚特权制度，如建立内部特供商店、餐厅、医院、免费别墅，干部根据级别享受不同的工资补贴、住房、医疗照顾以及其他的福利补贴。这一制度一直沿续下来，对此，阿尔巴托夫（1964年进入苏共中央机关当咨议员）写道："高级干部的主要津贴来自克里姆林宫食堂（作为一种伪装，它的官方名称是'医疗饮食食堂'），每个月的中饭和晚饭餐券官方定价为140卢布，但我们只需付一半的钱。实际上没有一个人在那个食堂吃饭，人们用餐券到那里去买各种食品，买到的食品供他们全家食用还绰绰有余。那个食堂出售许多最昂贵的食品包括鱼子酱、高级鱼类、由专门工厂生产的质量大大超过一般商店出售的香肠以及上等的高级糖果和水果。当我第一次把我的4天的食品份额带回家的时候，和我们住在一起的我的岳母简直不能相信她的眼睛，她说，在新经济政策以后，她从未见过这样的食品。这样我们一家的食品只需花我们收入的10%，而普通的公民则需花他们收入的60—70%。"[①] 在民众日用消费品短缺，为购买食物花大量时间排队的情况下，苏联的官员却提前"进入了共产主义"。他们不关心民众的疾苦，不把解决民生问题放在首位，满足于靠军事实力所获得的大国虚荣，造成干群关系恶化，民众把苏共看成是自己的异类。

在中国共产党看来，"以人为本"是以广大的劳动群众为本，要求以人民的利益出发求发展，切实保障群众的经济、政治和文化权益，让发展的成果惠及全体人民。提倡要坚持在思想上尊重群众，感情上贴近群众，工作上依靠群众，把群众满意不满意作为加强和创新社会管理的出发点和落脚点，着力解决好人民最关心最直接最现实的利益问题。

"以人为本"并不只限于物质领域还包括精神层面。恩格斯曾阐明，社会主义就是"通过社会生产，不仅可能保证一切社会成员有富足的和一天比一天充裕的物质生活，而且还可能保

[①] （俄）格·阿·阿尔巴托夫著，徐葵等译：《苏联政治内幕：知情者的见证》，新华出版社1998年版，第113页。

证他们的体力和智力获得充分的自由的发展和运用"①。也就是说，社会主义应该满足生活在这个社会上的全体国民对幸福生活的追求，让他们有尊严地生活和工作。"以人为本"既强调让人们过上富裕的生活，又要求促进人的全面发展，真正体现了社会主义的宗旨与原则。让人民过上幸福生活，不是施舍，而是给人以尊严，落实社会主义国家的人民权利，让人民自立自强。当然在这方面，中国共产党还有许多工作要做。

农民也是为本之人

"以人为本"关键是如何对待农民，因为社会主义是在经济文化落后的国家赢得胜利的，农民是社会的主体。因此，能否实行正确对待农民的政策，关系国家的成败。

在对待农民的问题上，社会主义国家在实践中曾走过弯路。十月革命胜利后，布尔什维克急于向社会主义过渡，实行余粮征收制，强行从农民那里拿走粮食，农民不得不把自己的粮食以低价有时甚至无偿地提供给国家。失去支配自己劳动成果权利的农民，自然没有了生产积极性，结果造成严重的经济危机。1921年春，列宁改变了政策，用粮食税代替了余粮征收制，农民在缴纳了粮食税后，可以把自己的产品拿到市场上出售。这项政策受到了农民的欢迎，他们的生产积极性空前提高，市场很快丰富起来。列宁也深受鼓舞，他在《论合作社》一文中指出："为了过渡到社会主义，目前我们并不需要任何其他特别聪明的办法。可是为要完成这一'仅有'的事情，就需要一场变

---

① 《马克思恩格斯选集》第三卷，人民出版社1995年版，第757页。

革，需要有全体人民群众在文化上提高的一整个阶段。因此，我们的准则是尽量少卖弄聪明，尽量少耍花样。在这一方面，新经济政策是一种进步，因为它适合最普通的农民的水平，它没有向他们提出更高的要求。"[①] 列宁去世5年后，斯大林改变了这一政策，实行全盘农业集体化，强迫农民加入集体农庄，按照国家的要求生产粮食。失去了生产积极性的农民只好消极怠工，使苏联这个曾经的粮食出口大国，变成了世界上最大的粮食进口国。农业的落后又直接导致了轻工业的落后，生活用品的短缺成了苏联的一大"特色"。

由于不公正地对待农民，苏联这个世界上面积最大的国家，却解决不好自己的吃饭问题。从国外进口的粮食占苏联所需粮食的比重从1973年的13.2%上升到1981年的41.4%，1982年苏联购买了差不多3000万吨小麦，1984年达到4600万吨。用出卖石油所得的外汇购买粮食还不够，克里姆林宫只好出卖黄金，上个世纪70年代出卖了2000多吨黄金，尽管还在不断生产黄金，但国家的黄金储备仍然减少了一半，到1981年只有452吨。

长期没有解决农民问题，是苏联最后发生深刻的经济危机的一个重要原因，也是促使苏联解体的一个重要因素。中国也曾经深受苏联的影响，把农民当成国家工业化的奶牛，导致农业的长期落后，甚至出现过严重的饥荒。1978年我们正是从农业开始进行改革，家庭联产承包责任制的逐步推广，使农民获得了独立支配土地和劳动成果的权利，生产积极性提高，很快

---

① 《列宁全集》第四十三卷，人民出版社1987年版，第364页。

解决了温饱问题。

几十年来，农业税一直是我国财力的重要基石。从1949—2000年的52年间，农民给国家缴纳了7000多亿公斤粮食。转折始自2004年，国务院开始实行减征或免征农业税的惠农政策。据统计，免征农业税、取消烟叶外的农业特产税可减轻农民负担500亿元左右，到2005年已有近8亿农民直接受益。2005年岁末免除农业税的惠农政策以法律的形式固定下来，让9亿中国农民彻底告别了缴纳农业税的历史。2005年12月29日，十届全国人大常委会第十九次会议高票通过决定，自2006年1月1日起废止《农业税条例》，取消除烟叶以外的农业特产税、全部免征牧业税，中国延续了2600多年的"皇粮国税"从此走进了历史博物馆。

2006年全面取消农业税后，与农村税费改革前的1999年相比，中国农民每年减负总额超过1000亿元，人均减负120元左右。全面取消农业税表明中国在减轻农民负担，实行工业反哺农业、城市支持农村方面取得了重要突破。从2006年起，中国全面取消农业税，比原定用5年时间取消农业税的计划，整整提前了3年。2001—2004年，全国共减免农业税234亿元。2005年全国进一步减轻农民负担220亿元。

从国际上看，当一个国家经济发展到一定程度，无一例外地要对农业实行零税制，并给予相当的财政补贴。在经济全球化的宏观背景下，中国取消农业税，采取"少取、多予、放活"的政策，无疑顺应了时代的要求，适应了世界经济一体化的发展形势，标志着中国农民的命运开启了一个不同于以往任何历史时期的崭新阶段。不过，废止农业税条例只是解决三农问题、建设社会主义新农村的第一步,解决三农问题、建设社会主义新农村则是一项长期而艰巨的历史任务。

三、构建和谐社会

社会有大社会和小社会之分,大社会是指人的社会关系的总和,小社会则是指与经济、政治、文化相对应的社会方面,我们所说的社会通常指的是小社会。社会问题和矛盾的解决只是第一步,更重要的是把人们引导到什么样的方向去。两个人仅仅不吵架、不打架还不够,最好的结局是两个人相处融洽,成为互帮互助的好朋友。一个社会也是如此。路不抢劫是一种状态,路不拾遗是另一种状态。相安无事、互不往来是一种状态,礼尚往来、互敬互爱是另一种状态。老吾老幼吾幼是一种状态,老人老幼人幼是另一种状态。中国共产党领导的社会主义社会当然是追求"另一种状态",把构建社会和谐作为重大的战略任务,郑重提出"在经济发展的基础上,更加注重社会建设,努力使全体人民学有所教、劳有所得、病有所医、老有所养、住有所居"。这不仅体现了科学发展观以人为本的宗旨,而且将中国特色社会主义总体布局从"三位一体"(经济建设、政治建设、文化建设)扩展到"四位一体"(经济建设、政治建设、文化建设、社会建设),填补了当年苏联社会主义建设的空白。

社会建设不可或缺

传统社会主义不大重视社会建设,也没有真正意义上独立的社会组织。例如苏共，一方面否定社会主义社会存在矛盾、存在不和谐的因素，另一方面又突出阶级斗争。这是传统社会主义政治意识形态的核心。斯大林把无产阶级国家的职能常常只归结为专政的职能，而把专政又只归结为不受法律限制的暴力，并把暴力看作是向无阶级社会过渡的主要途径和手段，而很少谈专政的民主内容。在无产阶级专政问题上，斯大林最大的失误是提出了阶级斗争尖锐化理论。他认为，社会主义建设取得的成就越大，阶级斗争就越尖锐，只有最大限度地加强阶级斗争，强化国家机器，才能达到消灭阶级的目的。在这一理论指导下，苏联搞了空前规模的大清洗，给人民的身心、给整个社会造成了难以愈合的创伤，极大地损害了社会主义形象，为苏联解体埋下了祸根。

中国在改革开放前，特别是"文化大革命"期间，是坚持"阶级斗争为纲"的，其恶果已为人所共知。邓小平改革的第一个突破性举措，就是将党的工作重心从阶级斗争转为经济建设。后来中国共产党提出了构建和谐社会的主张。2002年中共十六大在提出全面建设小康社会的长远目标时，首次提出了要使社会变得更加和谐的重要内容。2004年中共十六届四中全会正式提出了建设社会主义和谐社会的目标。2006年的中共十六届六中全会专门通过了《关于构建社会主义和谐社会若干重大问题的决定》，提出"社会和谐是中国特色社会主义的本质属性"，要适应"经济体制深刻变革、社会结构深刻变动、利益格局深刻调整、思想观念深刻变化"的新形势，创新社会管理体制机制，加强社会管理能力建设，建立健全中国特色社会主义社会管理体系，确保社会既充满活力又和谐稳定。该《决定》为我们构建社会主义和谐社会提供了理论基础。

我国是共产党领导的国家,经济基础是以公有制为主体,尽管距离马克思、恩格斯当初设想的社会主义仍有很大差距,但已经是社会主义性质的社会,具有了构建社会主义和谐社会的根本政治前提和社会制度保证。社会主义应该是和谐的社会,这是马克思主义的基本原理。但是,把社会和谐明确为中国特色社会主义的本质属性,这是中国共产党的理论创新。这是建立在党对社会主义社会主要矛盾和现阶段我国阶级阶层关系客观的认识基础上,包含了中国共产党自十一届三中全会以来对社会主义的许多新认识和新思考,是在实践中不断深化对社会主义本质认识的结果,丰富和发展了马克思主义科学社会主义理论。这使我们对科学社会主义的认识更加深刻和全面,进一步明确了什么是和怎样建设中国特色社会主义的问题。这是一个新的认识高度。现在,我们要站在这样的高度,自觉地把这一本质属性的要求贯穿于中国特色社会主义经济、政治、文化、社会建设整体布局和奋斗目标的各个方面,体现在各项具体措施上,更加清醒、更加努力地为推进社会主义和谐社会建设而不懈奋斗。

保障和改善民生乃是根本

建设和谐社会,首先要注意解决分配不公、贫富差距过大的问题,真正实现社会主义的公平正义。据中国社科院发布的《2008年社会蓝皮书》显示,我国的基尼系数从1982年的0.249逐渐飙升至2008年的0.47,中国的社会贫富差距已超越了国际公认的基尼系数为0.4的警戒线。当前的某些社会现象,如群体性事件频发，公权力的公信度下降，等等，均与此有关。解决这一问题是维持社会稳定的重要保障。为了解决这些问题，中国政府加快推进以改善民生为重点的社会建设，并取得了显著成效。

从1978年到2007年，全国城镇居民人均可支配收入从343元增加到13786元，实际增长6.5倍；农民人均纯收入从134元增加到4140元，实际增长6.3倍；农村贫困人口从2.5亿减少到1400多万。城市人均住宅建筑面积和农村人均住房面积成倍增加。群众家庭财产普遍增多，吃穿住行用水平明显提高。改革开放前长期困扰我们的短缺经济状况已经从根本上得到改变。"十一五"期间，我国城乡居民健康水平明显提高，人均期望寿命达到73岁，孕产妇死亡率从2005年的47.7/10万下降到2009年的31.9/10万，婴儿死亡率从2005年的19‰，下降到2009年的13.8‰。2009年4月，《中共中央国务院关于深化医药卫生体制改革的意见》和国务院关于《医药卫生体制改革近期重点实施方案（2009—2011年）》公布，新医改提出把基本医疗卫生制度作为公共产品向全民提供，这是我国医疗卫生事业从理念到体制的重大创新。但也不可否认，这些年来，在社会财富的分配上，国家拿的多，人民所得的份额在减少，我国居民劳动报酬占GDP的比重在逐年减少，而政府收入呈快速上升趋势。数据显示，我国城乡居民收入占GDP的比重，从改革以来最高水平1985年时的56.18%下降为1997年的55%，再到2007年的43.42%，22年下降了近13个百分点；而政府收入占GDP的比率，却从1995年最低时的17.39%上升到2007年的32.87%，12年中上升了15个百分点。国富也要让民富，民富了国家才能真正富强。"十二五"规划把增加民众的劳动性收入放在了突出的地位,如何切实落实,还有许多工作要做。

解决收入差距过大、分配不公的问题,提高全民的社会保障水平是政府的重要职责。我们正在进行分配制度改革,完善医疗保障体系。"十二五"规划强调,"坚持广覆盖、保基本、多层次、可持续方针,加快推进覆盖城乡居民的社会保障体系建设,稳步提高保障水平。""按照保基本、强基层、建机制的要求,增加财政投入,深化医药卫生体制改革,建立健全基本医疗卫生制度,加快医疗卫生事业发展,优先满足群众基本医疗卫生需求。""坚持政府调控和市场调节相结合,加快完善符合国情的住房体制机制和政策体系,逐步形成总量基本平衡、结构基本合理、房价与消费能力基本适应的住房供需格局,实现广大群众住有所居。"随着中国经济实力的增强,这些问题都会得到解决。"种田不纳税,上学不缴费。农民得实惠,和谐好社会"的景象正在变为现实。

加强社会管理刻不容缓

社会管理是人类社会必不可少的一项管理活动,其内涵十分广泛,包括协调社会关系、规范社会行为、解决社会问题、化解社会矛盾、促进社会公正、应对社会风险、保持社会稳定、发展社会事业,等等。如何进行社会管理,是我们面对的一个新课题。2011年2月,胡锦涛在中央党校省部级主要领导干部社会管理及其创新专题研讨班上提出,要扎扎实实提高社会管理科学化水平。5月,中央政治局召开会议,研究加强和创新社会管理问题,提出要紧紧围绕全面建设小康社会的总目标,牢牢把握最大限度激发社会活力、最大限度增加和谐因素、最大限度减少不和谐因素的总要求，积极推进社会管理理念、体制、机制、方法创新，完善党委领导、政府负责、社会协同、公众参与的社会管理格局，加强社会管理法律、能力建设，完善基层社会管理服务，建设中国特色社会主义管理体系。

一方面，大力发展社会事业，在提供社会服务上下功夫，寓管理于服务之中。没有服务就没有管理，即便管理起来也不理直气壮。中国共产党从改革开放之初就重视社会事业的发展，党的十六大以来，这一进程明显提速。截止目前，我国城乡免费九年义务教育全面实现，高等教育总规模、大中小学在校生数量位居世界第一，办学质量不断提高。就业规模持续扩大，全社会创业活力明显增强。社会保障制度建设加快推进，覆盖城乡居民的社会保障体系初步形成。公共卫生服务体系和基本医疗服务体系不断健全，新型农村合作医疗制度覆盖全国。2008年，中央财政投入国家助学资金达到223亿元（约合32亿美元），资助学生超过2000万人。新型农村合作医疗参加人数达到8.14亿，城镇居民基本医疗保险参保人数达到1.17亿。2009年，中国政府再次加大社会保障资金投入，达到2930亿元（约合430亿美元），比2008年增长17.6%。这笔资金将被广泛用于完善基本养老保险制度、扩大社会保障覆盖范围、提高社会保障待遇等诸多方面。

另一方面，培育公民社会，推进社会组织有序发展。公民社会，也称市民社会和民间社会，其实质是民间组织和民间关系的总和，是相对独立于国家和政府的民间公共领域。从某种意义上说，它是市场经济的伴生物，是民主政治的重要基础。

公民社会在我国一度被视为资产阶级社会，它最初被译成"市民社会"。改革开放后，相对独立的民间组织大量涌现，这一事实必然要反映到人们的头脑中来，使越来越多的人开始承认公民社会存在的事实。正是在这样一种背景下，20世纪90年代后，我国学术界发起了一场关于市民社会（公民社会）的讨论，这一讨论的最大成果之一，便是人们对待市民社会或公民社会的态度发生了根本性的变化，越来越多的人开始从拒绝公民社会转变为接受或默认公民社会。中国共产党在总结苏东剧变教训的基础上，提出"坚持培育发展和管理监督并重，推动社会组织健康有序发展，发挥其提供服务、反映诉求、规范行为的作用"。1998年6月，民政部正式将原先主管社会团体的"社团管理司"更名为"民间组织管理局"，这意味着民间组织正式得到了政府的认可，取得了官方的合法性。让民间组织更多地参与社会政治生活，政府更加主动积极地与民间组织合作，共同管理社会政治生活，扩大公民自我管理的范围，提高社会自治的程度，是民主治理的方向。党的十六大后，党和政府日益重视包括民间组织、行业组织和社区组织在内的各类社会组织的作用，并且开始强调改革和完善社会管理体制，表明党和政府事实上已经将公民社会的存在及其作用视为重要的决策依据。为了促进公民社会的发展，改革现行的包括社会保障体制、社会治安体制、户籍制度和社区治理制度等在内的社会管理体制，扶持和培育公民社会组织，让各种社会组织在市场经济、民主政治与和谐社会建设中发挥更大的作用。

第五章　从科技强军到科技强国

> 蒸汽、电力和自动纺机甚至是比巴尔贝斯、拉斯拜尔和布朗基诸位公民更危险万分的革命家。①
>
> ——马克思、恩格斯

马克思主义认为,"一切社会变迁和政治变迁的终极原因,不应当在人们的头脑中,在人们对永恒真理和正义的日益增进的认识中去寻找,而应当在生产方式和交换方式的变更中去寻找;不应当在有关的时代的哲学中去寻找,而应当在有关的时代的经济学中去寻找。"② 在我们探讨苏联解体的内外原因时,就不能不追溯到科技这一影响苏联社会生产力和经济发展的决定性因素。在马克思、恩格斯看来,科学技术是历史有力的杠杆、是最高意义上的革命力量。火药、指南针、印刷术是预告资本阶级社会到来的三大发明,对资本主义社会来说,"蒸汽、电力和自动纺机甚至是比巴尔贝斯、拉斯拜尔和布朗基诸位公民更危险万分的革命家"③。果真如此吗?科技因素在苏联解体

---

① 《马克思恩格斯全集》第十二卷,人民出版社1983年版,第3页。
② 《马克思恩格斯全集》第三卷,人民出版社1983年版,第307页。
③ 《马克思恩格斯全集》第十二卷,人民出版社1983年版,第3页。

中到底起了什么作用？中国在发展科技方面又和苏联存在哪些相同点和不同点？我们可以从中得出哪些经验教训呢？

一、生产力还是生产关系？

科学技术问题是马克思主义学说的一个重要组成部分。马克思恩格斯通过考察人类社会发展的历史，特别是通过考察近代科学技术在建立机器大工业和资本主义制度过程中所起的巨大作用，站在代表先进生产力的无产阶级立场上，对科学技术在推动社会历史发展中所起的作用给予了高度评价，认为科学技术是生产力，是一种新生力量，是一种在历史上起推动作用的、革命的力量。他们把科学技术的发展看成是无产阶级解放的基本条件，认定科学技术的发展，将促进劳动生产率的巨大提高，导致资本主义的灭亡和社会主义的胜利，并为人类的全面发展和共产主义社会的最终实现奠定基础。对于这些观点，苏联领导人基本上是认可的，实践中也把发展科技当作一项重要任务，但认识上存在一些偏差，意识形态化的倾向比较明显。

引以自豪的辉煌

苏联虽然解体了，但苏联在科技方面取得的成就是不容抹杀的，俄罗斯在科技方面的底子基本上是苏联留下的，至今仍对俄罗斯的经济发展发挥着积极的影响。

苏联在解体前是世界第二大科技大国。在军事和航天航空技术等方面的部分成果超过了美国，成为唯一能够与美抗衡的超级大国。苏联仅用5年时间就打破了美国的核垄断，1953年试爆成功世界第一颗氢弹,1954年建成世界第一座核电站,①1957年发射世界第一枚洲际弹道导弹和世界第一颗人造地球卫星等。② 解体前的20多年间,苏联的原子能电站的装机容量不断扩大,从几十万千瓦发展到几百万千瓦,单机容量居世界首位。如列宁格勒原子能发电站和扎波罗热原子能发电站的装机容量均达400万千瓦。

苏联的载人航天器也发展到包括载人飞船、空间站和航天飞机三大类别,并具有强大实力和优势。1957年10月4日,苏联利用自己的洲际导弹成功地发射了人类有史以来第一颗人造地球卫星。③ 虽然这颗卫星本身较为简单,主要作用是向世界证明其存在;另有一些简单的自测、自控、感应仪器等,但它在运载火箭技术上却有重大突破。一个月后,苏联又发射了第二颗卫星,上面载有一只狗,这颗卫星已具有了科学研究的性质。④ 1987年发射的"能源"号重型火箭重量达2000多吨,有效载荷100吨。1988年,苏联用"能源"号运载火箭从拜科努尔航天中心成功发射了"暴风雪"号航天飞机,打破了美国依靠航天飞机进行太空飞行的垄断局面,填补了苏联在该领域的空白。

苏联拥有一支人数多、素质好、门类全、领域广的科技队伍,拥有10万个科研组织。到1990年,苏联在科研和科研服务领域的工作人员达到了450万人之多,其中有科学工作者152

---

① 美国于1951年成功进行核能发电试验,但到1958年才正式建成核电站。
② 美国于1958年才匆忙将弹道导弹改成运载火箭成功发射探险者1号卫星。
③ 美国于1957年12月6日发射第一颗卫星"先锋"号,因故失败。1958年2月1日发射"探险者"1号卫星成功。
④ 美国于1958年3月发射第二颗卫星。

万人，占世界科学工作者总数的1/4。苏联拥有科学博士和副博士学位的共53万多人，从事自然科学和技术科学研究的科学工作者人数占世界第一位，在国民经济各部门受过高等教育的人员约占职工总数的1.2%，约有2300个工业试验基地和科学研究实验基地，诺贝尔奖获得者就有10多名，每年新的科研成果约占世界总数的1/3。1980年，苏联科学院的500名科学家，当选为各国200多个科学院的院士或者成员。苏联科研人员在国民总数中的比例也非常高。1988年苏联每万人中有146.4名研究人员，高于同期的美国（79名）、日本（44.8名）、德国（12.8名）和英国（9.6名）。科技部门在苏联政府活动中也享有崇高地位。

科学技术有阶级性吗？

苏联在科技方面取得的这些成就是与苏联历届领导人对科技的重视分不开的。苏联仅用了几十年时间就走完了西方世界需要一二百年才能走完的道路，实现了工业化、农业机械化、电气化、化学化，建立了完整的国民经济体系和雄厚的物质技术基础，更与苏联长期以来重视科技有很大的关系。

列宁继承了马克思恩格斯的思想，十分强调建设社会主义必须依靠科学技术的重要性。1918年3月，列宁在其著名的《苏维埃政权的当前任务》一文中，明确提出了"没有具备各种知识、技术和经验的专家来指导，便不能过渡到社会主义"的论断，第一次把发展科学技术提高到了与建设社会主义制度同等的政治高度。后来他又进一步强调：要建设共产主义，就必须掌握技术，掌握科学。列宁坚持与旧政权的科学家和工程师合作，并支持20世纪20年代在苏联国内兴起的"专家治国"运动，苏联也迎来科学史上所称的"苏联科学的黄金时代"。

斯大林取得对党的绝对领导权后，提出了著名的"技术决定一切"、"苏联是世界科学的中心"、"革命青年向科学大进军"等口号，要求在"短期内迅速提高苏联的整体科技水平"。这一阶段苏联成立了科学院，通过了一系列促进科学发展的决议和措施，科技由此得到快速发展，也大大促进了苏联的工业化水平。二战后，苏联继续大力发展科技。1945年斯大林就强调："如果我们（党）帮助我们的科学家，他们就能够赶上或超过国外的科学成就。"1947年底苏联设立了国家新技术委员会，目的是提出经济部门发展科学技术的主攻方向，编制新科技计划，掌握国内外科技情报。1957年这个委员会改为国家科学技术委员会。50年代后半期，世界科技革命进入一个新阶段。为了更快地适应新形势，苏联党和政府不断强调加速科技进步的重要意义。1961年通过的《苏共纲领》中提出："最大限度加速科学技术进步是最重要的全民任务。"1963年3月，苏共中央和苏联部长会议作出《关于进一步改进我国科学技术发展的领导工作》的决议。苏共二十四大则指出，迅速开展的科技革命也是苏联现阶段经济发展的重要特点，要求在科技进步的基础上提高社会生产效率。1983年苏联政府颁布了《关于国民经济科技进步措施的决定》。1985年4月，苏共中央召开全会，制定了依靠科技进步加速社会经济发展的战略。1985年6月，苏联政府召开全苏科技大会，推动全党把促进科技进步作为"头等大事"。1986年苏共二十七大提出加速发展战略，戈尔巴乔夫把加速科技进步作为实现集约化和提高效率的主要杠杆。1987

年7月苏共中央和苏联部长会议通过了《关于加强苏联国家科学技术委员会在管理科学技术进步中的作用的决定》。1988年12月苏联部长会议又通过了国家科学技术纲要。1990年，苏联成立苏联工程学院。同年6月，苏联正式参加欧洲的尤里卡计划。

从上面不难看出，直到苏联解体前，苏联党和政府还是非常重视科技发展问题的。但总的看，苏联科技的水平与西方的差距不是越来越小了，而是越来越大了。其中的原因很多，这里特别要指出的是意识形态因素对苏联科技发展的重要影响。科学技术不属于上层建筑范畴，也不具有阶级性。但从30年代起，斯大林把自然科学分成了社会主义和资本主义两个系统，并在相当一个时期对西方科技持否定态度。比如说，对控制论抱有偏见，并担心信息传播的发展导致政治失控，从而使计算机技术长期处于落后地位；把在生物学领域李森科等人的"米丘林学派"奉为马克思主义生物学，将美国生物学家摩尔根的遗传学说指为反人民的伪科学，发展遗传学学说的杜比宁等学者长期以来也受到批判和清洗，这就不可避免地严重影响了苏联生物工程学的发展；就连哥本哈根学派量子物理学、爱因斯坦的相对论也遭到扼杀，使本来有可能居于世界先进水平的科学理论和部门停止了发展。政府对科学家和工程师的态度由依靠、利用转变为怀疑甚至镇压。与此同时，苏联国内一些政治投机分子也打着爱国主义的旗帜，鼓吹苏联的科学技术是世界上最先进的，一切都是也应该是苏联首先发明和创造的。所有这些都对苏联的科技发展产生了严重影响。此外，苏联科技发展中的"政治化炫耀"现象也比较严重。苏联虽有大量的科技发现发明，还有 400 万件合理化建议，但这些突出的业绩往往被用于与西方国家竞争和在世界舞台上展示实力的一种"政治资本"，真正用于社会生产的仅有 1/4 不到，大量科技成果处于"闲而无用"状态。这不能不说是一种遗憾。

科学技术是第一生产力

尽管中国人有重"道"轻"器"、重"文"轻"技"之弊，但对科技并不陌生。从西汉淮南王刘安的《淮南子》到宋代沈括的《梦溪笔谈》到明朝宋应星的《天工开物》，中国的一系列科普著作引人入胜。在中医方面，中国有古老的《黄帝内经》和神医扁鹊、华佗以及药王孙思邈、李时珍及其盖世医学成就。在自然地理等方面，中国有古老的《山海经》、郦道元的《水经注》、唐朝玄奘的《大唐西域记》以及明朝大旅行家徐霞客遍览祖国名山大川而写下的《徐霞客游记》。纵观中华民族五千年历史，包括四大发明在内，中国的科技发展在世界科技舞台上几度遥遥领先并创造了灿烂的文明，只是在近代才逐步落伍，并与西方拉开了距离。

中国共产党成立后，即把民主和科学这两个口号同无产阶级领导民主革命的思想和实践联系起来。新中国成立后，以毛泽东为首的共产党人基于"落后就要挨打"的教训，对科技发展也是情有独钟。1949 年 9 月通过的《共同纲领》，明确了"努力发展自然科学，以服务于工业、农业和国防的建设"的新中国科技工作总方针。1956 年 1 月，在全国知识分子问题的会议上，毛泽东发出了"向科学进军"的伟大号召。此后一再强调"科学技术这一仗，一定要打，而且必须打好"。同年 4 月，周恩来、聂荣臻等领导牵头，成立了科学技术规划委员会，并制定了新中国第一个科技发展规划，即《1956—1967年科学技术发展远景规划》，也称《十二年规划》。1963年1月，在上海科技工作会议上，周恩来完整地提出："我们要实现农业现代化、工业现代化、国防现代化和科学技术现代化，把我们祖国建设成为一个社会主义强国，关键在于实现科学技术的现代化。"① 当年在十二年规划的基础上制定了第二个国家科学技术发展规划，即《十年规划》。这个规划的实施虽然被"文革"打断，但这个规划是经历了1957年的"反右"、1958年的"大跃进"及苏联撕毁科技合作协议等重大波折后中国科技工作的一个新的起点。鉴于当时的国际环境和中国国防与经济发展需要，《十年规划》将"自力更生、迎头赶上"作为发展科技的方针，并据此确立了"集中力量打歼灭战，有先赶、有后赶、有所赶、有所不赶"原则，在任务安排上优先发展国防尖端科技，"两弹一星"就是在这一方针指导下取得的。

"文革"期间，受"以阶级斗争为纲"等意识形态因素的影响，轻视教育科学文化和歧视知识分子的现象严重，中国的科技发展进程中断。粉碎"四人帮"后，邓小平强调"实现现代化，关键是科学技术要能上去"，并以1978年3月的全国科学技术大会为标志，我国进入了科技发展的全新时期。邓小平在会上重申了"科学技术是生产力"的马克思主义观点和"知识分子是工人阶级的一部分"的思想。时任中国科学院院长的郭沫若，在大会上发表了著名的讲话《科学的春天》。在邓小平

---

① 《周恩来选集》（下卷），人民出版社1997年版，第412页。

的推动下，1986年中共中央、国务院批准了"863"计划，目的是"有选择地在几个重要的高技术领域跟踪世界水平，建立必要的高技术产业"，1988年出台了旨在推动高技术产业化的"火炬"计划，实施了一系列国家重大科学工程和若干国家重点实验室的建设。同年，邓小平在"科学技术是生产力"的基础上于1988年提出了"科学技术是第一生产力"的观点，表明党和政府对科技的作用的认识达到了新的高度。他还从世界发展的大局着眼，强调"实现人类的希望离不开科学，第三世界摆脱贫困离不开科学，维护世界和平也离不开科学"[①]。

20世纪90年代以来，随着以信息科学、信息技术为主要标志的世界新科技革命形成新高潮，世界各国特别是大国都纷纷制定和实施面向21世纪的发展战略，抢占科技和产业的制高点。在这种背景下，江泽民指出：在当今激烈的国际竞争中，最重要的是要看综合国力，而其中最重要的一个方面是科学技术的进步和发展。科学技术长期落后的国家和民族，不可能自立于世界民族之林。可以说科学技术是第一生产力，而且是先进生产力的集中体现和主要标志。1995年5月26日，在全国科学技术大会上，中共中央作出了《关于加速科学技术进步的决定》，并首次提出"科教兴国"的重大战略。在1997年党的十五大上，中共中央把科教兴国确定为跨世纪的国家发展战略，科技在中国被提升到前所未有的高度。党的十六大以来，以胡锦涛为总书记的党中央一再强调"科学技术是经济社会发展中最活跃、最具革命性的因素"，并立足国情，面向未来，提出增

---

① 《邓小平文选》第三卷，人民出版社1993年版，第183页。

强自主创新能力,建设创新型国家的重大战略思想。2003年6月,国务院成立了有23个部门组成的国家中长期科技发展规划领导小组,经过三年,十二易其稿,完成了《国家中长期科学和技术发展规划纲要(2006—2020)》,这是进入新世纪我国第一个科技规划,将指导今后15年的科技工作。我国的科技发展正在迎来新的发展局面,站在新的历史起点上。

二、军用还是民用?

苏联在科技方面取得了举世公认的成就,但这种成就更多集中在国防和军事领域,在民用科技方面则大大落后于西方,这造成苏联在改善人民物质生活方面不尽如人意,还闹出了许多科技产品使用方面的笑话。诸如苏联的电视机要拍打几下才能逐渐显影,电冰箱夜里开动要惊醒一家人,洗衣机开动会震动整个楼板,独具特色的香皂又黑又硬,毛巾使用起来皮肤会感到火辣辣的疼,等等。这种局面显然与苏联社会主义大国的地位不相称,一旦国门打开,民众看到外面的世界很精彩,里面的世界很无奈,就会产生很大的心理落差,以至对社会主义的优越性怀疑起来。

"大炮优先"的后果

在苏联整个科技领域中,军事科技始终占据十分突出的地位,这与苏联优先发展重工业和军事工业的战略有很大关系,与当时苏联所处的国际国内环境也有很大的关系,只要科技出现了新东西,就首先考虑用到军事上。这当然有其合理性,生存第一嘛。二战结束后，随着国际形势的缓和，苏联本应调整这种过分重视军事的战略，但因冷战的开启，为了取得对欧美军事竞争中的优势，苏联把基础科学和应用科学方面的研究成果仍首先用于军事，大大促进了军事技术和军事工业的发展。苏联很多重大科技项目都与军事发展密切相关，能否为军事进步提供支持成为苏联科技立项、发展、突破的"关口"。苏联的军事航天系统发射量占苏联总发射量的70%以上，在其年均发射的180多颗卫星中，有大约130颗是军事卫星。正是凭借大大膨胀起来的军事实力，勃列日涅夫发动了一个同美国争夺势力范围的全球性扩张攻势，"来达到它从不改变、从不忽视的目的——俄国的世界霸权"。但是苏联一味重视军事科技的科技发展战略带来多重负面后果。

第一，苏联的科研经费分配发生扭曲性偏斜。苏联科研经费总额仅次于美国，1988年高达378亿卢布，占国民生产总值的4.3%，但科研经费75%被用于军事开支，占国民生产总值的3%，占国防总开支的20—25%。军事科技经费的充足使苏联拥有抗衡美国的足够军事实力，比如其洲际导弹的当量、运载工具的有效负荷量等在60年代末期就取得了领先地位。

第二，严重削弱了民用科技的发展。苏联在战略指导思想上过度重视发展军事重工业，忽视了对民用科技的投入和经济领域的配套建设，未能形成一个以国防科技带动民用工业不断发展的良性循环。为维持世界上最庞大的400多万人常规部队和发展超常规数量的武器装备，苏联军费占全部财政支出的1/3。而且，森严的保密壁垒和部门壁垒又把军事科研同民用科研分割开来，两者成果的交流是单行道的，即民用先进技术可以转给军用，而军用技术则严加保密，不易转为民用。

第三，科研部门向军工部门靠拢。军工部门几乎垄断了苏联最先进的科学技术。国防工业有660个科研机构，占据苏联科研力量的60%。武器装备订单由苏联国防部下达，生产设备由国家调拨。与美国的军备竞赛占用了最优秀的科技人才。据西方学者估计，"冷战"期间苏联有将近80%的科技人员约90万在军事部门或相关机构工作，而民用部门仅占20%左右。同时由于科研领域极为严格的保密制度，阻碍了科技人员和科技信息的自由流动，极大影响了民用产品开发，全国平均科技水平严重滞后。

第四，产业结构向军工企业倾斜。全国有2000多家军工企业，整个工业生产中有80%的业务与军工生产有关联，占据整个工业产值的1/5，其中机器制造和冶金部门产量的1/3用于军事目的，与国家安全有关的产业受雇人员达到4000万左右，约占苏联总人口的40%。远东的滨海边区90%以上的区中心是为军工服务的城镇。军工企业的过量发展使其产值、规模等都占据当地工业企业发展很高的地位。

"依靠"与"面向"

科技进步带动经济发展，经济发展促进科技进步，两者相互依存，相得益彰。这是发达国家经济腾飞的基本经验。

整个来说，20世纪60、70年代以前苏联的经济增长速度是令人称奇的，但这种经济高速增长的基本动因是要素投入数量的增加、生产场所的扩大，科技进步对国民收入增长的贡献率和集约因素对经济增长的贡献率均不超过32%，而同期的美国等西方发达国家则通过大力发展集约经济获得经济增长,上述两项指标均已超过50%。勃列日涅夫时期虽然曾提出科学技术与生产结合的问题,并通过了不少决议,但多停留在口头上,形式要大于内容。就是说,苏联有重视科技的一贯传统,有发展科技的坚定措施,有展示科技的辉煌业绩,也有扭曲科技发展的不良导向。苏联的科技阵容强大,科研经费充足,科技体系庞大,科技条件优越,科技成果丰富,但由于苏联更多地把科技投向军事领域,没有形成科技进步与经济发展相互促进的良性循环,甚至出现了科技进步与经济发展严重脱节的现象。强大的科技实力不仅没有变成社会经济发展的火车头,从某种意义上说还拖住了经济发展的应有脚步。据苏联统计,在1981—1984年间,全苏登记注册25万项发明创造,其中7.2万项在生产中得到应用,应用率仅为28.8%。不但如此,在被采用的7.2万项科技成果中,80%只用于一个企业,用于3—4个企业的不到20%,用于5个以上企业的仅占0.6%。既然科技难以发挥应有的经济功能,苏联科技兴国战略的实际功效也就打了折扣,推行的实际上是一条片面的科技兴国战略。

建国之后的前30年,中国也曾经效仿苏联模式,主要围绕重工业和军工产业发展科技。这种战略有其好处和优势,即在短期内提高了国家安全系数,奠定了工业基础并建立了比较完善的工业生产体系,为后来的改革开放打下了比较坚实的基础。但由于过度的投入重工业和军工产业,民用产业投入和民用科技投入严重不足,极大影响了民用产业发展,造成全国范围内从城市到乡村,从农民、工人到国家干部民用产品和食品的严重供应不足。这种情况到改革开放之后得到改善。

1982年中共中央和国务院正式提出"经济建设要依靠科学技术，科学技术工作要面向经济建设"的战略指导方针。1985年3月，颁布《中共中央关于改革科学技术体制的决定》，明确体制改革的目的是"使科学技术成果迅速地广泛地应用于生产，使科学技术人员的作用得到充分发挥，大大解放科学技术生产力，促进科技和社会的发展"。从此，科技投入注意向民生产业倾斜，一系列轻工产业建立并发展起来，进而在对外开放中大力创建合资企业，民用科技取得普及性发展，各类设计和发明专利如雨后春笋般出现，民用科技专利数量迅速向国际排名前列靠拢。民用科技的研发、引进、投入和产出周期大大缩短，极大改善了人民生活水平，并向全世界大量出口物美价廉的轻工产品。

三、政府还是企业？

苏联在科技方面存在的问题，与体制僵化直接相关，指导性的计划经济体制影响着科技的发展和科技成果的转化和应用。不能说这种体制就完全是错的。事实上，从世界范围看，科技体制主要分为以1660年成立的英国皇家学会代表的分散型和以1666年成立的法国皇家科学院代表的集中型两种模式。苏联的体制属于后者。以集中型体制在推进电力技术革命方面的作用为例，从苏联的经验看，可谓有利有弊：可以越过蒸汽技术革命直接进行电力技术革命，或者在蒸汽技术革命未得到充分发展的条件下进行以电气化为主体的工业化建设，但它往往以牺牲市场机制和小企业的自由竞争为代价；能够在较短的时间内，在一个经济文化相对落后的小农国家迅速完成电力技术革命，但同时可能导致生产结构和经济结构以及社会结构的不平衡；能迅速获得推进电力技术革命所必需的资金和其他各种社会资源，从而实现高速度的发展，但也造成了许多不必要的浪费和难以持续。问题是，这种不持续会从科技发展的不持续，发展到经济发展的不持续，最后导致政治发展的不持续。苏联的解体不正是这种不持续的结果吗？应当说，苏联时期尤其是后期，在如何处理好计划与市场、政府与企业的关系以推动科技发展方面出现了比较严重的问题，用积重难返来形容一点都不为过。这既使得苏联在科技方面的创新能力不够，也使得苏联不能及时地抓住新科技革命带来的机遇，从而成为导致苏联解体的一个重要诱因。

"包办婚姻"与"自由恋爱"

科技迅猛发展是现代经济增长的原动力，市场是拉动科技进步的基本力量，与市场最贴近的企业则是科技创新的主体。而在计划体制下，苏联的科学、技术、生产三个体系各自独立，相互分离，都实行高度集中的管理，各方面的事务都由政府包办，市场的地位和作用微乎其微，企业在推动科技发展方面几乎无所作为。

一是政府的"无偿化投放"带来投资效益低下。苏联的科研经费基本上是无偿拨给各个科研部门的国家预算拨款，国家只关心计划指标的完成情况，对于科研经费的投放效益不甚重视。作为经费的使用者，科研部门就更不关心国家预算资金的利用效果，也不关心科研成果的应用和推广。这就不仅养成了经费终端使用者的"等、靠、要"的懒惰，更造成了国家大量科技经费的无谓浪费，给苏联的国家发展带来巨大的负面效应。

二是企业和个人的积极性不高。在苏联传统体制下，企业处在政府的全面监控之下，不是独立的商品生产者和经济实体，不具有决策、投资、升级、转产等的自主权。长期以来，苏联对企业实施考核与奖励以指令性计划指标的完成情况为依据，产品产销和企业盈亏都由国家负责，企业的任务是完成既定的指标，而不是追求产品的"更新换代"。即使想做点什么，从一种新型产品的设计、定型、生产通常要经过几十个审批机构同意、上百位领导签字才能放行。据苏联机床制造和工具工业部长称，该部每年要拟制大约5000种产品的技术文件，仅仅花费在批准技术设计上的人力和时间就要35万人时，也就是要使40%的最熟练的设计人员脱离自己的设计工作。这种繁琐的程序严重地妨碍了企业进行技术革新和个人进行发明创造的积极性，严重堵塞了科技运行的通道，也使得苏联科研生产周期相当漫长，一项新技术从研究成功到具体应用的周期长达10年左右，比西方国家多出五六年的时间。另外，科技进步所带来的劳动生产率的提高，也会使企业计划指标提高，任务加重、压力增大、利润减少。再者，创新必然与旧制度发生矛盾，容易招致政府官员和既得利益者的非难，轻者被开除党籍，重者要判刑。所以企业千方百计回避创新，用当年勃列日涅夫的话来说，"企业对革新的畏惧就像魔鬼怕见正神那样。"企业对技术创新漠不关心甚至抵制也就在所难免。正是由于科技进步的迟缓，1983年，苏联的劳动生产率仅相当于意大利的72%，日本的60%，法国的51%，西德的46%，美国的38%。这些数字本身已经再清楚不过地显示了苏联与西方之间因技术差距而导致的经济差距。

三是条块分割和学阀垄断相结合。一方面，各种科研单位之间条块分割，信息不通，老死不相往来，造成"苏联科学家的许多研究成果在西方国家里被引用比在苏联国内还快"，如苏联是第一个发明连续钢铁铸造的国家，不少国家80%的钢铁生产是用苏联的方法在铸造，而苏联国内使用的比例却少得多。由于涉及部门太多，难以协调一致，甚至申请发明权的审核也要拖延好几年，致使有些重大发明长时间得不到实际应用。另一方面，在科研单位内部，家长制的学阀现象严重。由于没有按一定法制管理的竞争机制，长期形成了一种人际关系尺度。"自己人好办事儿"，凡同学术权威和领导个人关系"亲近的"，课题、资金和职称可轻易而得，否则，就会遇到种种障碍。这一体制在勃列日涅夫时期发展到了登峰造极的地步。

新中国成立后，中国也曾出现过与苏联同样的问题，改革开放后这种状况逐渐改变。从1985年开始，我国的科技体制改革经历了几个阶段：（1）1985—1994年，改革全面启动。以改革拨款制度、开拓技术市场为突破口，引导科技工作面向经济建设主战场；（2）1995—1998年，深化及试点。按照"稳住一头、放开一片"的改革方针，开展了科研院所结构调整的试点工作，探索建立新型科技体制的思路和措施；（3）1999—2005年，系统结构调整。以"创新、产业化"为指针，以改革科研院所的管理体制和运行机制为重点，对科研院所的布局结构进行了系统调整；（4）从2006年至今，以自主创新战略为指针，以建立以企业为主体、产学研相结合的技术创新体系为突破口，全面推进国家创新体系建设。

中国科技体制改革总的思路是,政府只对科技事业发展发挥宏观指导和规划的作用,尊重科技自身发展规律、科技人才成长规律、市场竞争规律和知识产权明确保护规则,推动以企业和科研院所自主研发,形成良性循环,彻底改变政府包办现象。换言之,就是逐步确立企业在研究与开发中的主体地位,尤其是强调企业在应用型科技开发中发挥主力军作用。国家对科学技术的投入,相对主要集中在基础性研究及为企业发展建立科技平台上。为此,中国加速科研机构的企业化、市场化改革。除了国家"养起来"的基础性科研机构,大部分应用型科技机构都应逐步走向市场。当然,中国的科研机构走向市场并未被"一推了之",政府在政策、资金和其他方面都会给予扶持,尤其鼓励企业创新和市场环境创新,鼓励企业家以及风险投资等各类方式积极介入研究与开发,鼓励科技人员"下海"闯市场,鼓励留学人员回国发展和创业。

近年来,面对金融危机冲击,中国政府努力推动科研人员与企业、市场充分结合,采取有效措施,积极组织动员广大科技人员服务企业。根据"政府引导、双向选择、立足当前、着眼长远"的原则,在充分掌握当地企业技术需求的基础上,搭建供需对接平台,做好对接工作,联合企业开展技术攻关,解决企业技术难题。指导和组织当地科研院所、高等院校以及各类技术创新服务平台面向企业开放。把动员科技人员深入基层服务企业作为深化改革、推进产学研结合、加快创新体系建设的重要契机。加快改革科研管理方式和评价机制,激励科技人员在产学研合作中充分发挥桥梁和纽带作用。引导科研院所和高校整合资源，主动与企业对接，建立有效的合作模式和服务方式，将项目、资金、人才、技术、成果等各类创新要素向企业集聚。鼓励企业把握机遇，创造条件，利用科研院所、高等院校的科研力量，加快技术创新和科技成果转化及产业化，提高企业自主创新能力，增强产品竞争力。

经过30多年的改革和发展，面向市场的科技资源配置格局初步形成，企业在科技发展中的主体地位基本确立。2009年，261家中央级转制院所从市场获得的研发服务收入186亿元，是政府投入的近6倍。大学科技经费中来自企业委托的部分已占到50%以上，一些理工院校接近甚至超过70%。2010年，全国科技研发和试验经费近7000亿元，其中企业投入约占74%，企业获得的职务发明专利授权量占全国总量的比例已超过60%。全国技术市场交易规模达到3906亿元，86.6%的技术输出和77.3%的技术吸纳由企业实现，国家高新园区总收入达10.5万亿元，工业增加值约占全国的10%。国家科技支撑计划的95%、重大专项的50%、"863"计划的35%以上的项目都由企业牵头实施，80%以上的各类项目体现了产学研结合。当然，我们的科技体制依然存在不少弊端，官本位思想严重的科技体制还在制约着科技创新，高精尖人才依然有外流或在海外不归现象，中国的高素质技工严重短缺。科技研发环境和气氛依然有待改善，科技发展的浮躁心态很重，社会整体的精益求精意识不强。这些都需要在今后的改革和发展中加大力度予以克服。

食"西"不化与引进创新

在引进发达资本主义国家的先进技术方面，苏联走过了一段曲折的道路。十月革命胜利后，列宁深刻地意识到：苏维埃政权要生存和巩固，必须尽可能发展对外经济关系，大力从美、德、英、法、意等西方国家引进资金、先进的技术和管理方法。所以，列宁在制定国民经济发展战略时，把吸取欧美技术和资金当作一项"头等重要的任务"，指出只有利用资产阶级的科学和技术来把共产主义变成群众更容易接受的东西时，才能建成共产主义。想用另一种方法建成共产主义社会是不行的。他主张通过创办与国外合营的公司、输入国外先进的机器设备、搜集国外科技资料、聘请外国专家、接受西方技术援助等具体途径，使资本主义积累的一切最丰富的科技成果为我所用。在这一正确方针指引下，苏维埃政府有效地利用资本主义国家先进的科技成就，促进了苏俄经济建设事业的发展和政权的稳固。

通过西方市场引进资本主义国家信贷、设备、技术和智力，曾是苏联20世纪30—40年代工业化初期的一项基本政策。但随着苏联社会主义建设取得举世瞩目的成就，斯大林开始否定学习、吸收西方先进技术的必要性和重大意义，导致从西方引进的资金和技术大为减少。进入70年代，东西方关系趋于缓和，苏联同西方的经济关系进入一个新时期。这一时期，苏联大规模地吸收外国的资金，引进大量技术设备，同一些西方国家签订了科技合作协定，借以解决自身技术落后问题。这些举措对于促进科技进步，加速经济发展，缩小与西方的差距，无疑起到了非常积极的作用。但同时也要看到，其中也有不少教训需要总结。其一，重点放在了引进技术上，对引进技术的消化、吸收不够重视，技术引进因此没有产生刺激国内技术成长和产品创新的溢出效应。其二，主要购买成套设备等硬件，较少购买技术资料和专利等软件。其三，在进口技术设备时，过于偏重于重工业、运输设备，忽视轻工、家电等民用工业设备。其四，对西方的警惕性不足。尤其在这方面苏联是吃了大亏的。

二战期间，由于是同盟国，美国等西方国家对苏联在技术方面给过不少帮助。二战后，随着冷战的开启，西方国家增加了对先进技术的出口控制，尤其严防电子技术向苏联出口。20世纪50—60年代，美国以封锁禁运方式堵塞苏联引进西方技术孔道。70—80年代，美国则以讹诈手段与欺骗伎俩扼杀、扰乱苏联引进西方技术。70年代末期，美国中央情报局（CIA）秘密启动K项目，创立特殊机构研究苏联技术基础，分析苏联技术进口情况，全面拦截西方向苏联转让能够帮助其提高经济竞争力的先进技术。1983年美国秘密组建"技术转让情报委员会"，监控全球技术贸易流量，追踪苏联技术引进门类，摸清苏联需求脉搏，掌握苏联技术跛足，研究打击方案。

70年代末，苏联计划建设乌连戈伊-6重大项目，准备铺设全长3600英里双线管道，将西伯利亚北部乌连戈伊天然气田管道通往苏联与捷克斯洛伐克接壤地区，与西欧天然气网接轨，每年输送价值达320亿美元的1.37万亿立方英尺天然气。欧洲国家反应积极并乐意对苏联销售精密设备，而美国政府却十分担忧该项目为苏联带来巨大经济实惠，增强苏联军事实力，立即强力干预并最终得逞。1979年，美国颁布《出口管理与控制法》，急剧削减美国及西欧国家同苏联技术交流。1981年以对苏联强硬著称的美国里根政府决定压服西欧盟国一起阻碍乌连戈伊-6重大项目上马。结果，苏联只得将乌连戈伊-6重大项目和西伯利亚天然气相关管道项目规模砍掉一半，把工期推迟两年，损失外汇数百亿美元。至1983年底，美国和苏联的科学技术交流下降为1979年规模的1/5。

据报道，1983年初美国中央情报局和国防部共同推进制造假情报迷惑苏联技术创新的隐蔽计划，锁定苏联经济核心与迫切需求西方技术弥补缺陷的薄弱环节，由美国中央情报局虚拟的美国海外公司和欧洲公司，将错误或部分错误的设计、数据、资料如燃气涡轮机设计图纸、石油钻探技术、计算机芯片及一些化合物等从地下渠道转交或卖给苏联。苏联的涡轮机就此曾出现不易排除的故障。CIA还说服硅谷一些小公司给计算机和先进卫星故意设计存在缺陷的主机与芯片，让苏联购买，导致苏联一些军工企业设备瘫痪与装配线停产。技术引进是苏联经济必须依赖的"生命线"和"营养液"，由于苏联无力区分西方设计、数据、资料的真假，技术引进步伐不断放慢。

但是，苏联在引进技术方面的主要问题是根本没有把引进和吸收与创新结合起来，过分注重引进，过分注重拿来，过分注重眼前，既缺乏长远性，更缺乏创新性。

中国是一个科技和经济起步较晚、实力较弱的国家，要在科技、经济方面赶超世界先进水平，引进外国的新技术成果是一个便捷高效的选择。上个世纪50年代以来，我国曾有过几次大规模顶尖技术引进浪潮，改革开放后国务院专门成立了引进新技术领导小组，进一步加大了从西方国家引进技术的力度，每一次都推动了一些工业部门在技术以及生产能力上跃上一个新台阶。但也存在着与苏联相似和相同的问题，诸如引进时重硬件轻软件，技术引进后消化吸收、创新能力差等。不过，自从中国提出和建立社会主义市场经济体制之后，这种状况有了很大的改变。邓小平指出，要把世界上最先进的科研成果作为我们的起点，洋为中用，吸收外国好的东西，先学会他们，再在这个基础上创新；掌握新技术，要善于学习，更要善于创新。江泽民多次指出：创新是一个民族进步的灵魂，是国家兴旺发达的不竭动力。胡锦涛则强调要大幅提高自主创新能力。

近些年来，我们在引进外国先进技术的同时更加注重消化吸收，并走出了一条中国特色的自主创新之路。1997年，中国政府批准了中国科学院关于建设国家创新体系的方案，投资实施知识创新工程。1998年8月，中国政府召开全国技术创新大会，提出要努力在科技进步与创新上取得突破性进展。为鼓励创新，国务院于2000年设立了国家科学技术奖。进入新世纪后，我国的科技创新进程明显加快。2006年1月9日，中共中央、国务院在京召开全国科学技术大会，做出了《中共中央国务院关于实施科技规划纲要增强自主创新能力的决定》，颁布了《国家中长期科学和技术发展规划纲要（2006—2020）》，确立了"自主创新、重点跨越、支撑发展、引领未来"的新时期科技工作方针，提出到2020年使我国进入创新型国家行列的宏伟目标，即经济增长的科技进步贡献率要从39%提高到60%以上，全社会的研发投入占GDP比重要从1.35%提高到2.5%。这是事关社会主义现代化建设全局的重大战略决策。党的十七大强调，提高自主创新能力、建设创新型国家是国家发展战略的核心、提高综合国力的关键，要坚持走中国特色自主创新道路，把增强自主创新能力贯彻到现代化建设各个方面。"十二五"规划纲要进一步提出，坚持把科技进步和创新作为加快转变经济发展方式的重要支撑。

经过多年努力，我国科技创新能力不断提高，科技对经济社会发展的支撑能力大大增强，适应社会主义市场经济的国家创新体系初步形成，科技事业蓬勃发展。我国已建成世界上少数国家具备的、完整的科学技术体系，有充足的科技人力资源，已经具备较强的科技实力。据测算，科技综合创新指标已相当于人均国内生产总值5000—6000美元国家的水平，在探月工程、载人航天、高速轨道交通、高效能计算机、铁基超导、诱导多功能干细胞、量子通讯等一些重要领域研发能力已跻身世界先进行列。当然，我国目前整体的自主创新能力还比较低，要成为一个名副其实的科技强国还有很长一段路要走。

第六章　从民族优越到民族平等

> 汉族离不开少数民族，少数民族离不开汉族，少数民族之间也相互离不开。①
>
> ——江泽民

苏联的解体有着深刻的政治、经济等多方面的原因。然而，最后一锤定音决定这个拥有2240多万平方公里、横跨欧亚两大洲领土的大国存亡的，却是席卷十余个加盟共和国的民族分离主义浪潮。一个维系了70多年的共产党政权在一夜间一分为十五，令人震惊和惋惜。中国同样是一个多民族国家，尽管也存在这样那样的民族问题，也发生过具有民族分离主义背景的恶性暴力事件，如拉萨"3·14"事件和乌鲁木齐"7·5"事件，但是，中国不会重演苏联的悲剧，中国在维护民族平等和团结、促进各民族共同发展繁荣方面走了一条与苏联不同的道路。

---

① 国家民族事务委员会政策研究室编：《中国共产党主要领导人论民族问题》，民族出版社1994年版，第238页。

一、自然融合还是人为聚合？

中国和苏联都是多民族的社会主义国家。在中国的56个民族当中，主体民族汉族占到全国总人口的91.96%。苏联有120多个民族，但主体民族俄罗斯族仅占全国总人口的53.4%。苏联是全世界诸大国中，唯一一个主体民族不占明显优势的国家。

"大一统"传统

中国人的"大一统"情结源远流长。早在先秦时期，中国先民的"天下"观念和"大一统"理念就已经形成。公元前221年，秦朝实现了中国历史上第一次大统一。自那以后，在两千多年的悠悠历史长河中，中国虽然出现过短暂的割据局面和局部分裂，但是统一始终是国家发展的主流和社会发展的总趋势。中国历史上每出现一次分裂的格局，都孕育着更大范围的统一，例如春秋战国到秦汉的统一，三国两晋十六国和南北朝到隋唐的统一，五代十国和宋辽金夏到元朝的统一，等等。在这个过程中，既有汉族主政的时期，也有少数民族组建政权的时期。中国历史上最大范围的统一，是由少数民族入主中原的元朝和清朝两代王朝实现的。也正是在少数民族建立中央政权管辖多民族国家的时期，奠定了今天中国的版图。近代以来，西方列强为了瓜分和分裂中国，进行了一次又一次的侵略活动，但所有这些阴谋都没有得逞，其中一个重要原因是边疆少数民族奋起抵御外侮，自觉维护国家的统一和领土完整。从这个角度说，国家统一是中国各民族的共同愿望和历史发展的总趋势，少数民族为多民族统一国家的建立和发展作出了特殊贡献,这是中国民族关系的历史遗产不同于苏联的重要方面。

在漫长的历史变迁中,经过多次民族大迁徙、大交织,汉族与少数民族不断发展经济联系和文化交流,形成了相互依存、不可分割的关系。汉族自古以来在农业、手工业、冶金和养蚕等技术上就比较先进,影响着周边的其他民族,而其他民族也以自己富有特点的生产活动,加强与汉族的经济往来,如从西域民族地区传入中原的农作物和瓜果就相当多。汉族与少数民族的文化都有自己的独到之处,这些文化精华互相影响、互相渗透,荟萃于一体,形成了内涵丰富、具有广泛包容性、多元统一的中华文化。正是因为有经济和文化的纽带相联,汉族和少数民族的聚居区呈现大散居、小聚居、交错杂居的特点。汉族地区有少数民族聚居,民族地区也有汉族居住,许多少数民族既有一块或几块聚居区,又散居全国各地,形成了你中有我、我中有你,谁也离不开谁的局面。

"俄罗斯化"遗产

苏联及其前身俄罗斯帝国建立多民族国家的过程颇为独特。早在16世纪中叶伊凡四世加冕"沙皇"时,俄罗斯还是一个只有280万平方公里的封建军事国家。在此后的300多年间,俄罗斯不断通过武力向外扩张,先后兼并了波罗的海沿岸、外高加索、中亚、黑海沿岸、西伯利亚和远东等大片领土,把一些与俄罗斯没有多大联系、人种和文化也各不相同的民族强行纳入征服的范围。到了19世纪中期,俄罗斯已经成为包括100多个民族和十几种宗教、横跨欧亚两大洲、领土幅员辽阔的大帝国，而且基本上形成了后来苏联的版图。在这个过程中，俄罗斯帝国的领土扩张与侵略性殖民交织在一起，既大肆掠夺各征服地区的土地，又把这些地区变成沙俄的殖民地。

为了把被征服地区与俄罗斯本土连成一片、把被征服民族与俄罗斯民族融为一体，沙俄政府在政治、经济和文化方面采取了多种殖民措施。政治上，沙俄政府对被征服民族采取了直接统治的方式，对反抗者进行血腥镇压。在经济方面，沙俄政府通过强行指定被征服的民族地区从事某些经济活动，把这些地区变成沙俄的原料产地和产品销售市场，来牵制民族地区的经济发展。在文化领域，沙俄政府在民族地区强制地推行"俄罗斯化"政策，通过把大批俄罗斯人迁移到边疆民族地区、把边疆少数民族强行迁移到俄罗斯人生活区的方式，改变民族地区的社会结构和人口比例，达到保证俄罗斯民族在任何地区都是主体民族的目的，并且所有的国家职务都由俄罗斯人担任。除此以外，沙俄政府还强硬地推行"义务制国语—俄语"、俄罗斯文化和东正教等单一语言、文化和宗教政策，不仅扼杀了其他民族的文化和宗教信仰，甚至剥夺了他们使用本民族语言的自由。通过一系列不平等的强制同化措施，沙俄硬是把那些原来在经济和文化方面没有什么联系的民族人为地"拼凑"在了一起。在这个过程中，俄罗斯民族与少数民族之间形成了一种压迫与被压迫、殖民与被殖民的关系。试想，在沙俄这样的国度，民族关系能怎么样呢？难怪列宁曾经愤怒地指出："沙皇俄国是各民族人民的监狱。"

从沙俄政府的上述做法来看，俄罗斯的民族问题和民族矛盾要比中国复杂、严峻得多，尤其是俄罗斯民族与少数民族的矛盾和斗争，一直十分尖锐。苏联正是在这种民族矛盾和积怨深厚的历史残渣中建立起来的。虽然苏联在民族理论和处理民族问题的实践中取得了一些成绩，但是沙俄几百年间铸就的民族"历史遗产"不可能不影响苏联的民族关系。而苏联并没有对这些"历史遗产"进行认真彻底地清理，以至于在解决民族问题的过程中出现了一系列严重的失误。旧的矛盾没有解决，新的问题又大量地涌现，使苏联的民族矛盾雪上加霜，甚至为后来出现的民族动乱直至联盟解体埋下了伏笔。

中国和苏联继承的民族"历史遗产"不同，决定了两国在民族问题和民族政策上必然会面临着许多不同的选择。

二、民族矛盾还是阶级矛盾？

苏联成立后，特别是列宁逝世后，不同时期党政领导人对民族问题的认识和在具体的民族工作中，都有不少合理的思想和好的做法，也取得了一些成绩，但是过失也很大。从斯大林开始，到赫鲁晓夫，到勃列日涅夫，再到戈尔巴乔夫，苏联历届领导人对民族问题的认识都出现了偏差，犯下了不少给少数民族留下惨痛历史记忆的错误。特别是斯大林时期，错误比较多，赫鲁晓夫、勃列日涅夫两人纠正了斯大林的一些错误，但在民族关系问题上也有不少过失。戈尔巴乔夫更是对苏联民族矛盾恶化甚至联盟解体负有不可推卸的责任。具体来看，苏联领导人对民族问题的认识都犯了脱离本国实际、超越发展阶段的错误。从斯大林到戈尔巴乔夫，都做出了苏联的"民族问题已经解决"、"剥削制度被消灭，民族矛盾也就解决了"等过于激进、盲目的判断。这种不符合实际的判断，不仅成了对历届领导人"祝酒词"式的歌功颂德，而且也把在高度中央集权体制下俄罗斯民族与少数民族之间的矛盾纳入到阶级斗争的轨道。

民族问题解决了吗？

斯大林早在上世纪20、30年代就宣布苏联已经"消灭了产生民族纠纷的社会基础"。他认为"剥削阶级和剥削制度已不存在，苏联各民族在全国经济、政治、文化等各方面都享有平等的权利"。他在1929年撰写的《民族问题和列宁主义》一文中，描绘了苏联未来民族发展和民族融合的图景。但是，斯大林却混淆了民族问题和阶级问题的关系，错误地估计了阶级斗争形势，夸大了民族关系的阶级性质。在30年代搞的"大清洗"运动中，把大量属于人民内部矛盾以及党内存有思想分歧的精英当成敌我矛盾，使很多少数民族干部被错捕错杀。据统计，1933—1938年，苏联对中亚地区曾连续进行了7次大清洗，仅1937年，中亚基层党组织干部中有55.7%、区委干部中有78.8%遭到清洗。卫国战争前后，苏联政府给12个少数民族加上叛国的罪名，对他们进行强行迁徙，涉及440万人，不少人在迁徙途中或新居住地死亡。斯大林搞的"一刀切"农业集体化政策也给少数民族经济社会带来巨大损失，例如，在哈萨克斯坦，1928—1932年间，不仅畜牧业遭受严重破坏，还造成230万居民死亡，90多万人因为不堪忍受饥饿和被强行改变生活方式而迁徙国外。

赫鲁晓夫、勃列日涅夫执政时期，苏联的民族理论在超越发展阶段的错误道路上越走越远。赫鲁晓夫在1961年苏共二十二大的报告中指出,苏联"解决了各民族之间的相互关系问题",已经进入"各民族进一步接近和达到完全一致"的新阶段,"在苏联形成了具有共同特征的、不同民族人们的新的历史性共同体,即苏联人民"。此后,赫鲁晓夫长期以建立"民族共同体"为目的,加速推动"民族融合"进程。70年代,勃列日涅夫公开宣称,苏联已经进入"消灭民族界限"的阶段,民族问题"已经完全、彻底和一劳永逸地解决了"。① 正是在这种错误理论的指导下,苏联长期推行忽视民族关系发展、粉饰和掩盖各种民族矛盾的政策。比如,重走沙俄时期的老路,采取措施限制民族地区的正常宗教活动,压制非俄罗斯民族的不满情绪,阻挠民族地区的经济和文化发展,削弱民族地区的自治权利,用行政命令推广俄语并取代民族语言,以阶级斗争方式将"120万民族主义分子投进监狱"等等。苏联的这种忽视少数民族的特殊性、人为地夸大各民族的共同性、用国家强力维持表面统一,而一旦矛盾掩盖不住,就采用敌我矛盾方式处理的种种做法,造成了大量的民族问题积累和积压下来,失去了最佳处理时机,处置也不得当,结果在少数民族中间形成了不少积怨。

戈尔巴乔夫上台后,仍不了解苏联民族问题的复杂性和严重性,只注意苏联经济和政治方面存在的问题,而在民族问题上,没有对长期以来苏联存在损害少数民族利益的问题进行认真的、实事求是的反思,仍然老调重谈,在民族政策方面毫无新意。在他主持召开的苏共二十七大通过的《苏联共产党纲领

---

① 中国社会科学院苏东所、国家民族事务委员会政策研究室编译:《苏联民族问题文件选编》,社会科学文献出版社1987年版,第343页。

新修订本》中重申"过去遗留下来的民族问题在苏联已经得到圆满解决"。1987年,他在《改革与新思维》一书中还说,就连世界上最发达的国家也未能摆脱民族间的敌视。苏联是人类文明史上一个"独一无二"的范例。但没料到,不久苏联就发生了众多民族冲突和流血事件、大规模持续不断的游行示威、集会罢工等。戈尔巴乔夫对民族问题的处理也比较草率,他上任后对民族干部的培养和选拔没有给予足够的重视,甚至削减了民族干部的配备职数。比如,在调整民族地区干部时,没有充分考虑民族因素的复杂性、敏感性,轻易改变了延续几十年的各共和国中央第一书记由当地民族人士担任的这一传统做法,派俄罗斯人科尔宾出任哈萨克斯坦党中央第一书记,导致1986年12月发生了轰动一时的"阿拉木图事件",揭开了民族动乱的第一页。戈尔巴乔夫对民族分裂主义也缺乏警惕。他倡导"民主化"和"公开性"原则,允许苏联社会各界发表不同意见,为一些政治立场各异的党派、团体和运动的建立开了绿灯。这些组织在"多元"、"民主"、"开放"的氛围下,大搞民族分裂活动,肆意点燃民族矛盾和冲突的战火,而戈尔巴乔夫没有及时地将这些分裂和冲突的苗头"扼杀在摇篮里"。1989—1990年,在苏联15个加盟共和国中的14个都存在着民族冲突,从波罗的海三国发起的民族分离运动不断蔓延扩大至其他民族共和国。他在1988年召开的苏共第十九次代表会议上承认,在处理民族关系方面"有过失误"、"犯过错误"。在1990年召开的苏共二十八大的报告中,他也表示,"我们没有及时意识到民族问题的意义,没有及时地看到这期间所包含的危险性",当严重的民族问题出现时,"我们对发生的一切毫无准备"。而当他宣布搞政治多元化和取消苏共在全国的领导地位,砍断了苏共这个维系苏联各民族团结和各共和国联盟的唯一的权力纽带后,苏联最终在各民族共和国独立的浪潮中寿终正寝。这也印证了美国学者康奎斯在1986年出版的《最后的帝国》一书中所指出的,"如果苏联再出现1917年那样的权力真空,苏联就会像帝俄一样迅速解体。"

作为世界上第一个社会主义国家,苏联在民族理论、民族政策的制度设计以及解决民族问题的实践方面,具有广泛的示范效应。中国在解决民族问题的过程中,学习和借鉴苏联的民族政策,并不奇怪。但是,这不等于中国看不到苏联在处理民族问题方面存在的弊端。毛泽东在1956年发表的《论十大关系》的著作中就曾经指出:"在苏联,俄罗斯民族同少数民族的关系很不正常,我们应当接受这个教训。"① 当然,认识到苏联的问题和教训,并不意味着中国在探索自己的发展道路上能够完全避免犯相同或者相类似的错误。尤其是在西方国家的压力、社会主义阵营裂变、中苏关系交恶的背景下,中国也曾经出现了对国内总体形势判断的失误,在民族问题上作出了不符合国情、脱离社会发展阶段的错误判断。但是,中国与苏联的最大不同之处在于中国善于总结经验、改正错误,不断修正和完善民族政策。在苏联领导人执迷不悟的时候,中国领导人清醒地看到了问题的症结,多次强调制定民族政策和处理民族问题,一定不能脱离国情,不能超越社会发展的客观实际。所以说,如何从本国的历史和现实国情出发,选择一条正确、合理的解

---

① 《毛泽东文集》第七卷,人民出版社1999年版,第34页。

决民族问题之路，这对制定民族政策和处理民族问题来说是最为关键的，也是最根本的。在这个方面，苏联领导人脱离了实际、脱离了国情，在错误的道路上越走越远；中国却没有因为错误的实践去否定一切，而是不断地调整和完善民族政策。正是因为中国和苏联在解决民族问题方面所走的路线不同，处理问题的态度和方法不同，产生的结果也就截然不同：苏联民族分裂、国家解体；中国各族人民空前团结、国家安定。

民族问题的实质是阶级问题吗？

新中国成立前后，中国共产党对民族问题的长期性、复杂性、重要性就有普遍的认识。一是历史上形成的各民族在语言文字、风俗习惯和宗教信仰等方面的差异长期存在。二是历史上遗留下来的各民族间在经济和文化方面事实上的不平等现象还存在。三是在国内经济社会建设中，各民族间在局部利益方面产生的摩擦和矛盾也不可避免。根据上述这些认识，中国从自己的国情出发，学习借鉴苏联的成功经验、吸取苏联的教训，在建国前夕（1949年6月）召开的中国人民政治协商会议及其通过的《共同纲领》中，就对中国成立后的民族政策作了明确规定，即民族平等、民族团结、民族区域自治、尊重民族差异和促进各民族共同繁荣。在《共同纲领》原则指导下，中国在建国初期为解决民族问题作了大量工作，取得了巨大成就：通过在汉族和少数民族之间互派访问团、解决少数民族群众生产生活的实际困难、大力培养少数民族干部等方式，打破历史造成的民族隔阂，增进了民族之间的信任和团结；通过开展民族识别、确认民族成分，建立民族自治地方等，帮助少数民族实现平等权利和自治权利；根据"慎重稳进"的方针，因地制宜地开展民族地区的民主改革和社会主义改造；支持和帮助少数民族地区发展生产，优先开展基础设施建设和发展农牧业经济等。

但是，从 1957 年开始，由于中国的治国路线出现"左"的失误，在民族工作方面也开始产生"左"的倾向。中国在民族问题上犯了和苏联类似的错误。在"大跃进"举国"冒进"的形势下，随着"共产风"的泛滥，也刮起了"民族融合风"，为了追求所谓的"一大二公三纯"，忽视少数民族的经济、文化和社会特点，超越了少数民族地区经济发展的阶段，造成了严重的民族矛盾和消极后果。"文化大革命"期间，更是把"左"倾路线推向了极端，坚持一切工作都要"以阶级斗争为纲"、强调"民族问题的实质就是阶级问题"①，破坏国家的民族政策，人为制造和扩大阶级斗争，给少数民族工作造成了严重灾难，大大伤害了少数民族的感情，迟滞了少数民族地区经济社会的发展。

十一届三中全会后，中国开始实现了民族工作的拨乱反正。1979 年 4 月，在中共中央召开全国边防工作会议的报告中，针对"文化大革命"对民族工作的冲击和破坏，重申了建国初期一系列被实践证明是正确的民族政策，强调了"民族问题长期存在的观点"，认为"在整个社会主义阶段，民族工作的任务繁重而艰巨，必须高度重视民族问题，认真贯彻执行党的民族政

---

① 马维良：《民族问题与阶级斗争的关系》，《民族研究》1980 年第 3 期。

策,切实尊重少数民族的平等权利和自治权利"①。同年6月,邓小平发表我国各民族经过民主改革和社会主义改造,结成了团结友爱、互助合作的新型民族关系的论断,为加快民族工作指导思想的拨乱反正提供了理论基础。1981年6月,中共十一届六中全会通过《关于建国以来党的若干历史问题的决议》,进一步指出:"在民族问题上,过去,特别是在'文化大革命'中,我们犯过把阶级斗争扩大化的严重错误,伤害了许多少数民族干部和群众。在工作中,对少数民族自治权利尊重不够。这个教训一定要认真记取。"否定"文革"时期"民族问题实质是阶级问题"的错误理论,标志着中国民族工作的根本指导思想实现了拨乱反正。

根据国际国内正反两方面的经验教训,江泽民在1992年1月召开的中央民族工作会议上指出:"我们必须从振兴中华民族的高度,从巩固和发展我国社会主义事业的高度,充分认识民族工作的长期性、复杂性和重要性。"② 关于民族问题的长期性,他指出:"只要有民族存在,就有民族问题存在","民族的产生、发展和消亡是一个漫长的历史过程,民族问题将长期存在"。③关于民族问题的重要性,他指出:"在社会历史发展的长河中,民族问题对过去、现在和未来社会,都具有重大的影响。"④胡锦涛在2005年召开的中央民族工作会议上指出:"马克思主义认为,民族是一个历史范畴,民族问题是一种社会现象。民族问题与民族的存在相伴生,只要有民族和民族差别存

---

① 国家民族事务委员会政策研究室编:《新中国民族工作十讲》,民族出版社2006年版,第363页。

②③④ 《江泽民文选》第一卷,人民出版社2006年版,第181-183页。

在，就有民族问题存在。在社会主义制度下，各族人民实现了各民族政治上的平等，各民族共同繁荣发展具备了根本政治条件，各族人民的根本利益是一致的。随着我国经济、政治、文化和社会的发展，各民族相互学习、相互影响、相互帮助，共同因素会不断增多，但民族特点和民族差异、各民族在经济文化发展上的差距将长期存在。对此，我们要有充分的认识"，强调"在建设中国特色社会主义的全过程中，我们始终要充分认识做好民族工作的重要性和紧迫性，进一步增强做好民族工作的责任感和使命感"。①

三、民族优越还是民族平等？

民族平等是多民族国家解决民族问题的基本原则之一，也是这些国家民族政策所追求的最重要的价值目标。无论是中国，还是苏联，自立国起都把民族平等作为解决本国民族问题的根本原则，并且列进了有关民族问题的所有法律和政策文件中。但在实际工作中做得如何呢？是否言必行、行必果呢？

大民族主义不可取

苏联在追求民族平等的道路上有着曲折的历程，主要障碍是自沙俄以来在俄罗斯一直盛行的"大俄罗斯民族主义"。大俄罗斯主义之所以在沙俄时期极为猖獗，一方面是由于俄罗斯人占据了国内人口的多数，更主要的是由于在沙俄扩张过程中对

---

① 《人民日报》，2005年5月27日。

被征服的少数民族存在着严重的民族歧视和民族压迫。列宁始终认为大俄罗斯沙文主义是妨碍实现各民族平等和加强民族团结的主要危险。他在1914年《论民族自决权》一文中写道：俄国无产阶级负有双重任务，"一方面要反对一切民族主义，首先要反对大俄罗斯民族主义；不仅要一般地承认民族完全平等，而且要承认建立国家方面的平等，即承认民族自决权、民族分离权；另一方面，为了同一切民族的民族主义进行有效的斗争……必须使无产阶级组织紧密地结成一个跨民族的共同体"[1]。在后来召开的俄共（布）十二大的报告中，明确将反对大俄罗斯主义作为党的"第一要务"，指出："应该懂得，如果听任大俄罗斯沙文主义这种力量蓬勃发展，猖獗横行，我们就得不到过去被压迫民族的任何信任，就不能在统一的联盟内建立起任何合作，也就没有任何共和国联盟，这就是阻碍各民族和各共和国联合成统一联盟的第一个因素，也是最危险的因素。"[2] 为了帮助过去受压迫民族的劳动群众达到事实上平等，列宁还制定了相应的政策举措。如在政治上提高少数民族的地位，培养民族干部；在经济上大力支援民族地区，努力改变沙俄时期遗留下来的殖民地经济状态；在文化上提倡使用本民族语言，大力发展民族教育，提高少数民族的文化素质等。由于列宁过早去世，中断了这些民族政策的实施。

列宁之后的领导人，虽然名义上提倡"民族平等"，实际上却在政治、经济、文化等领域推行"大俄罗斯主义至上"的政策。斯大林对此曾毫不讳言地说："在多民族国家里，某些民族

---

[1] 《列宁全集》第二十五卷，人民出版社1988年版，第284–285页。
[2] 《斯大林全集》第五卷，人民出版社1957年版，第212页。

由于历史的原因而造成经济、文化发展落后,不能和先进民族同样享受法律赋予的各项权利。"这样,自30年代以来,推行大俄罗斯沙文主义至上、同时反对地方民族主义的政策随处可见。如苏联领导人高调宣扬俄罗斯是"老大哥",是"苏联各民族中最优秀的民族",强调俄罗斯对非俄罗斯民族的"无私援助和贡献",甚至曲解历史,把沙俄当年的侵略扩张说成是"进步",是应少数民族的"请求",把扩张有功的俄军将领奉为"英雄",而不许少数民族歌颂本民族的英雄,否则就贴上"地方民族主义"的标签。在对待少数民族语言文字上,推行俄语至上的政策。如苏联曾将中亚、高加索地区乃至伏尔加河流域的少数民族文字改成拉丁字母,后又把拉丁字母改成基里尔字母。接着,又规定俄语为各民族的第二语言,予以强制性地推行。在阿塞拜疆,甚至不允许用本民族文字出版文学作品。在滨海边疆区,有20多万朝鲜族人由于学俄语、与俄族人通婚,40岁以下的几乎没有懂朝语的。经济上,俄罗斯也自居于执牛耳的联盟"盟主"地位,在物资调拨、资源利用、易货价格、劳务分配等方面不顾其他共和国的利益,造成中亚、外高加索地区及摩尔多瓦等共和国经济结构单一、经济发展畸形,人均国民生产总值和消费水平都明显低于全苏平均水平。而大俄罗斯民族主义急剧膨胀,反过来又刺激了地方民族主义的滋长,加上历史的原因,各非俄罗斯民族对俄罗斯人抱有很深的怨恨和猜忌心理,以至于民族独立或民族分离的倾向在苏联长期存在。到了戈尔巴乔夫执政时期,一些民族主义组织在取得了合法地位以后,便利用"公开性"和"民主化"大搞民族分裂活动,从而为联盟敲响了丧钟。

"三个离不开"

中国在追求民族平等的道路上及时吸取了苏联的教训，坚决反对各种形式的民族主义，主张民族平等、民族团结。毛泽东在新中国成立之初就讲："国家的统一，人民的团结，国内各民族的团结，这是我们的事业必定要胜利的基本保证。"1957年2月，毛泽东在《正确处理人民内部矛盾的问题》的文章中，对反对两个民族主义做了清晰的表述。他说："我国少数民族人口少，但是居住地区广大。汉族和少数民族的关系一定要搞好。这个问题的关键是克服大汉族主义。在存在有地方民族主义的少数民族中间，则应当同时克服地方民族主义。无论是大汉族主义或者地方民族主义，都不利于各族人民的团结，这是应当克服的一种人民内部的矛盾。"[①] 1957年8月，周恩来在青岛民族工作座谈会上说：在各民族相处中，"汉族一定要自觉，遇事应多责备自己，要严于责己，宽于待人。这样少数民族也就会跟着汉族的样子做，各个民族就会真正自愿地合起来"。他还说，汉族对少数民族要讲"还债"，讲"赔不是"[②]。民族工作拨乱反正后，1979年6月，邓小平在全国政协五届二次会议开幕式上指出："我国各兄弟民族经过民主改革和社会主义改造，早已陆续走上社会主义道路，结成了社会主义的团结友爱、互助合作的新型民族关系。"在这个过程中，"汉族离不开少数民族，少数民族离不开汉族"[③]（即"两个离不开"思想）。江泽

---

① 《毛泽东文集》第七卷，人民出版社1999年版，第227页。
②③ 国家民族事务委员会政策研究室编：《中国共产党主要领导人论民族问题》，民族出版社1994年版，第164、200页。

第六章 从民族优越到民族平等

民1990年9月在新疆考察时，对"两个离不开"思想进行了补充，提出了"三个离不开"，即"汉族离不开少数民族，少数民族离不开汉族，少数民族之间也相互离不开"①。进入新世纪新阶段，面对国际国内形势发生的复杂变化，胡锦涛2003年3月在参加全国政协十届一次会议时，提出了"各民族共同团结奋斗，共同繁荣发展"（即"两个共同"思想）的民族工作主题。

有了这些民族理论和民族关系思想的指导，中国在制定民族政策和解决民族问题的实践中，既注意克服大汉族主义倾向，同时反对地方民族主义，承认少数民族的自治权，遵照少数民族的风俗习惯，保护少数民族的民族文化。少数民族在管理国家事务方面享有平等的参与权，在历届全国人民代表大会中，少数民族代表占人大代表总人数的比例，均高于同期少数民族人口占全国总人口的比例。如第十一届全国人大常委会161名委员中，有少数民族人士25名，占15.53%。截至2010年底，全部155个民族自治地方的人大常委会中均有当地民族的公民担任主任或副主任。少数民族在国家政治生活中还享有使用和发展本民族语言文字、保持本民族风俗习惯的权利。我国流通的人民币主币除使用汉字之外，还使用了蒙古、藏、维吾尔、壮四种少数民族文字。民族自治地方在执行公务时，都使用当地通用的文字。少数民族的语言文字在广播影视、网络媒体、新闻宣传上，都得到了广泛的应用和发展。少数民族在服饰、饮食、居住、婚姻、礼仪等方面都保持了本民族的风俗习惯。比如，在全国各大城市、少数民族较为集中的地方、机关、学

---

① 国家民族事务委员会政策研究室编：《中国共产党主要领导人论民族问题》，民族出版社1994年版，第238页。

校、企事业单位、医院、交通设施上，清真饮食或清真伙食点随处可见。此外，为了使民族平等、民族团结、少数民族与国家共生共荣的观念深入各族人民心中，我国还把民族平等、民族团结教育带进学校、带进课堂、带进教材，各地方自治政府还广泛开展了"民族团结宣传教育月"活动，如新疆将每年5月、内蒙古将每年9月、吉林延边朝鲜族自治州将每年9月、贵州黔东南苗族侗族自治州将每年7月定为"民族团结月"等。

当然，民族平等并不等于一团和气、没有问题。在我国民族关系形势一片大好之中，还有很多影响社会稳定、民族团结、国家统一和发展大业的不稳定因素。"藏独"、"疆独"分子在西方的怂恿和支持下，从来没有放弃过分裂中国的图谋，拉萨"3·14"事件和乌鲁木齐"7·5"事件的发生，就是例证。此外，在我国实行改革开放的30多年里，特别是西部民族地区深化市场经济改革和推动西部大开发战略的十多年里，我国民族关系和民族地区出现了许多新的复杂的情况和问题。各民族群众之间因为联系越来越密切，他们之间的摩擦和纠纷也时有发生。有的地方，有的时候，个体的事件、普通的民事纠纷、一般的刑事案件，往往因为各种原因酿成严重的后果，引发激烈的冲突，对民族关系的破坏很大，也给当地的稳定和发展带来严重影响。

中国人历来把国家的长治久安、发展繁荣放在极为重要的地位。针对国内外各种势力利用民族问题推动所谓"西藏问题"、"新疆问题"国际化的图谋，中国政府的立场是鲜明的和一贯的："依法打击恐怖势力、民族分裂势力和宗教极端势力对中国的渗透、破坏、颠覆活动。"在处置一般性的影响民族团结和社会稳定的各民族群众之间的摩擦和纠纷事件上，中国则坚持团结、教育、疏导、化解的方针，具体问题具体分析，是什么问题就解决什么问题，避免事态扩大和矛盾激化。近年来，中央和地方各级政府都建立了处理影响民族团结问题的长效机制和应急预案，及时妥善地处置了各种影响民族团结的矛盾纠纷和事件，维护了民族团结和社会大局稳定。

四、自治还是"独立"？

中国和苏联在解决民族问题上采取了不同的制度模式。苏联实行以民族为特征的联邦制，中国实行单一制下的民族区域自治。中国和苏联之所以采取了不同的制度模式，是由两个国家不同的历史发展情况和当时所处的内外环境决定的，但也对民族问题的发展演变产生了不可忽视的重要影响。

扭曲的联邦制

苏联由15个加盟共和国、20个自治共和国、8个自治州和10个民族专区组成。15个加盟共和国都是以主体民族命名的。苏联实行联邦制，可谓是俄国无产阶级革命导师列宁的一大"创造"，其核心是承认"民族自决权"原则。列宁指出："民族自决权即政治上的自由分离权，是政治上同压迫民族自由分离的权利。"[1] 列宁在俄国立国之初，选择这个民族关系治理模式，是有着深刻的历史背景的。历史上看，沙俄时期，俄罗斯

---

[1] 《列宁全集》第二十五卷，人民出版社1988年版，第228页。

民族与少数民族的关系是一种不平等的殖民与被殖民、压迫与被压迫的关系。少数民族长期受沙俄政府和俄罗斯民族的统治，迫切希望获得真正的解放和自由。而在当时苏维埃政权刚刚建立的情况下，俄罗斯、乌克兰、白俄罗斯、格鲁吉亚、亚美尼亚、阿塞拜疆等新独立国家面临着严重的内忧外患，对内是经济危机，对外是强大的帝国主义包围，生存对它们来说是一大挑战。在这种条件下，列宁强调民族自决权原则，承认各民族有分立的权利，你愿意成为独立的共和国也可以，你愿意参加到俄罗斯苏维埃社会主义共和国来也可以，一方面是为了给各个新独立的国家以平等、自由的政治地位，消除俄罗斯民族和其他民族之间长期形成的民族隔阂心理和仇恨情绪；另一方面是为了使这些国家结成联盟，求得生存，以保住新生的苏维埃政权不被"扼杀在摇篮里"。正是由于苏联的成立，一批以社会主义为取向的小国得以生存下来，使社会主义力量得到发展壮大。当然，列宁本人也承认这种联邦制"是各民族由分裂过渡到集中统一的特殊形式"。但是在当时的情况下，以这种特殊的联邦制形式组建苏联顺应了形势发展的需要，有它的合理性和合法性基础。1922年12月30日苏联成立的联盟条约中规定"保证每个共和国有自由自决乃至退出联盟的权利"。此后，在苏联1924年、1936年和1977年的宪法中都保留了这个规定。这个规定的实质是承认"双重主权原则"。根据这个规定，苏联15个加盟共和国既有宪法，也有除军队和外交机构以外的所有国家设置。格鲁吉亚等加盟共和国宪法还明文规定，共和国有自己的"国语"和"主权"。

　　列宁去世后，斯大林及其后的苏联领导人逐渐背离了联邦制原则,开始推行名为联邦制、而实为"单一制"的一套做法。从30年代初开始形成的中央高度集权体制,使联盟中央与加盟共和国的关系更不正常,联邦制只是徒有虚名,苏联的国家体制开始出现变形。这有几个方面的表现:一是联邦制成为苏联国家体制的外包装,实际上是以苏共为纽带推行高度集权体制。在这种体制下,加盟共和国基本丧失了管理内部政治、经济和社会事务的"主权",一切听命于联盟中央,否则就会被扣上地方民族主义的罪名加以清洗。二是中央与地方的权利严重失衡。比如,斯大林时期就严重偏离了列宁设想的"只在军事和外交方面保留联盟"的联邦制,联盟中央不仅集中了军事、外交、交通、邮电、外贸等权,而且规定各共和国的财政、经济、粮食、劳动、监察等各部门也要听从联盟中央的指示。勃列日涅夫时期,共和国部所属企业产值只占共和国产值的6%。共和国能支配的资产数量极其有限,连修建一所普通的学校也要得到联盟中央有关部门的批准。三是联盟中央与加盟共和国存在经济利益冲突。苏联政府在规划和建设中,往往只强调国家整体利益,忽视少数民族和地方利益,对民族地区自然资源进行掠夺性开发,造成民族地区经济呈畸形发展。以中亚五国为例,在苏联高度集权的计划经济体制下,中亚五国仅属于苏联的资源供应地和农畜产品基地,经济结构十分单一,发展方向过于狭窄,人民生活相对贫困。以上的结果必然导致广大少数民族对这种联邦制的性质产生怀疑,正如苏联学者认为,"我们从来没有过一个真正意义上的列宁主义联盟。"土库曼斯坦前总统尼亚佐夫也曾说过:"土库曼斯坦在苏联时期从来都不是苏维埃社会主义共和国中平等的一员。不管对我们下达什么命令,我们都必须完成……土库曼斯坦不能根据自己的倡议独立地解决任何一个问题……在土库曼斯坦谁都不知道销售 700 亿立方米天然气、1500 万吨石油、50 万吨棉花的利润究竟用在何处。而共和国一直在各加盟共和国中处于落后者的行列，我们实际上完全没有正常的经济基础设施，也没有加工工业部门。"[①]

戈尔巴乔夫上台后，在推行一系列激进改革的过程中，触及了联邦制的改革。而这项改革的核心是加盟共和国与联盟中央分权的问题。由于戈尔巴乔夫对改革缺乏深思熟虑，没有对改革后果进行充分预估，最初也只是对少数几个热点地区采取某些临时性安抚措施，没有拿出通盘解决民族问题的办法，所以没能抑制住民族动乱的蔓延。直到 1989 年，戈尔巴乔夫才意识到问题的严重性。他说："如果我们不注意这个现象的巨大危险，如果冲突蔓延，那我们的日子就可能更糟。"当年 9 月，苏共中央通过《党在当前条件下的民族政策》的决议提出，"现实要求必须改革苏维埃联邦制"，决定对加盟共和国简政放权。但是他一厢情愿的想法，没能满足各共和国越来越高的要价，俄罗斯联邦议会更是带头向中央索要内政外交大权，并以有权退出联盟相要挟，其他共和国也一哄而上。在这种情况下，戈尔巴乔夫再次作出让步，推出"主权国家联盟"的设想，联盟退居次要地位。在全民公决并且征得多数加盟共和国同意后，正准备正式签署新联盟条约之际，发生了震惊国内外的"8·19"事件，之后局势急转直下，苏联的命运大势已去。

关于对联邦制的评价，除了上面所谈，还有以下三点：一

[①] （土库曼斯坦）萨·尼亚佐夫著，赵常庆等译：《永久中立　世代安宁》，东方出版社 1996 年版，第 154、155 页。

是从制度本身看，尽管联邦制的产生是苏联建国初期国内外形势发展所需要的，但是这项制度对各共和国加入或退出联盟的规定相当宽松，声称可以"自由"退出，却没有规定相应的条件。这种宽松的规定潜伏着容易引起国家解体的制度性漏洞，所以制度本身还是有一定的局限性的。二是苏联自斯大林之后历代领导人均推行变了形的联邦制，实为高度集权体制，违背了联邦制的基本原则，造成了联盟中央对加盟共和国控制过死，共和国的不满情绪日渐高涨。正是理论上的联邦制与实践中的国家集权化相对立，造成地方民族主义受到压制，才种下了地方民族分离主义的种子。三是戈尔巴乔夫的因素，在共和国出现与中央争权的情况下，中央表现软弱无力，在这种情况下，共和国的政治期望就可能演化为谋求分离的行动，最后的局面可想而知。

民族区域自治

苏联实行以民族自决为核心的联邦制，对中国共产党建党初期探索解决民族问题的发展道路产生过很大甚至很直接的影响。由于中国共产党建党初期的政纲都是在共产国际的指导下制定的，受苏俄模式的影响较多，所以在建党初期，我们承认民族自决权，赞成搞联邦制。但是，受历史和现实国情的影响，中国最终没有照抄照搬苏联"老大哥"的经验，而是在学习借鉴苏联的民族问题治理模式基础上，结合我们自身的实际，创建出了一种新的民族问题治理模式——民族区域自治。因为，从历史上看，我们国家是一个拥有两千多年多民族统一历史的中央集权制国家，这是我国推行民族区域自治的历史基础。从现实情况看，经过数千年的接近、融合，中国各民族分布呈大杂居、小聚居、相互交错居住的状况，一个民族完全聚居在一块儿的很少。除汉族外，也几乎没有哪个民族构成独立的经济单位，民族间相互依存，谁也离不开谁，不存在实行联邦制的条件。同时，我国各民族自然经济资源分布和社会经济发展不平衡，决定了各民族必须"合作互助，不能独立地讲发展"。所以中国不存在搞联邦制的基础。在这个方面，毛泽东早在新民主主义革命时期就阐明了少数民族争取民族解放的斗争与中国革命的前途紧密结合在一起，提出了少数民族与汉族联合建成统一的国家，同时有自己管理本民族事务的权利。正是有了多民族构成的统一国家和各民族应该掌管各自的事务等认识，中国共产党彻底放弃了参照苏联模式建立联邦制国家的构想，作出了建立统一的人民共和国并在少数民族聚居地区实行民族区域自治的历史性选择。在新中国建立前夕召开的中国人民政治协商会议及其通过的《共同纲领》中，在规定按照中国国情建立单一制的统一的多民族国家的同时，规定"各少数民族聚居的地区，应实行民族的区域自治，按照民族聚居的人口多少和区域大小，分别建立各种民族区域自治机关"，在法律上确认了我国实行民族区域自治为解决国内民族问题的基本政策。

新中国成立不久，中国通过民族识别、少数民族社会历史调查和社会形态研究，逐步建立起自治区、自治州、自治县三级民族区域自治体系。1957年，周恩来在青岛召开民族工作座谈会上做的题为《关于我国民族政策的几个问题》报告，谈到中苏两国历史国情和取得政权的不同路径的比较。他指出："历史发展给了我们民族合作的条件，革命运动的发展也给了我们合作的基础。因此，解放后我们采取的是适合我国情况的有利于民族合作的民族区域自治制度。"① 他对中苏两国解决民族问题的制度模式区别作出了结论性的阐述："这不单是名称的不同，制度本身也有一些不同，也就是实质上有一些不同。"② 就制度本身而言，中国的民族区域自治制度与苏联的联邦制有两个突出的不同点：第一，中国的民族区域自治是在中国政府统一领导下的自治，各民族自治地方的自治机关是国家垂直权力体系的一级地方政权，都必须服从中央集中统一的领导。而苏联的联邦制是各加盟共和国本着平等、自愿、民主的原则组成的联盟国家，各加盟共和国和联盟中央均拥有主权，加盟共和国有除了军事和外交方面（这些权利归联盟中央）的一切权利，可以自由退盟。第二，中国的民族区域自治不只是单纯的民族自治或地方自治，而是民族因素与区域因素的结合，每个自治区，少数民族人口都不占主导地位。苏联的联邦制是以民族为特征的联邦制，按各共和国主体民族命名，各命名民族的人口在本共和国内占主导地位，而且多数共和国都有独立建国的历史。根据上面这些不同，我国实行民族区域自治制度，更有利于社会稳定、民族团结、国家统一和发展大业。

20世纪50年代末以后，民族区域自治的实行受到"左"的错误路线干扰。"文化大革命"期间，一些民族自治地方有的被撤销，有的被并入相邻地区。党的十一届三中全会后，又恢复了原来被取消或被合并的民族自治地方，而且新建了一批民族自治地方。据统计，截至2010年底，中国共建立了155个民

---

①② 国家民族事务委员会政策研究室编：《中国共产党主要领导人论民族问题》，民族出版社1994年版，第169、170页。

族自治地方，包括5个自治区、30个自治州、120个自治县（旗）。此外，中国还建立了1100多个民族乡，作为民族区域自治制度的补充。

  与此同时，中国还注重加强民族区域自治的法制化建设。1980年8月，邓小平在中共中央政治局扩大会议上发表《党和国家领导制度的改革》的讲话中提出："要使我们的宪法更加完备、周密、准确，能够切实保证人民真正享有管理国家各级组织和各项企业事业的权力，享有充分的公民权利，要使各民族真正实行民族区域自治。"① 1984年，在总结民族区域自治历史经验的基础上，六届全国人大二次会议审议通过了《民族区域自治法》，以法律的形式把民族区域自治政策固定下来。2001年，根据社会主义市场经济体制建立的实际，中国对民族区域自治法进行了修改。2005年，国务院发布《国务院实施〈中华人民共和国民族区域自治法〉若干规定》，明确规定上级政府支持和帮助民族自治地方的职责。这些对坚持和完善民族区域自治制度，加快少数民族和民族自治地方的发展，发挥着重要的作用。此外，随着我国经济社会的快速发展，我国少数民族人口流动更加频繁，城市化、散居化趋势日益明显。为保障城市和散居地区少数民族的合法权益，国家制定实施《城市民族工作条例》、《民族乡行政工作条例》等法律法规，切实加强对少数民族的服务与管理，重点帮助他们发展生产、改善生活，满足他们在节庆、饮食、丧葬等方面的特殊需要。

  建国60多年来，作为解决中国民族问题的基本原则，民族

---

① 《邓小平文选》第二卷，人民出版社1994年版，第339页。

区域自治制度在不断地发展和完善中。实践证明，实行民族区域自治适合中国的国情。中国实行民族区域自治的成功做法，受到世界上一些国家的关注，被称为处理民族问题的"中国经验"。

五、输血还是造血？

邓小平有个著名的论断："发展才是硬道理。"这是经古今中外无数国家兴衰成败所验证的一个真理。作为世界上最大的两个社会主义国家，中国和苏联自立国起就十分重视本国的经济社会发展。虽然两国都曾经历"左"倾、"冒进"、盲目"超越发展阶段"和"一切以阶级斗争为纲"的动荡年代，也曾经历"计划经济阻碍生产力发展"的迟滞阶段，但是不可否认的是，正因为都重视本国的发展，中国和苏联才在不同的历史阶段成为了"世界第二经济大国"。在对待少数民族和民族地区发展问题上，两国都曾采取了相同的政策——帮助、扶持、加快发展。但是最终，我们成功了，苏联失败了，究其原因，恐怕还要从解决民族问题的三个标准来衡量：是否推动民族地区社会生产力发展，是否提高少数民族生活水平，是否加强民族团结和促进各民族共同发展。

输血型经济的羁绊

苏联自建国起，特别是斯大林执政后，通过发动工业化和农业集体化运动，逐步建立起高度集权的计划经济管理体制。这一制度模式在当时为保证在最短的时间内把有限的力量集中起来，建立起本国的工业和国防基础，巩固偏远的民族地区的苏维埃政权，以应对来自外部的战争威胁和迅速投入战后重建工作，曾发挥过积极作用。据统计，从1926年到1941年，苏联老工业区和民族边疆区之间的人均工业产值差距从38倍缩小到4.1倍，有力地促进了苏联各民族的团结。但是进入50年代，随着苏联经济的制度结构和产业结构稳定下来，经济增长由超常规增长转入常规增长以后，高速增长掩盖的制度弊端就凸现出来。进入60年代后，苏联经济就开始走下坡路，到70年代末，完全陷于停滞。受计划经济体制弊端和领导人改革失误的影响，苏联各民族之间的差距又开始拉大。如在中亚，1970年人均国民收入为全国平均水平的83%，1979年降至75%，1988年下降为66%，到1991年只有全国的53%。

苏联政府在推动民族地区发展的不正确做法主要有以下几个方面：一是高度集权的管理模式，束缚了民族地区发展的活力与后劲，导致少数民族的劳动积极性降低，主观能动性受到压抑。苏联政府通过由它直接主管的联盟部和联盟—共和国部控制了民族共和国的绝大多数企业和资产，共和国丧失了最基本的自主权。1936年宪法规定了联盟—共和国部有权中止或取消加盟共和国相关部门已经批发的命令。各民族地区生产计划的安排、产品的销售完全由中央一手控制，共和国根本无权过问，严重缺乏经济自主权，压制了生产积极性。然而，共和国却要承受中央部门盲目立项投资而带来的移民、失业、环境污染和生态失衡等问题。所以，各共和国并没有从中享受到多大益处。二是不合理的专业化分工和生产力布局，造成一些共和国经济结构畸形，加剧了共和国与中央之间以及共和国之间的矛盾和冲突。苏联政府以"区域分工"和"经济专业化"的名义，限制民族共和国建立自己的经济体系，迫使民族地区搞单一经济，造成民族地区经济部门残缺不全，经济发展不平衡，经济不能独立，对联盟中央的依赖性增加。比如，白俄罗斯主要种植亚麻，乌克兰主要发展煤铁工业，外高加索三国主要提供铜、锰矿石，乌兹别克主要生产棉花，哈萨克主要生产粮食、摩尔多瓦只生产葡萄和蔬菜等等。除俄罗斯联邦外，大多数民族共和国没有形成独立完整的经济体系。而苏联政府在全苏范围内实施"一平二调"政策也没有收到应有的效果，落后地区（中亚和外高地区）常常嫌联盟中央照顾不够，认为自己处于"不平等"的地位；发达共和国（俄罗斯、乌克兰、波罗的海三国）称自己充当了"奶牛"角色，苦了自己，养了别人，各地方都认为自己吃亏。三是苏联经济改革失误，导致产业结构失衡、粗放低效增长方式日益严重，伤及了民族关系。自60年代初期至联盟解体，苏联的国民经济收入和劳动生产率增长的比例除个别年份外一直在走下坡路，这除了有僵化的经济管理体制方面的原因外，还有一个原因就是苏联领导人经济改革的失误。尽管从赫鲁晓夫至戈尔巴乔夫的历任苏联领导人都对高度集权的经济管理体制进行了各种形式的改革，但都没能调整不合理的经济结构和产业结构，加上对当时国际形势的估计有失偏颇，一味地追求与美国和西方的军备竞赛，导致苏联长期推行粗放增长的加速发展战略，忽视了重工业与轻工业和农业协调发展，造成农、轻、重比例严重失调，老百姓饱受商品严重短缺、市场供应紧张、生活水平下降之苦。

当然，苏联在促进民族地区发展方面也取得了一些成绩。第一，苏联民族地区经济得到了一定发展，产业结构发生了一些变化。中亚五国在20世纪六七十年代，工业生产增长速度接近甚至超过了全国的平均水平，工业产值在国民生产总值中所占的比例已经超过50%，已经由过去落后的农牧业地区变成工农业地区。第二，民族地区文化教育事业取得长足进步。各民族共和国基本扫除了文盲，各类教育事业迅速发展。据统计，1984—1985学年，外高加索和中亚8个加盟共和国每万名居民中拥有大学生数已超过英、法、德、意、日等发达国家。第三，少数民族干部队伍基本形成。经过多年努力，苏联各自治地方党政干部队伍基本都由当地民族的公民担任。少数民族地区都已经实现了干部民族化。第四，社会结构发生积极变化。在经济多年高速发展下，苏联民族地区普遍呈现城市化进程加快、工人和脑力劳动者人数大幅增加的情况，从事农牧业的人数明显减少。1979年农民在哈萨克斯坦所占比重仅为6.5%，农牧业人数最多的土库曼斯坦也只占33.4%。然而，这些成绩的取得往往是以破坏民族关系为代价的，而这种发展所带来的积极作用甚至不足以弥补它造成的消极后果，加上苏联领导人一向轻视民族关系中存在的问题、对推行一系列错误的民族理论和民族政策不加反思，导致民族地区经济长期陷于停滞，少数民族的利益受到了损害，民族问题越积越多，民族矛盾越来越尖锐。而戈尔巴乔夫推行激进的政治经济改革，刺激了民族分离主义，苏联最终在民族分离主义浪潮中走向灭亡。

造血型经济的优势

中国历来高度重视民族地区经济社会发展的问题。特别是中共十一届三中全会召开以来，中国民族工作的重心已从过去

"左"的路线转移到了"以经济建设为中心,实现各民族共同富裕"上来。发展经济成为今天的中国解决民族问题的中心任务。在1992年、1999年、2005年连续召开的三次中央民族工作会议中,都把帮助少数民族和民族地区作为解决当代中国民族问题的重中之重。1992年的会议上提出了稳定与发展的关系;1999年的会议上提出了实施"西部大开发"战略,目的是要加快少数民族和民族地区的发展;2005年的会议上出台了《关于进一步加强民族工作加快少数民族和民族地区经济社会发展的决定》和《扶持人口较少民族发展规划》以及《少数民族事业"十一五"规划》、《兴边富民行动"十一五"规划》和《少数民族干部培养规划》三个专项行动规划,对新时期加快少数民族和民族地区的发展进行了详细规划。通过中央接连出台的一系列战略举措,明确了把加快发展作为解决现阶段民族问题的核心,使"毫不动摇地以经济建设为中心,千方百计加快少数民族和民族地区发展"的理念更加深入人心。在国家的支持下,我国5个自治区、30个自治州,已经全部纳入了西部大开发的范围。

在上述方针政策指引下,中国近几十年来,特别是随着市场经济改革的深化以及"西部大开发"战略的实施,少数民族地区坚持把国家帮助、发达地区支援同本地区自力更生结合起来,把国家的优惠政策同发挥自身优势联系起来,经济社会发展取得了巨大成就,人民生活水平有了显著的提高。主要表现在以下几个方面:

(1)经济基础得到巩固,民生得到改善。早在上世纪五六十年代,在国家的大力扶持下,内蒙古、新疆、宁夏等民族地区即兴建了一批重点项目，如内蒙古包头钢铁基地、宁夏青铜峡水电站、新疆的石油勘探。连接云南、贵州、四川、青海、甘肃、内蒙古、新疆、宁夏各地区的主要铁路干线都已经陆续建成。改革开放以来，国家坚持"全国一盘棋"的思想，优先在少数民族地区兴建水利、电力、交通、环保和资源开发项目，还重点建设了"西气东输"、"西电东送"等重大工程，带动了少数民族地区的经济发展。实施西部大开发战略以来，国家为了促进区域发展、缩小地区差距、加强民族团结、维护边疆稳定，对西部民族地区采取了许多照顾措施，包括优先在民族地区安排资源开发和深加工项目、对输出自然资源的民族地区给予一定的利益补偿、引导和鼓励经济较为发达地区的企业到民族地区投资、加大对民族地区的财政投入和金融支持等，支持民族地区发展经济，壮大实力。在国家的大力扶持和帮助下，少数民族地区获得了一些实实在在的利益，如少数民族地区固定资产投资逐年上升，2008年比2000年增长了5倍，年均增长23.7%；少数民族地区的国内生产总值的增速自2008年以来也已超过了全国的增速水平；民族地区经济总量比1952年增长了92.5倍；城镇居民人均收入比1978年增长了30多倍；内蒙古经济发展速度连续7年居全国之首，新疆经济发展速度连续6年保持两位数增长，西藏生产总值比1959年增长65倍。与此同时，国家还加大了对西部地区的扶贫力度，迄今已重点扶持了近300个少数民族贫困县，扶贫范围进一步扩大。我国民族地区的贫困人口已由1985年的4000多万人减少到2008年的770多万人。

（2）少数民族文化获得了广泛发展和传播。在少数民族语言文字方面，民族语言文字是各民族源远流长的历史与文化的产物，是各民族文化的精神血脉。保住了语言，也就保住了本族文化的根。中国55个少数民族中，除回族和满族通用汉语文外，其他53个民族都有本民族语言，有22个民族共使用28种文字，其中壮、布依、苗等12个民族使用的16种文字是由政府帮助创制或改进的。目前，中国少数民族约有6000万人使用本民族语言，占少数民族总人口的60%以上，约有3000万人使用本民族文字。中央和地方电台每天用21种民族语言进行广播。在少数民族教育方面，由于历史原因，我国西部地区少数民族普遍受教育水平低。为了改变这个状况，2005年作出了公共教育资源向中西部民族地区倾斜的决定，同时大幅度改善民族地区办学条件，实行"两免一补"（免杂费、免费提供教科书，补助寄宿生生活）政策；支持民族地区发展高等教育。少数民族群众的整体文化素质明显提高。2000年第五次全国人口普查表明，中国约有朝鲜、满、蒙古、哈萨克等14个少数民族的受教育年限高于全国平均水平。在对待少数民族文化遗产方面，由于多种原因，历史上我国少数民族文化遗产没有得到很好的保护。从上世纪50年代开始，国家开始组织少数民族古籍的整理工作；还派人文领域学科专家深入到少数民族聚居区，搜集流传在民间的传统文化艺术。近年来我国更加关注挖掘、整理、保护少数民族古籍，并组织大批专家、学者调查、编纂和出版少数民族丛书，同时对民族民间文艺资源进行大规模普查、挖掘、抢救整理。经过多方努力，我国在抢救和保护少数民族文化遗产方面取得了不小的进展。在对待少数民族文化艺术方面，由于少数民族文艺人才辈出、作品优秀，国家鼓励发展少数民族文化艺术。我国早在建国初期即建立了由各民族演员组成的国家级的中央民族歌舞团，创作各少数民族歌舞节目，并到全国各地演出。《五朵金花》、《刘三姐》、《阿诗玛》、《冰山上的来客》等一大批少数民族题材的电影早已为中国百姓耳熟能详，蒙古族、藏族、维吾尔族等少数民族歌舞传遍大江南北，产生了广泛影响。

（3）少数民族干部的培养选拔得到广泛重视。少数民族干部和人才是少数民族中的优秀分子。他们熟悉本民族的语言、历史、传统和风俗习惯，熟悉当地政治、经济、文化的特点，是政府联系少数民族群众的重要桥梁和纽带。少数民族干部和人才的状况，是衡量少数民族发展进步的重要标志。长期以来，国家把加强少数民族干部培养，加强在少数民族干部中"选贤任能"，作为促进各民族发展、搞好民族地区工作、解决民族问题的关键。自新世纪以来，国家通过在公务员招录中，对少数民族考生予以适当照顾，保证了少数民族干部在国家公务员队伍中的比例。到目前为止，民族区域自治地方少数民族干部配备均达到一定比例，一大批优秀的少数民族干部走上了各级领导岗位。与此同时，国家还不断加强对少数民族干部的教育培训工作，不仅定期选送少数民族干部到各级党校和各类院校培训学习，还通过实施"西部之光"访问学者培养工作，先后从西部地区选拔上千名西部地区急需的高层次专业技术人才到国内著名高校、科研院所、医疗卫生机构进行学习研修，为西部少数民族地区培养了一批留得住、用得上的高层次专业技术人才。截至2008年，中国少数民族干部已达290多万人，比1978年增长了3倍多。在中央和地方国家权力机关、行政机关、审判机关和检察机关都有相当数量的少数民族干部。目前，在 13 位现任全国人大常委会副委员长中，有少数民族 2 名；在 9 位现任国务院副总理、国务委员中，有少数民族 2 名；在 25 位现任全国政协副主席中，有少数民族 5 名。少数民族干部队伍建设完备，参政比例高，不仅有利于少数民族和民族地区的发展，也有利于我国的民族团结政策能够长久地保持下去。

  苏联解体已经 20 年了，在漫漫历史长河中，20 年犹如弹指一挥间。回想起电影《列宁在1918》，列宁说"面包会有的"，曾经给多少人带来希望……今天，当第一个红色巨人躺倒在历史的记忆中时，古老而又焕发青春的中国巍然屹立在世界东方。56 族中华儿女将以更加自信的姿态、更加崭新的面貌迎接明天的辉煌与挑战！

第七章　从世界革命到世界和谐

当代中国同世界的关系发生了历史性变化,中国的前途命运日益紧密地同世界的前途命运联系在一起。不管国际风云如何变幻,中国政府和人民都将高举和平、发展、合作旗帜,奉行独立自主的和平外交政策,维护国家主权、安全、发展利益,恪守维护世界和平、促进共同发展的外交政策宗旨。①

——胡锦涛

2011年9月6日,中国政府发表《中国的和平发展》白皮书,再次向世界郑重宣告,中国将坚定不移地走和平发展道路,中国倡导并致力于同世界各国一道推动建设持久和平、共同繁荣的和谐世界,绝不搞侵略扩张,永远不争霸、不称霸,绝不做损人利己、以邻为壑的事情。白皮书发表后,英国BBC、印度报业托拉斯等外媒纷纷发表评论,称白皮书有助于国际社会理解中国的国家意志和发展道路,"国际社会不必担心中国崛起",因为中国不会重复一些国家"国强必霸"的老路,不会谋求地区霸权和势力范围,中国的繁荣发展和长治久安对周边邻

---

① 胡锦涛总书记在中国共产党第十七次全国代表大会上的报告,人民出版社2007年版,第47页。

国是机遇而不是威胁。所谓"国强必霸"的国家,就包括曾同样是社会主义国家的苏联。人们不会忘记,苏联以第一个社会主义大国的成就和在世界反法西斯战争中的杰出贡献,赢得了世界人民的尊敬。人们同样不会忘记,在斯大林、赫鲁晓夫、勃列日涅夫等领导下,苏联曾以社会主义各国领袖自居,任意干涉别国内政,在国际事务中推行强权政治和霸权主义,既拖垮了苏联经济,又损害了社会主义形象。人们也不会忘记,戈尔巴乔夫领导下的苏联一味地对西方退让,在西方"和平演变"面前彻底缴枪,加速了苏联垮台。为什么中国和苏联的国际形象如此不同?中苏在外交战略和政策上又有哪些区别?

一、战争与革命还是和平与发展?

把握时代脉搏是一个国家制定正确纲领、路线、方针、政策的主要依据和出发点。列宁指出,只有区别不同时代的基本特征(而不是个别国家历史上的个别情节),我们才能够正确地制定自己的政策。① 对世界大趋势的判断是和平还是战争,这是一个国家制定对外政策的基本前提,也直接影响一个国家执行什么样的国策:是全民动员、准备战争,还是立足于战争可以避免,加强国防,但把主要精力用于和平建设。这两种不同的判断会导致完全不同的对外战略选择。

世界革命

列宁所处时代的国际关系是围绕着战争与革命展开的,战

---

① 《列宁全集》第二十一卷,人民出版社1959年版,第135页。

争与革命是时代的主题。在深刻认识20世纪资本主义特征的基础上,列宁提出社会主义革命总的理论和战略,其精髓就是世界革命。他基于马克思主义关于无产阶级革命世界性的基本观点,指出资本主义已到了最后的阶段,"我们正站在世界无产阶级革命的前夜"①,但后来列宁的看法有所改变。1920年进军波兰的失败让列宁认识到不能武力输出革命。1921年春转入新经济政策以后,列宁强调要搞好本国的社会主义建设,让人民体会到社会主义比资本主义好,通过这种榜样的力量影响世界革命进程。

斯大林执政后,并没有继承列宁世界革命思想的新发展,却不切实际地提出"世界资本主义总危机论"②,认为"资本主义最深刻的危机因素正在欧洲增长着,以后还要不断增长","它永远也不能恢复那种'稳固'和'均势'了","我们面临着新革命事变"。③ 在斯大林看来,资本主义体系已经接近最后的崩溃,苏联作为世界上第一个社会主义国家即将面临与资本主义世界体系的决战。之后,1952年斯大林所著的《苏联社会主义经济问题》以及1957年各国共产党工人党发表的《莫斯科宣言》进一步指出,资本主义世界体系总危机在加深,"资本主义国家间战争的不可避免性是仍然存在的",社会主义在向上发展,而帝国主义却在衰退。

斯大林的上述论断是苏联对外进行扩张的理论根源。战后苏联对时代主题的判断仍然固守列宁时期的"战争与革命论",

---

① 《列宁全集》第三十二卷,人民出版社1985年版,第268页。
② 《斯大林选集》(下卷),人民出版社1979年版,第561页。
③ 《斯大林全集》第十卷,人民出版社1979年版,第243页。

第七章　从世界革命到世界和谐

把和平共处看成是阶级斗争的特殊形式,其原则出发点仍是追求与西方的力量平衡,奉行军事实力政策。苏联作为一个社会主义国家,积极支持社会主义国家在世界上的发展,支持殖民地和半殖民地的民族解放运动,维护世界社会主义和世界工人阶级的利益,高调反对帝国主义的反动政策,客观上为人类的和平进步、为社会主义和共产主义事业的发展、为打击殖民主义势力作出了贡献。与此同时,苏联在对外政策和对外关系方面的大国主义倾向,对社会主义国家关系乃至整个国际社会产生了恶劣影响,到20世纪60年代末70年代初,发展到与美国争夺世界霸权。

赫鲁晓夫时期(1953—1964年),苏共对时代主题的看法有所改变,也修正了斯大林在外交上的一些做法,确立了以"和平共处"、"和平竞赛"、"和平过渡"(简称"三和")为主要内容的外交路线,同以美国为首的西方国家和平相处,力争在和平竞赛中超过美国;强调社会主义国家的一致性,将其他社会主义国家作为自己的势力范围加强控制,并谋求美国认可;在支援民族解放运动的旗号下,加紧对亚非拉地区的渗透扩张,鼓吹和平过渡,走非资本主义道路,努力把这一地区的国家纳入自己的战略轨道。"三和"的基本目标是苏美合作主宰世界,在这一路线指导下,苏联改变了对西方的僵持态度,避免了在实力悬殊的情况下与对手迎头相撞,赢得了和平的国际条件,争取了较快的发展速度。同时,由于赫鲁晓夫在对外政策上的大国主义态度和随意性,苏联与阿尔巴尼亚关系和与中国关系出现破裂,在与西方国家的关系中也频频发生危机。

勃列日涅夫时期(1964—1982年),苏联为达到称霸世界的目的，积极推行"进攻性战略"，加速扩充军事实力，将"和平"和"缓和"作为手段，视美国为主要对手、视欧洲为战略重点，加紧控制盟国，在第三世界抢占战略要地，扩展势力范围。在这一过程中，苏联的大党主义、大国沙文主义和霸权主义表现得淋漓尽致。

与美国争霸和大肆对外扩张，给苏联自身带来了"致命伤"，既拖垮了苏联的经济、军事实力，更损毁了社会主义形象，成为导致苏联衰落直至后来解体的一个重要原因。仅在勃列日涅夫时期，苏联对第三世界的经济援助共计127亿多美元，军事援助总额高达447亿美元。苏联以几乎比石油输出国组织平均价格低40%的成本为古巴提供石油。在近10年的阿富汗战争中，苏联耗费200多亿美元，死伤5万多人。这些做法不仅消耗了苏联的国力，而且加剧了国民经济的军事化，使得苏联本就畸形的经济结构更加畸形，形成了"重工业更重，轻工业更轻"的恶性循环趋势，最终不得不承担后果的还是苏联老百姓。苏联每年把国民收入的20—25%用于军事目的，到1978年，苏联的军费开支已占世界首位。勃列日涅夫自己也承认，如果不是在国防、维护华沙条约组织上支付巨额费用，苏联人民会生活得更体面。

这里再举一个例子。苏联解体后出版的《苏共庭审案》记载了当年苏共中央政治局会议的有关情况，从中可以看出苏联领导层是如何仍死要面子活受罪地维持扩张政策的。1981年10月22日，苏共中央政治局会议讨论三个事项，其中有两项涉及对外援助问题。勃列日涅夫表示，"雅鲁泽尔斯基同志在波兰统一工人党即将召开中央全会前夕向苏联领导提出，在全会和议会支持他的地位，办法是为波兰提供 5 万吨肉。大家都明白，很难再想得出有什么比这个更让我们为难的请求了。"苏联部长会议第一副主席阿尔希波夫发言说："国内肉类供应非常困难，因为饲料不足引起当年牲畜收购计划难以完成，俄罗斯等多个加盟共和国歉收 25 万吨。贸易部长给中央上呈了希望购买 45 万吨肉的请示，我们研究了这个建议，暂时还没有找到这笔资金。而且国内的白糖、植物油供应都很紧张。"会议最后接受了安德罗波夫、契尔年科等人的提议，决定购买 3 万吨肉援助波兰。对于会议研究的另一项内容，即越南就紧急经济援助问题的额外请求，勃列日涅夫也不顾国内严峻的供应形势，责成下属勒紧腰带，向越南提供 15 万吨大米和面粉。

"世界大战可以避免"

不可否认，中国在时代特征以及与之相关的战争与和平、战争与革命的判断上，也走过弯路。新中国成立后，尽管一开始就与美国处于严重的军事对抗状态，还在朝鲜半岛与美国进行了长达三年多的军事较量，但毛泽东对世界局势的总的分析仍然很乐观。1950 年 6 月，毛泽东在朝鲜战争爆发的前夕指出："帝国主义阵营的战争威胁依然存在，第三次世界大战的可能性依然存在。但是，制止战争危险，使第三次世界大战避免爆发的斗争力量发展得很快，……新的世界战争是能够制止的。"[①] 朝鲜战争结束后，毛泽东发表了一系列关于中国要为争取和平的国际环境而努力的讲话，并在 1954 年 8 月提出了需要在一个

---

① 《毛泽东文集》第六卷，人民出版社 1999 年版，第 67 页。

和平的国际环境中进行和平建设的观点。他希望，能与西方国家包括美国一起签订一个和平条约，以保证几十年不打仗。"只要有五十年的和平，我们便可进行十个五年计划。"①

上世纪60年代，毛泽东关于世界形势的看法和对战争与和平的估计发生了较大的变化。引起这种变化的原因主要有两个：一是国内政治向"左"倾斜，主要精力从过去搞经济，转为抓阶级斗争，形成了"无产阶级专政下继续革命"的理论，并对外交思想产生重大影响；二是中国的国际环境发生了重大的变化，主要是中苏关系紧张，后来又发展为对抗，60年代末期两国间发生了边境战争和流血冲突。这就使得过去的"战争危险存在"的思想进一步发展。在这一时期，革命与战争成为毛泽东的中心思想。1972年，他在会见阿尔及利亚领导人时再次重申了战争将会爆发的观点："我看会打仗，总而言之，将来总有一天会要打的。争夺的结果最后可能会武力解决。不要真正相信所谓的永久和平。这个社会制度（指资本主义制度）不改变，战争不可避免，不是相互之间的战争，就是人民起来革命。"② 他在1976年2月23日会见美国前总统尼克松时，也重申了战争不可避免的观点："美国在世界上有利益要保护，苏联要扩张，这个没法子改变。在阶级存在的时代，战争是两个和平之间的现象，战争是政治的继续，也就是说是和平的继续。和平就是政治。"③

根据上述思想，毛泽东为中国制定了革命外交战略，其基本内容就在于支持世界各国人民的革命斗争，通过推动反对帝

---

① 《毛泽东外交文选》，中央文献出版社1994年版，第136页。
②③ 《建国以来毛泽东文稿》第十三册，中央文献出版社1998年版，第380、542页。

第七章 从世界革命到世界和谐

国主义的革命斗争延缓战争的爆发，或通过革命来制止战争、赢得和平。同时，由于感到战争的危险正在迫近，毛泽东在国内又把大规模的备战提到了最重要的地位。1965年4月，邓小平根据毛泽东关于战争形势的分析起草了加强战备的中央文件，指出美帝国主义在越南扩大战争，严重地威胁了我国安全，所以要加强战备，对小打、中打和大打都要做好准备。正是在这一时期，中国全面进行了战备工作，各地大修防空洞和各种备战设施，造成不少浪费和损失。

从上世纪70年代末开始，中国共产党对国际形势的看法发生转折性变化。邓小平在对当时中国所处的国际环境进行新的考察与分析后认为，战争的风险依然存在，但没有以前估计的那么严重。1984年5月29日，邓小平在会见巴西总统菲格雷多时用和平问题与南北问题来概括世界形势，指出"现在世界上问题很多，有两个比较突出。一个是和平问题。二是南北问题"。[①] 邓小平在1985年3月会见日本商工会议所访华团时说："现在世界上真正大的问题，带有全球性的战略问题，一个是和平问题，一个是经济问题或者说发展问题。和平问题是东西问题，发展问题是南北问题。概括起来，就是东西南北四个字。"[②]1986年6月4日，邓小平把他对世界形势的判断做了一个总结："过去我们的观点是，战争是不可避免的，而且是迫在眉睫，我们好多的决策……都是从这个观点出发的。这几年我们仔细地观察了形势……由此得出结论，在较长时间内不发生大规模的世界战争是有可能的，维护世界和平是有希望的。根据

[①②] 《邓小平文选》第三卷，人民出版社1993年版，第56、105页。

对世界大势的这些分析,以及对我们周围环境的分析,我们改变了原来认为战争的危险很迫近的看法。"① 到1989年,邓小平更明确地指出:"现在国际形势趋向缓和,世界大战可以避免。"②

邓小平世界大战打不起来的思想,有四点依据,一是有能力打世界大战的国家只有美国和苏联两个超级大国,但这两个"巨无霸"并没有准备好打仗,战争没有现实威胁;二是现代战争是核战争,一旦打起来必然双方同时毁灭,没有胜利者,美国和苏联都拥有相互毁灭对方的能力,谁也不会先挑起这个零和的游戏;三是全世界人民都强烈反对战争,反战力量与挺战势力的力量对比有利于前者。反对战争的,既有中国、第三世界各国,还包括欧洲、日本,美国人民、苏联人民也不希望发生战争,不支持政府的战争政策;四是新科技革命的迅猛发展也要求把发展经济和科技放在首位。邓小平关于世界大战打不起来的观点和结论,为中国制定正确的路线方针提供了正确的依据。从此以后,国内把工作重心放在经济建设上,国际上则把维护世界和平作为中国对外政策的主要和长期的任务。

冷战结束后,针对国际形势的新变化,江泽民继承和发展邓小平外交思想,准确把握时代特征,科学判断我国所处的历史方位,指出和平与发展仍然是当今世界两大主题,世界要和平,人民要合作,国家要发展,社会要进步,这是时代的潮流。2005年9月,胡锦涛在联合国成立60周年纪念大会上进一步指出,当今世界,和平与发展仍是时代主题,全球总体上保持稳定,但世界还很不太平。要和平、促发展、谋合作是时代的主

---

①② 《邓小平文选》第三卷,人民出版社1993年版,第127、289页。

旋律。世界和平与发展这两大问题还没有得到根本解决。和平是人类社会实现发展目标的根本前提，离开和平，不仅新的建设无以推进，以往的发展成果也会因战乱而毁灭。只有坚持多边主义，才能实现共同安全；只有坚持互利合作，才能实现共同繁荣；只有坚持包容精神，才能实现和谐世界。在党的十七大报告中，胡锦涛再次强调："和平与发展仍然是时代主题，求和平、谋发展、促合作已经成为不可阻挡的时代潮流。"①

全人类利益高于一切吗？

和平与发展被称为是时代的主题，是说和平与发展是一个共同性的目标，是一种大趋势，还不是现实，还需要努力去争取。因此不能简单地把我们所处的时代称作和平发展的时代。苏共在很长的时间内没有看到时代主题从战争与革命向和平与发展的转化，没有及时调整对外政策。戈尔巴乔夫上台后，看到了国际形势发生的变化，但他把趋势当成了现实，把可能性变成了现实性，模糊了人类利益与阶级利益的关系，把自己的战略建立在两种社会制度、两种意识形态对立统一的同一性基础之上。这成了他的"政治新思维"的核心。

戈尔巴乔夫上台后苏联面临着内外交困的局面。在国内，科学技术与发达资本主义国家的差距越拉越大，经济发展陷入困境。在国际上，由于长期推行军备竞赛和霸权扩张政策，遭到许多国家反对，特别是阿富汗战争后，苏联更成为众矢之的，国际处境日益孤立。而美国趁机提出"星球大战"计划，想利

---

① 《人民日报》，2007年10月25日。

用苏联的困难,在军备竞赛中拖垮苏联。美国在地区争夺中奉行的全球进攻战略态势更是咄咄逼人。

在这种情况下,戈尔巴乔夫改变了对战争与和平的看法。一方面,他认为,核武器的出现要求用新的眼光看待战争与革命问题,因为过去革命往往与战争相联系,但核战争的结局只能是共同毁灭。因此,苏共二十七大通过的新党纲删掉了"一旦帝国主义侵略者仍然敢于发动新的世界大战,各国人民就将不再容忍使他们陷入毁灭性战争的制度。他们将消灭和埋葬帝国主义"的论述。戈尔巴乔夫进而将对外政策新思维的核心定为"承认全人类价值观的优先地位,说的更确切些,就是承认人类的生存高于一切"。[①] 出于对现代战争根本认识的转变,他提出了新的安全观,以"普遍安全"(或"相互安全")取代以往的"单方面安全",来确保苏联的国家安全,不再把自己的安全建立在损害别国主权与利益的基础上,承认每个民族都有自己的自决权。他认为,苏联不能通过武力战胜资本主义,核时代以战争作为解决政治问题的手段无异于自杀,保障苏联安全只能通过和平手段。因此,苏联不再追求军事优势,而是争取低水平的战略平衡和足够的防御,强调在当今时代,真正的、对等的安全是以水平越来越低的战略均势来保证的,从中必须完全排除核武器及其他大规模毁灭性武器。

另一方面,戈尔巴乔夫放弃了苏联长期坚持的帝国主义和无产阶级革命的时代观,提出和平共处不再是阶级斗争的一种特殊形式,而是核时代全人类生存的条件。苏共二十七大提出

---

① (俄)米·戈尔巴乔夫著,苏群译:《改革与新思维》,新华出版社1987年版,第184页。

苏联的主要战略目标是保证苏联人民在持久和平和自由的条件下劳动，把和平共处作为苏联绝对遵循的政治方针，认为资本主义和社会主义国家之间的对抗仅仅并且完全通过和平竞争的方式进行。正如曾任苏联驻美国大使长达25年的多勃雷宁所指出的，苏共二十七大改变了苏联外交政策的方向，"将苏联的战略目标变为谋求与西方国家的和平共处，创造有利于国内进行经济建设的和平环境"①。戈尔巴乔夫借口世界发生了巨大变化，片面宣扬当代世界是"一个整体"，形象地说，就是"大家同坐在一条船上，因而应当使自己的举动不导致翻船"。他强调这就是他的"新政治思维的核心"，② 是他观察、处理国际问题，制定苏联对外政策的依据和出发点。

戈尔巴乔夫理论上放弃了苏联奉行的霸权主义，实践中导致苏联放弃了东欧社会主义阵地。但是，他没有从问题的另一面来思考：在美国等西方国家的霸权主义继续存在的条件下，苏联单方面退却，能不能真正解决问题？苏联从传统势力范围撤出后，美国等西方国家会不会填补这个真空？苏联怎么办？这是否威胁苏联的安全？这些问题在苏联解体后直至今日依然困扰着俄罗斯。

现在看来，戈尔巴乔夫的观点不能说完全没有道理，问题是这种看法不符合当时的实际情况。二战后至戈尔巴乔夫上台这三四十年来，世界的政治格局、经济形势和国际关系的确发

---

① （俄）阿·多勃雷宁著，肖敏等译：《信赖》，世界知识出版社1997年版，第679页。
② （俄）米·戈尔巴乔夫著，苏群译：《改革与新思维》，新华出版社1987年版，第184页。

生了巨大的变化。世界由两极向多极化演变，以经济科技为中心的综合国力竞赛代替了军备竞赛，国与国之间的经济文化交流合作空前加强，世界的主题从战争与革命转变为和平与发展。但是，主题的转换并没有也不可能取消世界范围的矛盾和斗争。邓小平指出："要争取和平就必须反对霸权主义，反对强权政治。"为此，必然要经历长期的、艰巨的斗争。社会主义同资本主义两种制度、两类国家的矛盾和斗争，更会长期存在。当代世界的基本矛盾，即社会主义国家同资本主义国家的矛盾，发展中国家同发达资本主义国家的矛盾，发达资本主义国家之间的矛盾以及资本主义国家内部无产阶级同资产阶级的矛盾，都依然存在。这些矛盾错综复杂，互相影响又互相制约，推动着世界形势的变化与发展，决定了各国的利益绝不是一致的。至于鼓吹"全人类利益高于一切"，则更加荒谬。其要害在于离开具体的社会关系抽象地谈论人类的利益，完全背离了马克思主义的阶级斗争观点和阶级分析方法。

事实上，西方帝国主义势力从来就没有放弃颠覆苏维埃国家、消灭苏联社会主义制度的既定目标。在苏维埃政权建立之初，帝国主义曾企图通过武装干涉把新生的社会主义国家扼杀在摇篮里。后来，在武力和武力威胁不能达到目的的情况下，更多地采取和平演变战略，促使苏联从内部悄悄演变。戈尔巴乔夫执政后，它们看到有机可乘，更加紧了和平演变攻势，"努力谋求把苏联融合到国际社会中来"，即"纳入世界资本主义体系"，"从而建立起以西方文明为指导的新世界"（布什语）[1]。

---

[1] 王逸舟主编：《中国学者看世界 国家利益卷2》，新世界出版社2007年版，第35页。

许多西方要人并不讳言他们"援助"苏联的目的——"主要战略利益不在于从经济上挽救莫斯科,而是要摧毁苏联的共产主义制度。"如今,列宁缔造的伟大苏维埃国家的社会主义成果已经丧失殆尽,帝国主义通过大规模侵略战争未能达到的目的,终于通过一场"没有硝烟的战争"实现了。这很自然地给社会主义国家和所有进步人士留下深刻的教训和思考。

二、国家利益还是意识形态至上?

对国家利益最经典的表述当属英国外交大臣帕麦斯顿勋爵1848年3月在英国议会下院所讲的:"我们没有永恒的盟友,我们也没有永恒的敌人。我们的利益是永恒的,追求那些利益是我们的职责。"不过,这里有一个问题,那就是,国家利益中是否包括意识形态呢?国家利益和意识形态是否矛盾呢?对这个问题,不同的人有不同的看法,但有一点是肯定的:意识形态构成了国家利益的重要组成部分,但绝不是国家利益的全部,对外政策不可能不受意识形态影响,但也不能完全受意识形态主导,否则就会把国际关系扭曲为意识形态化。苏共就是在这个问题上犯了"泛意识形态"的错误。

以意识形态划线为哪般?

由于对资本主义存在本能的排斥和错误的认识,长期以来,苏联对外政策中的意识形态色彩极为浓厚,特别是在处理同资本主义国家的政治、经济和外交关系时,更把意识形态凌驾于国家利益之上。对当时的苏共而言,两种制度之间的关系的主调仍是斗争，意识形态从来没有和平共处的可能。在苏联外长葛罗米柯主编的《和平共处——苏联对外政策的列宁主义方针》一书中写道："在资本主义总危机第三阶段的今天，两种意识形态——共产主义的和资产阶级的——斗争空前未有地尖锐了"①。赫鲁晓夫则表示，"决不能把和平共处让步同涉及我们的社会主义制度、我们的意识形态的本质的让步混淆。这里根本谈不上什么让步。如果在意识形态上让步，这将意味着滚到我们的敌人的立场上去。"② 正是从这一观点出发，苏共在内外政策中突出意识形态因素，并高估自身实力，低估资本主义生命力，把争夺第三世界当成与资本主义进行和平竞赛、争取社会主义在全球胜利的重要内容。同时自封为社会主义国家和无产阶级革命的领袖，输出革命，扩大社会主义势力范围，与美国争霸，恶化了苏联与资本主义国家的关系。

戈尔巴乔夫则主张国家关系的非意识形态化，强调"全人类的利益高于一切"③，认为西方国家已不再是苏联的威胁，放弃与东欧国家联盟，抛弃与第三世界的联合，全面改善与西方国家关系。但是，国家关系的非意识形态化并不等同于在国际交往中不再有意识形态的博弈了。实际上，意识形态只不过是实现了"穿越"，化作了国家利益的一个方面。戈尔巴乔夫完全否定意识形态斗争，对资本主义毫不设防，片面理解意识形态

---

① （俄）安·葛罗米柯主编，中国科学语言研究所资料组译：《和平共处——苏联对外政策的列宁主义方针》，三联书店1965年版，第101页。

② （俄）尼·赫鲁晓夫著，陈世民、张志强译：《没有武器的世界——没有战争的世界》第二卷，世界知识出版社1960年版，第337页。

③ （俄）米·戈尔巴乔夫著，苏群译：《改革与新思维》，新华出版社1987年版，第184页。

的作用，实际上是借口国家关系的非意识形态化，损害了苏联的国家利益。在价值观问题上，戈尔巴乔夫放弃无产阶级、社会主义的国际主义，承认全人类价值优先于民族、阶级等价值，但他低估了资本主义意识形态和价值观的影响力。在苏联主动放弃"无产阶级国际主义"的同时，美国却开始在全世界大肆推广民主自由价值观。这是颇具讽刺意味的。

中国共产党在处理国际关系时也一度受意识形态的影响，甚至因此同苏共展开了轰轰烈烈的大论战。1953年3月斯大林去世后，赫鲁晓夫在斯大林的历史功过、从资本主义向社会主义的和平过渡等问题上，提出了与过去不同的看法。中苏两党两国在意识形态上的分歧由此显露出来。到1960年初，中苏两党由原来的表面上保持团结一致、讨论不同意见只在内部进行，转为公开但不指名地论战。从1963年3月到1964年10月，两党进行了公开指名的大论战。以1965年"莫斯科三月会议"为标志，中苏两党关系完全破裂，国际共运分裂。随着中苏论战的深入，两国关系也渐趋恶化。为了使中国回到苏共的"正确"路线上来，赫鲁晓夫采取了政治上围攻、经济上施压的办法，把中苏意识形态分歧扩大到国家关系，两党关系的恶化导致了两国关系的恶化和严重的边界冲突。

邓小平当年亲自参与领导了这场论战，他在反思之后，将当年那场论战明确区分为两个层面。一个是政治领域干涉与反干涉的恩恩怨怨。邓小平评价说，"我们反对老子党，这一点我们是反对得对了"[①]，"1963年我率代表团去莫斯科，会谈破裂。

---

① 《邓小平文选》第三卷，人民出版社1993年版，第237页。

应该说,从 60 年代中期起,我们的关系恶化了,基本上隔断了。这不是指意识形态争论的那些问题,这方面现在我们也不认为自己当时说的都是对的。真正的实质问题是不平等,中国人感到屈辱"①。另一个层面是意识形态领域理论争论的是是非非。邓小平说:"经过二十多年的实践,回过头来看,双方都讲了许多空话。"②他认为,当年中共"自己也犯了点随便指手画脚的错误"③。

全方位发展对外关系

当今的现实是,世界社会主义革命尚不具备条件,资本主义在全世界向社会主义过渡将是一个相当长的历史过程。在资本主义与社会主义长期共存的竞争中,资本主义仍有相当强的生命力和自我修复能力,社会主义需要在实践中不断发展,自我完善,增强竞争能力,以赢得有利地位。事实上,不同意识形态的国家间的竞争与合作都在日益发展。这就告诉我们,国家关系不同于阶级与政党之间的关系,不能以意识形态定亲疏,但也不等于因此就放弃原则。

改革开放以来,我国始终坚持既不把意识形态排除在国家利益之外,又不把意识形态置于国家利益之上的原则。在国际交往中,一方面,我们绝不把自己的社会制度和意识形态强加于人,同样,也绝不允许别的国家将自己的社会制度和意识形态强加于中国。另一方面,我们坚持不以社会制度和意识形态划线,强调社会制度和意识形态的差别不应成为发展国家关系

---

①②③ 《邓小平文选》第三卷,人民出版社 1993 年版,第 294－295、291、237 页。

的障碍。本着这些原则,我们坚持在和平共处五项原则的基础上同所有国家发展友好合作关系。

中国共产党在对外交往中也有过将国家利益和意识形态孰轻孰重相混淆的教训。在国际共运大论战和"文化大革命"期间,中国共产党的对外交往也受到了"左"的思想的严重干扰和冲击,对外交往的范围大大缩小。十一届三中全会以后,中国共产党的国际交往以维护世界和平、谋求共同发展、争取有利的国际和周边环境为宗旨,在指导思想、方针政策、工作对象、交往方式和内容等方面都进行了一系列重大调整。根据邓小平关于党与党之间应建立新型关系的思想,将"独立自主、完全平等、互相尊重、互不干涉内部事务"确立为党际交往的基本原则。中国共产党的国际交往进入了调整、恢复、开拓和发展的新时期。

2011年是中国共产党成立90周年。美国之音电台网站报道中共中央对外联络部在党的生日前夕专门为驻华使节和驻京境外媒体举办开放日的情况,认为中共以开放的姿态同世界各国政党广泛交往,与160多个国家的600多个政党和组织保持着接触和联系,中共在对外交往中不以意识形态划线,主张超越意识形态差异,谋求理解与合作。这则报道也从一个侧面说明,中国共产党超越意识形态发展对外关系的努力日益获得理解和认可。

冷战思维的阴影

东欧剧变,华约集团解散,苏联解体,以美苏争夺世界霸权为主要标志的冷战结束了,但是,冷战思维和意识形态领域的斗争是不是也就此灰飞烟灭了呢？

我们看到的事实是，美国依然在追求着自己统治世界的目标不放，它利用硬实力、软实力或所谓"巧实力"等种种手段，通过散播冷战思维，继续在意识形态领域展开无硝烟的战争，标榜"向全世界推广民主价值观"，增强美国式民主的感染力，对与其不同的文明形态和社会制度实行像对待当年苏东国家一样的"和平演变"。在诸如颜色革命、在东欧部署反导系统、积极插手与中国有关的争端等一系列事件中，都显现出美国等西方国家针对俄罗斯及中国展开意识形态斗争的意图。

在 2003 年 11 月格鲁吉亚"玫瑰革命"、2004 年 12 月乌克兰"橙色革命"和 2005 年 3 月吉尔吉斯斯坦"郁金香革命"中，各国反对派纷纷"逼宫"，当政的领导人被推翻，这其中固然有三国当权者施政缺乏民主、民生得不到改善、腐败盛行等原因，但美国等西方国家对颜色革命的推波助澜作用也难脱干系。表面上，美国是在帮助这些后社会主义国家向民主政治转变，但实质上是在这些国家培植亲美势力，力图从战略上彻底孤立俄罗斯。在吉尔吉斯斯坦，美国趁该国脱离苏联后在意识形态上陷入"真空"之际，有计划、有目的地加紧文化和意识形态渗透。一方面把现政权妖魔化，煽动百姓的不满情绪，另一方面通过舆论宣传和人员交往，美化美式民主和自由价值观。美国政府的重点是投巨资培植亲美势力，对占人口比重大的青年人进行渗透。通过各种青年学者交换计划等为吉年轻一代"洗脑"，使他们的思想去俄罗斯化，逐步形成西方民主价值观。美国兰德公司的一份战略研究报告说，这些受过美国文化熏陶的留学生回国后"威力远胜过派几十万军队过去"。在上述三国的颜色革命过程中，恰恰是这些青年成为政治动员的首选对象，起先锋模范和冲锋陷阵作用的也正是这些青年构成的各色团体和组织。

西方国家推崇的价值观和意识形态靠什么传播？很大程度上依赖掌握在其手中的媒体。随着经济全球化的日益发展，美国等一些西方国家的文化霸权也日益增强，默多克等媒体帝国凭借强大的资本优势源源不断地制造着新闻、电影、电视节目、音乐等媒介，不但赚取了高额利润，更将西方文化价值观灌输到了发展中国家和地区。

三、独立自主还是结盟？

人际关系中有亲疏远近之分，国际关系中也有亲疏远近之别，这是再正常不过的事情了。但当这种关系变成一方与另一方的对立、对抗甚至战争，就显得不正常了，也不符合世界潮流的发展了。

结盟面面观

苏共在对外政策上的基本逻辑是，要巩固和发展社会主义，就要消灭资本主义，就要开展世界革命，为此就要把社会主义联合起来，集结在自己的旗帜下，形成针对帝国主义的联盟。在这个联盟中，谁要有异心，就要对谁进行惩戒。在资强社弱的情况下，面对资本主义各种形式的围追堵截，社会主义国家结成一定形式的联盟是必要的，也符合马克思主义无产阶级国际主义精神，但一旦这种结盟成为苏联控制其他社会主义国家的工具，问题就来了。

苏联控制社会主义国家的形式包括三种，一是从理论上提出"社会主义大家庭"论。依照这个理论，苏联有权对东欧国家的内部事务进行干涉，东欧国家对苏联而言只是一个主权有限的国家，苏联可以借口保卫社会主义大家庭的集体利益而对其他国家进行侵略和军事占领，就像在1968年对捷克斯洛伐克那样。二是从军事政治上，主要依靠华沙条约组织。这一组织是由多国参加的军事政治联盟，针对美西方以及北大西洋公约组织而建立，实际上也是苏联控制东欧国家的工具。三是从经济上，主要借助于1949年1月建立的经济互助委员会。经互会原是苏联及东欧国家为了对抗资本主义国家的经济封锁而建立的社会主义国家间的国际经济一体化组织，目的在于实行平等互利的经济合作。但是，由于苏联推行霸权主义，经互会的性质也发生了变化。其特点是强调生产方面的结合，贸易处于从属地位，提倡实行"国际分工"、"生产专业化"，实际上是要把东欧参与国变成经济片面发展的苏联附属国。可见，经互会不只是一个经济一体化组织，也是一个政治一体化组织。通过上述三种形式，苏联从政治、经济、军事和外交上对东欧社会主义国家进行严格控制。

有控制就有反控制。苏联要求东欧社会主义国家完全听从苏联的指挥，并按照苏联的指示发展本国经济、处理本国事务，这就不可避免地引起苏联和东欧各国的矛盾。社会主义阵营内部的矛盾一开始是围绕经济问题的，随后逐渐演变成政治问题。斯大林时期，苏联的大国沙文主义、"老子党"倾向已露端倪，苏联与南斯拉夫的冲突就是世人皆知的例子。

到了赫鲁晓夫时期，苏联大国沙文主义有增无减。1956年接连发生了波兹南事件和匈牙利事件。苏联干涉波兰、匈牙利等国内部事务，要求它们的内政和外交都要服从于苏联的路线和战略。这种行径必然遭到这些国家的反对，导致相互关系很是紧张。后来苏联虽一度调整了同社会主义国家的关系，但并没有从根本上纠正自己的错误，很快又加强了对这些国家的控制，双方控制与反控制的斗争更趋尖锐。60年代初，苏联与阿尔巴尼亚断绝关系，苏中关系也急剧恶化，社会主义阵营已经显见裂痕。

1964年勃列日涅夫上台后，不仅继承了前任的大国沙文主义，而且进一步恶性膨胀，极力推行霸权主义战略。1968年8月，苏联纠集华约集团几个国家的数十万大军，出兵捷克斯洛伐克镇压改革，这就是所谓"布拉格之春"。1969年3月，苏联出兵入侵中国的珍宝岛，造成流血事件。同年8月，苏联又兵犯中国新疆铁列克提，打死打伤中国边防军民多人。中苏两个社会主义大国关系的破裂，宣告了社会主义阵营的破裂。

苏联的宣传机器虽然也说，各国都有权按照自己的意愿来选择社会制度、组建政府，但这只是相对于社会主义阵营以外的国家而言，当东德、匈牙利、波兰等社会主义国家发生危机时，苏联并不肯让那里的人们自己决定自己的命运，而是进行干涉，甚至直接出兵。东欧各国的改革多因此而告失败，东欧各国人民也因此加深了对苏联的不满和对社会主义的失望。苏联一朝衰弱，东欧便迅速改弦更张，离它而去。

中国在执行独立自主的外交政策的过程中，也有过一段结盟和准结盟的时期。建国之初，由于西方的封锁围堵，我们实行"一边倒"外交政策，与苏联和社会主义国家建交并发展合作关系，以1950年签订的《中苏友好同盟互助条约》为标志与苏联结盟。星移斗转，到了20世纪60—70年代，我国根据当时新的国际环境调整了外交战略，将苏联视为主要威胁，决定同美国联合，实行联美抗苏的"一条线"战略。

尽管中国并未因与苏联结盟以及后来联美抗苏而丧失独立自主的立场，但中国的外交回旋空间毕竟受到了一定限制。"一边倒"战略是以对苏联友好划线，凡是与苏联友好的，中国就与其保持友好关系，而与苏联处于敌对状态的，中国要与其发展关系就有一个看苏联态度的问题。同样，"一条线"战略突出了中国与苏联东欧集团的敌对关系。中国与美国一起反对苏联的霸权政策，一方面不利于中国反对美国的霸权政策，另一方面也不利于中国与苏联改善关系。这样，无论结盟还是准结盟，无论是"一边倒"还是"一条线"，中国在某种程度上都分别处在一个从属或半从属的地位，中国的独立自主在客观上不能不受到一定的限制。

独立自主与结伴同行

在新中国诞生之前的100多年里，中国人割地赔款，尝尽了落后挨打和不独立、无自主的屈辱。"中国的反动分子在外交上一贯是神经衰弱怕帝国主义的。清朝的西太后、北洋政府的袁世凯、国民党的蒋介石，哪一个不是跪在地上办外交的呢？中国100年来的外交史是一部屈辱的外交史。"[1]——周恩来曾

---

[1] 《周恩来外交文选》，中央文献出版社1990年版，第5页。

义愤填膺地总结那段不堪回首的往事。中华人民共和国成立后，一个独立自主的崭新中国巍然屹立在世界东方，站起来的中国人才真正开始以平等的身份登上世界舞台，逐步走向外交的辉煌。

第二次世界大战以后，世界形势发生深刻变化。以苏联为首的社会主义阵营和以美国为首的资本主义阵营之间的对立和激烈斗争，成为国际关系最突出的特点。在这样的国际形势下，新中国诞生了。毛泽东向全世界宣布，中华人民共和国中央人民政府是中国唯一合法政府，凡愿遵守平等、互利及互相尊重领土主权等项原则的任何外国政府，新中国都愿与其建立外交关系。他形象地把新中国的外交政策概括为"另起炉灶"、"打扫干净屋子再请客"和"一边倒"三大方针。

"另起炉灶"就是不承认国民政府建立的一切旧的屈辱的外交关系，而要在新的基础上同各国另行建立新的平等外交关系；

"打扫干净屋子再请客"就是清除帝国主义在中国的残余势力，取缔帝国主义在华的一切特权，巩固新中国的独立和主权，为与世界各国建立平等互利的外交关系奠定基础；

"一边倒"就是中国政府在外交上坚定地站在社会主义阵营一边，使新中国在保障人民革命胜利成果、捍卫和平以及维护独立与主权的斗争中，不致处于孤立地位。

三大外交方针总体上体现了独立自主的精神，为建国后开创新型外交指明了方向。落实这些方针有利于对内肃清帝国主义的残余在华势力及其盘根错节的影响，对外树立严格建交规范的形象，彻底划清与旧中国外交的界限，同时解决当时最紧急的现实问题，即打破敌对势力的封锁和禁运，防止外国干涉，从而为新中国百废待兴的建设事业创造了有利条件。

新中国积极开展外交活动的时候，美国和一些资本主义国家对中国采取政治上不承认、经济上封锁禁运、军事上包围威胁的政策，企图把新中国扼杀在摇篮里。但是，新中国冲破了美国的孤立外交，在建国后的第一年里就同苏联等17个国家正式建立了外交关系，并在这一过程中提出了和平共处五项原则的重要主张。

1953年12月31日，周恩来在接见印度代表团时，第一次提出了和平共处五项原则，即"互相尊重主权和领土完整、互不侵犯、互不干涉内政、平等互利和和平共处"[①]。第二年，周恩来访问印度和缅甸时，又分别与两国总理发表联合声明，一致同意以和平共处五项原则作为指导中印、中缅关系的基本原则。之后，通过出席日内瓦会议和万隆会议，新中国开始步入世界外交舞台，充分展示了新中国外交爱好和平、反对帝国主义和殖民主义、支持被压迫民族争取独立解放的鲜明特点，提高了新中国的国际声誉。和平共处五项原则也在国际上产生深远影响，成为解决国与国之间问题的基本准则。

20世纪70年代，随着中国国际地位的日益提高，越来越多的国家，特别是广大发展中国家，支持恢复中国在联合国的合法席位。1971年10月25日，第26届联合国代表大会以压倒多数，通过阿尔巴尼亚、阿尔及利亚等23国提案，恢复中华人民共和国在联合国的一切合法权利，包括安理会常任理事国席位，并将国民党集团的代表从联合国驱逐出去。这是新中国外交取

---

① 《周恩来选集》（下卷），人民出版社1984年版，第118页。

得的重大胜利。

邓小平在新形势下继承和发展了毛泽东和周恩来的外交战略,并进行了反思和调整。1984年5月,他把中国对外政策概括成独立自主外交,指出"中国的对外政策是独立自主的",这一政策与过去相比,最大的区别就在于它是"真正的不结盟"。它是相对于过去在50年代与苏联结盟的"一边倒"外交战略及70年代初与美国实际上准结盟的"一条线"外交战略而言的。邓小平为此特别强调,这个独立自主外交战略表明,"中国不打美国牌,也不打苏联牌,中国也不允许别人打中国牌"①,其目标是争取世界和平,并为中国创造一个和平的环境,使中国能"一心一意搞现代化建设,发展自己的国家,建设具有中国特色的社会主义"。1985年6月,邓小平在谈到中国外交战略的重大转变时指出:"过去有一段时间,针对苏联霸权主义的威胁,我们搞了'一条线'战略,就是从日本到欧洲一直到美国这样的'一条线'。现在我们改变了这个战略,这是一个重大的转变。"邓小平还更加明确地宣布:"我们奉行独立自主的正确的外交路线和对外政策。"他所说的不结盟外交战略,指的就是"四不一全":不结盟,不孤立,不对抗,不针对第三国,进行全方位的外交活动。

坚持独立自主的和平外交政策,就是要把国家主权和安全放在第一位,坚决维护国家利益,坚持自己选择的社会制度和发展道路,不允许外部势力干涉中国内政;就是坚持在和平共处五项原则基础上,同所有国家发展友好合作,不同任何国家

---

① 《邓小平文选》第三卷,人民出版社1993年版,第57页。

和国家集团结盟，不以社会制度和意识形态异同决定国家关系的亲疏；就是尊重各国人民自主选择社会制度和发展道路的权利，不干涉别国内部事务，反对以大欺小、以强凌弱，反对霸权主义和强权政治；就是坚持通过求同存异、对话协商解决矛盾分歧，不把自己的意志强加于人；就是坚持从中国人民的根本利益和世界人民的共同利益出发，根据事情本身的是非曲直确定立场和政策，秉持公道，伸张正义，在国际事务中积极发挥建设性作用。这一政策的形成和发展，体现了中国人民热爱和平的真诚愿望和高尚品质，展示了中国共产党人的世界眼光、宽广胸怀和外交能力，提高了中国的国际地位，为世界和平和人类社会文明进步做出了贡献。

其实，坚持不结盟不等于不结伴。面对全球化、多极化和信息化带来的各种挑战，面对不同领域的不同关切，完全靠一个国家即使是美国这样的超级大国都是不行的，没有哪个国家可以独善其身，没有哪个国家能够独自承担国际责任。所以，从上世纪90年代开始，中国先后与巴西、俄罗斯、东盟、欧盟等国家或国际组织建立了不同形式的战略伙伴关系或全面合作关系。在这些双边或多边关系中，中国追求的是在共同利益基础上构建新型的国际关系，实现结伴同行，而不是结盟。这些伙伴关系大致可以分为三种情况：

一是有战略性的伙伴关系，如中俄全面战略协作伙伴关系，与老挝、越南、缅甸等国的全面战略合作伙伴关系，与南非、法国、英国等国的全面战略伙伴关系，与韩国、巴基斯坦、印度等国的战略合作伙伴关系，与蒙古、印度尼西亚、巴西等国的战略伙伴关系等；

二是合作伙伴关系。如与罗马尼亚的全面友好合作伙伴关系，与孟加拉国、尼泊尔、澳大利亚等国的全面合作伙伴关系，与波兰、芬兰、匈牙利等国的友好合作伙伴关系，与美国的相互尊重、互利共赢的合作伙伴关系等；

三是友好伙伴关系，如与牙买加的友好伙伴关系，与塞浦路斯的伙伴关系等。

有国际媒体评论，中国所倡导的战略伙伴关系是全球化时代的一种新型的国际关系，既有别于典型的结盟关系，也有别于传统意义上的独立自主。这是中国适应新的国际形势发展和根据新的时代特征处理国家关系的新形式，其地位和影响不容低估。

四、参与者、建设者还是破坏者？

自从近代资本主义将世界变成一个整体以来，任何一个国家都不是孤立地存在于世界上，都有一个与外部世界建立什么样关系的问题，对于作为资本主义对立面的社会主义国家来说，这个问题尤为突出。苏联选择了搞两个平行市场，自我孤立于世界经济大循环之外，又大肆对外扩张，谋求世界霸权，同外部世界的关系经常处于紧张状态，外交政策的失误是导致苏联解体的重要原因。中国吸取了历史的教训，在改革开放后，日益认识到中国的发展离不开世界，世界的发展也离不开中国，走出一条对内求发展、求和谐，对外求和平、求合作的崭新发展道路，成为国际体系的参与者、建设者。

从自我封闭到对外开放

马克思、恩格斯在《共产党宣言》中曾指出:"资产阶级,由于开拓了世界市场,使一切国家的生产和消费都成为世界性的了。……过去那种地方的和民族的自给自足和闭关自守状态,被各民族的各方面的相互往来和各方面的相互依赖所代替了。"① 作为资本主义的对立面,社会主义是与资本主义相比较而存在、相斗争而发展的,社会主义的兴衰成败自然与资本主义创造的一切文明成果有着千丝万缕的联系。从整个社会主义制度的发展史看,如何对待资本主义,特别是要不要吸取资本主义中先进和科学的东西,是直接关系到社会主义实践成败的重大问题。正是从这个意义上,列宁在十月革命后强调指出:"社会主义能否实现,就取决于我们苏维埃政权和苏维埃管理组织同资本主义最新的进步的东西结合的好坏。"② "苏维埃政权+普鲁士的铁路秩序+美国的技术和托拉斯组织+美国的国民教育等等等等++=总和=社会主义"③,"必须利用资本主义为反对我们而创造的一切文化珍品,只有这样才能建成社会主义"④。列宁还说:"我不知道别的什么社会主义,只知一种社会主义,即接受资本主义一切优秀成果的那样一种社会主义。"⑤ 也正是这个原因,列宁主张派人到西方学习资本主义的经济管理,并建立研究西方的管理经验和成就的劳动研究所等机构。总之,列宁

---

① 《马克思恩格斯文集》第二卷,人民出版社 2009 年版,第 35 页。
② 《列宁选集》第四卷,人民出版社 1995 年版,第 492 页。
③④ 《列宁全集》第三十四卷,人民出版社 1985 年版,第 520、150 页。
⑤ 《列宁全集》第三十五卷,人民出版社 1985 年版,第 416 页。

是把社会主义和资本主义联系在一起看的，是和资本主义创造的文明成果联系在一起看的，对外开放、向西方学习是社会主义的题中之意和必然要求。

但到了斯大林那里，他就把社会主义同资本主义完全对立起来了，不仅解散了列宁时期建立的"劳动研究所"等机构，还将资本主义的一切，包括文化、管理和科学，统统视为洪水猛兽。二战后，斯大林提出建立"两个平行的世界市场"[①] 的理论，主动把自己挡在世界之外，把苏联和其他社会主义国家推到了与西方资本主义国家隔绝的地步。在苏联隔绝于世界的时候，西欧和日本逐渐从战争破坏中得到了恢复，美国经济也获得迅速发展。苏联长期把自己禁锢在经互会狭小的圈子里，实际上处于半封闭状态，错过了新科技革命带来的机遇，失去了从西方发达国家引进先进技术和向其学习有益经验的宝贵时光。1988年，苏联对外贸易出口额占其GNP的7.7%，而1980年，世界贸易出口额已占到世界GNP的21%以上。至于苏联在国外的投资与国外对苏联的投资，那就更无法与西方国家相比了。这是苏联在和平时期同西方发达国家进行经济竞赛最终落败的重要原因之一。

中国的改革从一开始就是与对外开放联系在一起的，开放也是一种改革。因为长期以来我们的经济体制不仅是僵化的，也是封闭的。尽管在20世纪50年代，我们与苏联、东欧有着良好的政治和经济关系，同西方也有一定的贸易往来与技术引进，毛泽东在《论十大关系》中甚至提出了"向外国学习"[②]

---

① 《斯大林选集》（下卷），人民出版社1979年版，第561页。
② 《建国以来毛泽东文稿》第六册，中央文献出版社1992年版，第101页。

的口号，但从总体上说，由于西方世界一开始就对我国实行封锁，60年代后又遭苏东集团封锁，我国基本上处于与世隔绝的状态。所以十一届三中全会后，中国的改革与开放同步进行、相互促进。邓小平讲："现在的世界是开放的世界，中国的发展离不开世界"，"对外开放具有重要意义。任何一个国家发展，孤立起来，闭关自守是不可能的，不加强国际交往，不引进发达国家的先进经验、先进科学技术和资金，是不可能的"。[①]1980年8月，邓小平在一次接见外宾时，第一次提出"对外开放"的思想[②]。1981年11月五届人大四次会议通过的《政府工作报告》第一次系统地阐述了我国对外开放的政策和观点，提出了利用两种资源、开拓两个市场和学会两种本领的方针。针对国内外对这一方针能否长期坚持下去仍存疑虑的情况，邓小平反复强调对外开放不是权宜之计，而是一个长期的根本政策。党的十二届三中全会通过的《中共中央关于经济体制改革的决定》宣布："我们把对外开放作为长期的基本国策，作为加快社会主义现代化建设的战略措施"，同年12月，对外开放政策被正式写入我国新宪法。1987年，党的十三大根据新技术革命的发展形势和我国改革开放以来的成就和经验，提出要进一步扩大对外开放的广度和深度，不断发展对外经济关系。1992年，党的十四大正式确立了社会主义市场经济的改革目标，对外开放步伐进一步加快。2001年，中国正式成为世界贸易组织成员，中国经济更加紧密地与全球经济联系在一起，中国进入了一个全方位对外开放的新阶段。党的十六大以来，以胡锦涛为总书

[①][②] 《邓小平文选》第三卷，人民出版社1993年版，第117、351页。

记的党中央强调,"中国的前途命运日益紧密地同世界的前途命运联系在一起",要适应经济全球化趋势的新发展和我国改革发展的新形势,进一步树立全球战略意识,积极参与国际经济技术合作和竞争,全面提高对外开放水平。

经过30多年的努力,我国从南到北,从东到西,从试办经济特区,到开放沿海、沿江、沿边和内地城市,从引进资金到引进技术,从对外贸易到对外投资,从请进来到走出去,形成全方位、宽领域、多层次的对外开放新格局。进出口总额从1978年的206亿美元增加到2010年的29740亿美元。1979—2010年,累计使用外商直接投资10483.8亿美元。我国已同163个国家和地区建立双边经贸合作机制,签署10个自由贸易区协定,同129个国家签署双边投资保护协定,同96个国家签署避免双重征税协定,成为贸易和投资自由化便利化的积极实践者。通过积极构建总体稳定、均衡发展、互利共赢的大国关系框架,促进形成机遇共享、共同发展的周边合作局面,巩固并加强了同发展中国家的传统友谊和团结合作,我国与世界各国相互依存、利益交融日益加深,与世界各国交流合作更加广泛。

和平发展之路走得通吗?

任何国家都想发展,都想在世界民族之林中占有一席之地,但怎么实现这一点呢?建立殖民体系、争夺势力范围、对外武力扩张,是近代历史上一些大国崛起的道路。这条道路曾使各国兵戎相见,并使人类惨遭两次世界大战的浩劫,教训是深刻的。前事不忘,后事之师。虽说自古华山一条路,难道通往国家发展山顶的路也只有一条吗?西方谚语中不是讲条条大路通罗马吗？中华民族是一个不信邪的民族，中国共产党也是一个不信邪的党，在深刻把握世界发展大势和认真总结世界各国包括苏联的兴衰发展史及中国改革开放经验教训的基础上，中国政府郑重向世界宣告，中国将坚定不移地走和平发展道路。这条道路最显著的特征的就是发展的和平性。现在仍有国际舆论认为，中国这样宣示只是权宜之计，说说而已，不会超越"国强必霸"的逻辑，也不会走出以前扩张式发展的老路。持这种观点的人其实对中国的历史不了解，对中国的国情不了解，对中国人的思维方式也不了解。

我们常说，性格决定命运。一个国家选择什么样的发展道路与其民族性格有很大的关系。比如，俄罗斯人比较情绪化、爱走极端，表现在政治生活中，从对斯大林奉若神明到全盘否定，从当社会主义带头人到把苏联多年的领导和社会主义道路抨击得一无是处等等。中华民族的主体一开始就属于农耕民族，农业经济的生产生活方式养育了中华民族具有以静为主的性格，注定造就中国所追求的是从事周而复始的自产自销的农业经济所必须的安定，与游牧民族以征服为荣耀的心理大相径庭，也与以商品交换和海外殖民为致富手段的西方民族有别，这就决定了中国人的安分守己、安土重迁的生活状态，厌恶动乱，并最终形成了温、良、恭、俭、让和主静、向善、容忍、知足、中庸的民族性格，崇尚和平、反对战争的历史传统和"己所不欲，勿施于人"、"亲仁善邻，协和万邦"的交往理念。举世闻名的"丝绸之路"是一条贸易之路、文化之路、和平之路，铭刻下中国古人追求同各国人民友好交流、互利合作的历史足迹。中国明代著名航海家郑和"七下西洋"，远涉亚非30多个国家和地区。这一壮举展现的是中华灿烂文明和先进科技,留下的是和平与友谊。

秉承什么样的发展理念也决定了走什么发展道路。中国发展的和平性是由发展的自主性、合作性和共同性所决定的。中国始终把发展的基点和重心放在国内,主要靠改革开放,靠自己的智慧和勤奋,靠不断扩大内需,靠推进经济发展方式转变求得自身发展;坚持以合作谋和平、以合作促发展、以合作解争端,同其他国家建立和发展不同形式的合作,致力于通过同各国不断扩大互利合作,有效应对日益增多的全球性挑战,协力解决关乎世界经济发展和人类生存进步的重大问题;坚持奉行互利共赢的开放战略,坚持自身利益与人类共同利益的一致性,在追求自身发展的同时努力实现与他国发展的良性互动,促进世界各国共同发展。这种发展理念明显有别于苏联那种外延扩张式的发展理念,保证了中国始终沿着和平发展道路走下去。

非和平发展道路不符合中国的根本利益。中国的发展必须有和平的国际环境和稳定的国内环境。地大物博人口众多是我国的现实国情,地大表明物质资源丰富,但人口众多也带来诸如教育、医疗、卫生、就业、住房、交通等等及社会发展深层次矛盾,特别是经济社会发展成就要由13亿多人共享,不断满足这众多人口的生存和发展需求是巨大难题。要解决这些难题必须有个和平的国际国内环境。正如邓小平所说的,"中国要实现自己的发展目标,必不可少的条件是安定的国内环境与和平的国际环境。我们不在乎别人说我们什么,真正在乎的是有一个好的环境发展自己。我们有我们的责任,要对世界上五分之一的人负责,要发展经济使他们生活得更好。"① 如果中国像苏联那样走上了非和平的发展道路,首先要影响的肯定是中国自身,这种既不利人更不利己的事当然不是中国共产党的战略选择。

总之,中国的和平发展道路有其客观必然性,决不是心血来潮之策,决不是空穴来风之举。这条路我们已经走了几十年,今后还将继续走下去。

负责任的大国

中国发展起来后,会在国际舞台上扮演什么样的角色,发挥什么样的作用,承担什么样的责任?中国的发展对世界到底是机遇还是威胁?这是国际社会普遍关心的问题。2005年4月,胡锦涛在雅加达亚非峰会上就此做出了回答,那就是推动建设持久和平、共同繁荣的和谐世界。

这是我国家领导人第一次提出这样的理念。在2005年7月1日签署的《中俄关于21世纪国际秩序的联合声明》中,"和谐世界"第一次被作为国家与国家之间的共识载入国际文件中。2005年9月15日,在纪念联合国成立60周年首脑会议上,胡锦涛全面阐述了和谐世界理念的深刻内涵,即各国应当遵守《联合国宪章》的宗旨和原则,恪守国际法和公认的国际关系准则,弘扬民主、和睦、协助、共赢精神。政治上,相互尊重、平等协商,共同推进国际关系民主化。经济上,相互合作、优势互补,共同推动经济全球化朝着均衡、普惠、共赢方向发展。

---

① 《邓小平文选》第三卷,人民出版社1993年版,第360页。

文化上，相互借鉴、求同存异，尊重世界多样性，共同促进人类文明繁荣进步。安全上，相互信任、加强合作，坚持用和平方式而不是战争手段解决国际争端，共同维护世界和平稳定。环保上，相互帮助、协力推进，共同呵护人类赖以生存的地球家园。

中国不仅在国际上大力倡导推动建设和谐世界的理念，而且身体力行，以自己的发展成果推动世界向着更和谐的方向发展。2004年12月26日，印度洋海啸发生第一天，中国政府就宣布2163万元人民币援助。三天后，外交部、财政部等有关部门研究增加对受灾国援助规模，决定追加援款和物资，派遣医疗队和救援队。当年除夕，温家宝在中南海会见了印度尼西亚等受灾国驻华使节和国际组织代表，宣布中国官方捐款提高到5亿元人民币，并以个人名义捐款2000元人民币。与此同时，中国民间也组织了一场空前的自发捐款活动，共向受灾国提供各种援助累计7亿多元人民币。中国捐助速度之快、规模之大、方式之多，赢得了全世界的称赞，被称为此次灾难发生后"最漂亮的救灾行动"。

进入新世纪特别是2004年以来，在经济持续快速增长、综合国力不断增强的基础上，中国对外援助资金保持快速增长，2004—2009年平均年增长率为29.4%。中国除通过传统双边渠道商定援助项目外，还在国际和地区层面加强与受援国的集体磋商。中国政府在联合国发展筹资高级别会议、联合国千年发展目标高级别会议，以及中非合作论坛、上海合作组织、中国—东盟领导人会议、中国—加勒比经贸合作论坛、中国—太平洋岛国经济发展合作论坛、中国—葡语国家经贸合作论坛等区域合作机制会议上,多次宣布一揽子有针对性的对外援助政策措施,加强在农业、基础设施、教育、医疗卫生、人力资源开发合作、清洁能源等领域的援助力度。

中国对世界经济稳定发展作出重要贡献。2001年加入世界贸易组织以来,中国年均进口近7500亿美元商品,相当于为相关国家和地区创造了1400多万个就业岗位。过去10年,在华外商投资企业从中国累计汇出利润2617亿美元,年均增长30%。2000—2010年,中国非金融类年度对外直接投资从不足10亿美元增加到590亿美元,有力促进了有关国家经济发展。截止2010年,中国对外投资企业聘用当地员工近80万人,每年在当地纳税超过100亿美元。中国近年来对世界经济增长的贡献率均达到10%以上。在1997年亚洲金融危机引起周边国家和地区货币大幅贬值的情况下,中国保持人民币汇率基本稳定,为区域经济稳定和发展作出了贡献。2008年国际金融危机发生后,中国积极参与二十国集团等全球经济治理机制建设,推动国际金融体系改革,参与各国宏观经济政策协调,参与国际贸易融资计划和金融合作,组织大型采购团赴海外采购,向陷入困境的国家伸出援手。中国认真落实联合国千年发展目标,成为全球唯一提前实现贫困人口减半国家,并根据自身能力积极开展对外援助。截至2009年底,中国累计向161个国家、30多个国际和区域组织提供了2563亿元人民币的援助,减免50个重债穷国和最不发达国家债务380笔,为发展中国家培训人员12万人次,累计派出2.1万名援外医疗队员和近1万名援外教师。中国积极推动最不发达国家扩大对华出口,并已承诺对所有同中国建交的最不发达国家95%的输华产品给予零关税待遇。

中国也为维护世界和平、应对全球性挑战发挥重要作用。中国是唯一公开承诺不首先使用核武器、不对无核武器国家和无核武器区使用或威胁使用核武器的核国家。中国积极参与反恐、防扩散领域国际合作,向遭受严重自然灾害的国家提供人道主义援助并派出救援队,为打击海盗行为向亚丁湾、索马里海域派遣海军护航编队。中国参加了 100 多个政府间国际组织,签署 300 多个国际公约,成为国际体系的参与者、建设者和贡献者。中国是最早制定并实施《应对气候变化国家方案》的发展中国家,也是近年节能减排力度最大、新能源和可再生能源研发速度最快的国家之一。中国为应对国际和地区热点问题发挥了建设性作用,在朝核问题、伊朗核问题等热点问题上坚持劝和促谈,推动形成朝核问题六方会谈机制。中国以建设性姿态提出"搁置争议、共同开发"的主张,尽最大努力维护南海、东海及周边和平稳定。中国通过开展双边合作并参与区域次区域合作,致力于促进亚太地区共同发展繁荣。

毛泽东在 20 世纪 50 年代表达过这样的愿景:"中国会变成一个大强国而又使人可亲。"[①] 新中国成立以来,我们改变了可欺可悲的贫国弱国形象,特别是改革开放 30 多年来,我们逐步开始树立可亲可敬的大国和强国形象。一个大国、强国如果推行霸权主义,就可恨、可怕、可畏,如果维护和平、伸张正义,就可亲、可爱、可敬。现在中国"负责任的大国"形象,正在世界上逐步确立起来。中国提出建设和谐世界、走和平发展道路,就是在向"可亲的大强国"之路迈进。

---

① 《毛泽东文集》第七卷,人民出版社 1999 年版,第 291 页。

第八章 从立足战争到维护和平

为党巩固执政地位提供重要力量保证，为维护国家发展的重要战略机遇期提供坚强安全保障，为维护国家利益提供有力战略支撑，为维护世界和平与促进共同发展发挥重要作用，是新世纪新阶段军队历史使命。切实履行好这一历史使命，是党的重托、人民的期望。人民解放军的全部工作，都要围绕有效履行历史使命来展开，各项建设都要围绕提高履行历史使命的能力来进行。①

——胡锦涛

近年来，美国和西方其他一些国家有关"中国军事威胁论"的炒作连篇累牍、愈演愈烈。特别是近来围绕中国军费增长、军方试飞歼-20隐形战斗机、研制"东风-21D"型反舰弹道导弹和"辽宁号"航母平台海试，乃至中国与越南、菲律宾围绕海洋权益发生的争端等，西方媒体更是"兴奋"不已。一时间"中国露出了真面目"、"中国的霸权行径"等种种说法纷至沓来。尤其是美国一些长期研究苏联军事问题的专家学者，在

---

① 胡锦涛署名文章：《肩负起新世纪新阶段的历史使命》，《解放军报》2005年10月1日。

苏联解体后把自己的职业规划转向研究中国军事这一"美国面临的最大课题"。他们和美西方的一些政客在媒体研讨或者著书立说中详尽描绘了中国未来"扩张"的情形。比如,20年来一直关注中国高端军事技术发展的美国传统基金会研究员成斌认为,中国正致力于军事化的太空计划,目的旨在"跨越保持非对称作战能力阶段,实现对美作战优势"。美国海军大学国际法教授、曾任美军参谋长联席会议战略筹划和政策局海洋政策问题顾问的克拉斯卡2010年在《世界事务周刊》上发表了一篇不是"灾难小说"的文章——《在2015年海战中美国如何败给中国》,轰动一时。美国战略与国际问题研究中心太平洋论坛执行主任格洛瑟曼认为,有证据证明中国正在效法当年美国通过军备竞赛拖垮苏联的做法,利用自身经济优势有意刺激美国把有限的资源投入到"又一次冷战",中国的发展"对美国在西太平洋的优势和美国及其盟友利益的保护构成潜在威胁"。

同时,美国军方也没闲着。一边是不断地有所谓"不愿透露姓名"的军方人士向媒体透露诸如中美舰机海上"对峙"等猛料,趁势热炒中国"军事威胁";一边是不断地给其盟友、准盟友乃至"潜在的"盟友们撑腰打气,甚至亲自上阵。事实上,早在2006年美国便宣布,到2015年要把其全球海军力量的60%放到西太平洋,余下的20%保卫本土,20%部署在大西洋,正好与冷战美苏对峙时期掉了个个儿,针对谁不言自明。美国国会亦从2002年起要求五角大楼恢复每年定期发表国别军力报告,只不过这个国别待遇由"苏联"独享换成了中国。不久前美国时任国防部长盖茨和候任国防部长帕内塔相继表示,美国将"密切监控"中国的军力增长,在亚太地区保持"强有力"

的存在。美国海军太平洋舰队一位高级将领在接受记者采访时不经意透露,每当想到中国的军力发展时便"夜不成寐",焦虑非常。可见,在一些人的眼中,中国俨然已成为了苏联的"替代品",中国军队俨然成了可能与美国竞争21世纪世界霸权的苏军。那么,中国军队跟苏军果真一样吗?两国军队履行的使命和目标一致吗?两国在国家安全及军事战略以及国防建设的指导思想上相似吗?答案当然是否定的。

一、"积极进攻"还是"积极防御"?

中苏国防政策的出发点和基本理念不同,两国在军事战略思想上存在着根本性差异,主要体现在对战争的政治判断和军事战略方针的选择上。

"战争是政治的继续"

苏联领导人长期以意识形态统领国家利益,在战争与和平的判断上固守教条主义,忽视全球经济合作和一体化发展带来的相互依存因素不断增加的现实,军事战略思想陷入很大的误区。1987年之前的苏联军事学说,除了赫鲁晓夫在苏共二十大上提出过世界大战不是注定不可避免的观点外,主流的看法是认为新的世界大战不可避免、战争性质是两种制度间的对决、社会主义必将取得最终胜利,总体基调是强调进攻。

具体来说,在战争的策源地问题上,认为"帝国主义就是掠夺、就是战争",只要地球上还存在帝国主义,其侵略本性就不会改变,产生新的世界大战的现实危险就必然存在,且帝国主义正在加紧进行战争准备，完善战争工具，是战争的唯一根源。在对战争性质的判断上，认为新的世界大战"将是两种对立的社会制度之间决定性的冲突"，是一场"政治目的和战略目的最为坚决的、规模空前巨大的、极其激烈的全球性的对抗"，由于战争必将由资本主义向苏联发动突然袭击而引起，故苏联所进行的战争具有正义性、合法性和进步性，其结果将导致资本主义制度的灭亡。关于战争样式和政治目的，苏联军事学说历来坚信，世界大战，不论是热核大战抑或常规大战，都能打并能够打赢。苏联国防部长格列奇科称，"苏联陆海军能够在任何情况下，进行使用核武器和不使用核武器的高速度、大纵深的积极战斗行动，因此能够胜利完成任何规模的战役战术任务和战略任务。"赫鲁晓夫认为，两个体系之间的政治、经济、军事力量的实际对比有利于社会主义，"假如帝国主义侵略者胆敢发动新的世界大战，那么各国人民再也不会容忍那种把他们卷入毁灭性战争的制度了，他们将消除和埋葬帝国主义"。

但到了戈尔巴乔夫上台，其对战争的判断来了一个180度的大转弯。戈氏强调，"由于大规模毁灭性武器等，在国际舞台上出现了限制阶级对抗的客观条件……真正不可推迟的人类利益第一次出现了"[1]，"世界战争已经失去了一切合理的、正义的和进步的因素，它的性质只能是反理智、反人道和毫无意义的……是一种集体自杀的荒诞行为"[2]。他认为，想打赢世界大战是不可思议的，不可能达到任何政治目的，"战争不再是政治以另一种手段的继续"[3]，提出要把克劳塞维茨这一经典公式

---

[1][2][3] （俄）米·戈尔巴乔夫著、苏群译：《改革与新思维》，新华出版社1987年版，第177、5、181页。

"藏进图书馆"。①

　　与苏联相比，中国在对国家安全威胁的判断及制定相应的军事战略方面总体是务实的，但也有教训。新中国成立60多年，国家安全任务或国防军事建设基本上是为了保生存和求发展，既无主观故意，也无客观需求对外扩张和谋取霸权。其中，前30年，面对严峻的外部威胁，主要还是为了保生存。新中国成立后出台的军事战略，强调的是面对帝国主义的侵略，要扩大国际统一战线，从军事和政治上制止或推迟战争的爆发，强调的是战略防御而非战略进攻。新中国打的三场主要战争，抗美援朝是为了保家卫国，对印和对越战争则属典型的自卫反击战。在处理对外关系上，毛泽东在中国革命胜利前后曾说过，"重要的是要记住革命不能输入，同理革命也不能输出。"上世纪50年代，中国根据"和平共处"、"互不干涉内政"等原则，同许多第三世界国家建立了友好关系。但毋庸讳言，60年代受极左思想影响，中国领导人对国际形势的判断也出现一系列失误，高估世界革命的可能性，高估美苏合作对付中国和爆发世界战争的可能性，重提"革命时外援，胜利后援外"思想，公开呼吁"全世界马克思列宁主义者团结起来，打倒帝国主义、打倒修正主义、打倒各国反动派，一个没有帝国主义、没有资本主义、没有剥削制度的世界，一定要建立起来"，当时也确实援助了越南、缅甸、阿尔巴尼亚、阿尔及利亚等国的革命运动。在这一段特殊历史时期，中国声援的阵线虽然拉的很长，但主要限于亚非拉的一些边缘地区或"中间地带"，且主要是提供一

---

① （俄）米·戈尔巴乔夫署名文章：《在争取无核世界国际会议上的讲话》，《真理报》1987年2月17日。

种模式、精神和思想方面的支持，真正出手的地方并不多。正如毛泽东 1965 年 1 月 9 日向斯诺所说的："哪里发生革命，我们就发表声明支持，并开些大会声援。帝国主义讨厌的就是这个，我们喜欢说空话，放空炮，但不出兵。"① 这与苏联以出兵、出钱、出枪方式直接搞"输出革命"是有区别的。这也是毛泽东被苏联领导人斥为"假革命"、真"民族主义"的原因之一。1985 年 6 月召开的军委扩大会议上，邓小平在对战争与和平问题及中国的周边安全进行科学分析的基础上，做出了"世界战争的危险还是存在的，但是世界和平力量的增长超过战争力量的增长"，"在较长的时间内不发生大规模的世界战争是有可能的"② 这一基本判断，并据此调整了军队建设指导思想，中国的军事战略趋于客观务实。

进攻与防御的辩证法

社会主义是在资本主义占优势的情况下取得胜利的，社会主义不可能靠军事征服战胜资本主义。为此，列宁要求俄共（布）用榜样的力量影响世界革命进程，但列宁之后的苏联领导人并未这么做，而是立足于进攻，忽视防御。正是没有积极防御，苏联在卫国战争初期严重失利。二战后，苏联乘胜进一步扩充军力，进一步立足于进攻，相信实力。从 50 年代中末期开始，苏联的战略判断趋于盲目乐观，认为以美国为首的帝国主义势力已经危机四伏，日暮穷途，而苏联则打破了资本主义包

---

① 《毛泽东外交文选》，中央文献出版社、世界知识出版社 1994 年版，第 558 页。
② 《邓小平文选》第三卷，人民出版社 1993 年版，第 127 页。

围，经济发展速度远超资本主义国家，技术装备"在世界上首屈一指"，并开始大力发展核武器，把核战争作为未来战争的唯一样式，强调首次核突击的作用，要"几分钟决定战争胜负"。勃列日涅夫时期，为适应向资本主义世界发动"总进攻"的需要，苏联开始全面加强国防建设，全面发展各军兵种，以便既能打赢核战争，也能打赢常规战。1961年10月，苏联国防部长马利诺夫斯基在苏共二十二大上作了关于苏联军事战略的长篇发言，其中数次提到先发制人的思想。苏联军事学说和苏军野战条例亦始终反复强调进攻作为"决定性战争行动"的重要性，是战斗行动的基本类型，而防御"则是当敌人在兵力兵器方面占有优势，而局势又明显地有利于敌人时所采取的一种迫不得已的战斗行动类型"，"只有坚决的进攻才能保证克敌制胜，才能保障彻底消灭敌人"。

戈尔巴乔夫上任之时，苏联已无力支撑庞大的军事开支，不得不改变军事战略，强调"政治新思维有条件地规定了军事学说的性质，即它必须是防御性的"。据此，苏军和华约相继通过了"合理足够"的军事方针。随后苏联宣布与西方展开军控谈判和实施大裁军。应当说，在当时的形势下，苏联进行战略调整和裁军是必要的，"合理足够"原则当然具有足够的合理性，但问题在于戈氏的这一方针是在美国战略进攻的情形下提出的，既缺乏必要的连续性，又易造成防御无异退缩、合理等同天真、足够只是愿望的局面。

与苏联不同，新中国建国以来的军事战略方针始终是积极防御。其内涵随国际国内形势变化几经探索和调整，既有经验，也有教训。新中国成立之初，正值冷战开始。特别是抗美援朝战争结束之后,美国加紧对华实施敌视、封锁政策,构筑"新月形"包围圈,使中国国家安全面临严峻威胁。为改变各军兵种建设自行其事,协调规划国防军事布局,迫切需要制定军事战略方针。根据毛泽东指示,1956年3月6日,在中央军委扩大会议上,国防部长彭德怀作了《关于保卫祖国的战略方针和国防建设问题》的报告,提出了积极防御的战略方针。此后毛泽东、彭德怀又有不断阐述,使之更加完整和系统。其核心内容是:在军事上实行战略防御而非战略进攻方针;在战争爆发前,综合运用政治、外交、军事等手段制止或推迟战争爆发,加强战争准备,但"不打第一枪";当帝国主义不顾一切后果发动侵略战争时,则给予有力还击,并在预定设防地区阻止敌人进攻3—6个月,然后通过持久作战逐渐掌握战略主动并转入战略进攻。这一方针以美国为主要作战对象,战争形态为全面大战,主要战略方向在东南沿海,符合当时的国家安全威胁现实,有效地维护了主权和领土安全。

60年代中期以后,美国直接介入越南战事并不断升级,苏联在中苏两党关系破裂后频繁制造边界事端并在中苏边境陈兵百万。在此情况下,毛泽东把防备苏联从北部入侵的问题提上日程,并于1964年7月在中央政治局会议上称:"我们不能只注意东边,不注意北部;只注意帝国主义,不注意修正主义,要有两面作战的准备。"此后更于10月进一步明确指出:"必须立足于战争,从准备大打、早打出发,积极备战,立足于早打、大打、打原子战争。"① 并形成了以美、苏为战略对手,基于准

---

① 《毛泽东军事思想发展史》,解放军出版社1991年版,第539页。

备"早打、大打、打核战争"思想的积极防御战略方针。

与此同时,"诱敌深入"的思想亦逐渐得到重视。早在1965年6月,毛泽东在杭州召开的中央工作会议上便指出:"你不给敌人点好处,不使它感觉到有点味道,这不成。那样它就不来了。要使它感觉到有一点味道。这样,才会给我们机会打大胜仗。"① 1969年3月珍宝岛事件后,毛泽东在中共九届一中全会上再次发言:"看你是小打还是大打。小打就在边界上打。大打,我主张让出点地方来。"② 此后"诱敌深入"事实上成为统揽全局的军事战略方针。1977年12月中央军委明确把"积极防御"的军事战略方针调整为"积极防御、诱敌深入"。此时鉴于中美关系已缓和,新方针以苏联霸权主义为主要战略对手。1980年秋,中央军委举办全军防卫作战研究班,在会议上时任军委副主席邓小平指出:"我们未来的反侵略战争,究竟采取什么方针?我赞成就是'积极防御'四个字。"③ 这一方针仍把大规模反侵略战争准备作为主要任务,但改变了我军一贯坚持的"诱敌深入"作战原则,为国防和军队建设拨乱反正、迅速从"文革"灾难中走出来发挥了重要的指导作用。

从上世纪80年代中期开始,在积极防御的方针下,军队建设和军事斗争准备基点开始发生两个重要战略性转变。1985年5—6月间中央军委扩大会议确定将军队建设指导思想从立足早打、大打、打核战争的全面临战状态,转到和平时期建设轨道。

---

① 《建国以来毛泽东军事文稿》(下卷),军事科学出版社、中央文献出版社2010年版,第426页。

② 《建国以来毛泽东文稿》第13卷,中央文献出版社1998年版,第38页。

③ 《邓小平论国防和军队建设》,军事科学出版社1992年版,第98页。

第八章 从立足战争到维护和平

到1988年底，军事斗争准备基点也发生战略性转变，中央军委认为，20世纪乃至更长时间不会发生新的世界大战，但与周边国家在陆地边境和海上因领土主权和海洋权益问题发生军事冲突和局部战争的可能性不能排除，因此我军军事斗争基点应由立足于应付全面反侵略战争向重点应付可能发生的军事冲突和局部战争转变。这一军事战略调整适应了时代主题，对正确处理国防军队建设与经济建设关系具有重要深远意义。

积极防御也要与时俱进

我军的战略方针是积极防御，不是消极防御，更不是一防了之。这个"积极"是题眼和关键所在，也就是要随着国内外形势的发展变化，不断提高防御的能力和水平。常言道，"道高一尺，魔高一丈。"对国家主权、安全和发展构成威胁的进攻手段变了，防御的手段和思路必须跟着变，否则所谓防御无异于坐以待毙。

苏东剧变、冷战结束以来，随着国际战略格局和国家安全形势发生重大变化，在美国迷信用武力解决争端的刺激下，军事因素的地位和作用逐步上升，世界新军事变革加速发展，我军开始酝酿调整深化积极防御战略，并提出了推进中国特色军事变革的战略思想。有趣的是，1979年苏军总参谋长奥加尔科夫元帅最早提出"新军事技术革命"的概念，但最早将新军事革命付诸实施并始终占据着主导地位的是美国。美国最早开始信息化的军事变革，美军也是最早有组织有计划地从事信息化建设的军队。而中国自朝鲜战争结束以来，长期处于相对和平时期，几次小规模的局部战争不足以丈量出我军与世界最先进军事水平之间的差距,也没有引起我们足够的重视。最重要的是,中国并不具备军事变革物质上的特别是科学技术上的条件。海湾战争的爆发展现了一种全新的战争形态和作战样式,把一支信息化军队相对机械化、半机械化军队的优势呈现在了世人面前,让我们看到了我军客观存在的军事技术上的"时代差",增强了推进军事变革的紧迫感。经过10多年的改革开放,我国的综合国力有了进一步提高,在这种情况下,1993年1月,江泽民在中央军委扩大会议上提出,"在新的历史条件下……我们认为还是要继续坚持实行积极防御的军事战略方针","必须把未来军事斗争准备的基点放在打赢可能发生的现代技术特别是高技术条件下的局部战争上"。① 这标志着新时期军事战略方针的正式确立。随之军队建设基点亦实行重大转变,即由人力密集型向科技密集型、由数量规模型向质量效能型转变。至此,中国特色军事变革战略目标的基本要素已经全部具备。这一方针的确立,有利于我们抢占军事斗争的制高点,掌握未来军事斗争的主动权,成为了中国特色军事变革在理论上的旗帜和方向。

进入21世纪,随着信息技术在军事领域的应用,信息化战争成为21世纪的主要战争形态,这为拥有信息技术优势的霸权主义利用信息化局部战争达到战略目的提供了条件。因而,世界主要国家纷纷调整军事战略,聚焦信息化战争。由于一些西方国家加紧对我国实施西化、分化战略,我国与周边一些国家间还存在陆地边界、海域岛礁、海洋权益争端,不排除某些因

---

① 《江泽民文选》第一卷,人民出版社2006年版,第279页。

素激化,进而引发信息化局部战争的可能性。面对挑战,要维护好我国的安全利益,必须把军事斗争的基点放在打赢信息化局部战争上来。在坚持邓小平"积极防御"军事战略方针和江泽民"打赢可能发生的现代技术特别是高技术条件下的局部战争"的新时期军事战略方针的基础上,胡锦涛顺应21世纪世界信息化战争发展和信息化军队建设浪潮,在中国和平崛起的大背景下,进一步把打赢信息化战争作为我国新时期军事战略方针。他在2004年提出,要紧紧围绕建设信息化军队、打赢信息化战争的目标,推进新形势下中国特色军事变革,在新的起点上谋划和推动我军现代化建设。2007年,胡锦涛在党的十七大报告中进一步提出,要贯彻新时期军事战略方针,加强中国特色军事变革;要坚持科技强军,按照建设信息化军队、打赢信息化战争的战略目标,加快机械化和信息化复合发展,积极开展信息化条件下军事训练,全面建设现代后勤,加紧培养大批高素质新型军事人才,切实转变战斗力生成模式;为适应世界军事发展新趋势和我国发展新要求,要推进军事理论、军事技术、军事组织和军事管理创新。这些表明,一个具有中国特色的军事变革进程正在加速推进。

二、谋取霸权还是维护和平?

军队的使命是什么?这个看似简单的问题要回答起来并不容易。军队的使命当然是要捍卫国家领土主权安全,但要完成这个任务有不同的办法,既可先发制人采取进攻性战略,也可后发制人采取防御性战略,既可通过谋取霸权达到绝对安全,也可通过维护和平实现相对安全。苏军基于自身逻辑采取的是前者，我军根据形势发展采取的是后者。新中国成立后，我军就把维护世界和平放在重要位置。2004年12月，胡锦涛把"为维护世界和平和促进共同发展发挥重要作用"作为新世纪新阶段我军的历史使命之一，在2007年党的十七大报告中明确要求"提高军队应对多种安全威胁、完成多样化军事任务的能力，坚决维护国家主权、安全、领土完整，为维护世界和平贡献力量"①。而在苏联，军队演变为其对外扩张、谋取霸权的工具。

争霸的历史逻辑

20世纪70年代起，随着经济实力的增强和军事力量的膨胀，加之美国深陷越战泥潭而实行战略收缩，苏联领导人的"世界革命"野心也随之膨胀。勃列日涅夫声称，美苏之间的缓和"绝不是取消，而且也不可能取消或改变阶级斗争规律"和"冻结社会政治现状"，"经济和防御力量的加强使苏联胜利地在国际舞台上展开积极的'攻势'"。也就是说，美苏缓和不能妨碍苏联搞"国际阶级斗争"和推进苏联模式的"世界革命"。由此，苏联开始大规模军事扩张和与美国在全球争夺霸权。

其一，展开军备竞赛，争取对美军事优势。在战略核力量上，1964年苏联拥有的战略核武器只有美国洲际导弹数量的1/4，潜射导弹的1/10，远程轰炸机的1/7，核弹头的1/17。经过一段时间的奋起直追，到1970年时苏联已拥有洲际导弹1300枚，首次在数量上超过了美国的1054枚。此后苏联在核运载工具和

---

① 胡锦涛：《在中国共产党第十七次全国代表大会上的报告》，人民出版社2007年版，第42页。

核弹头总当量上始终保持对美优势。在全面衡量战略武器的13项主要指标中，苏联有10项居于领先地位。常规力量方面，苏联陆军上世纪70年代初拥有的坦克、步兵战车等重武器数量已超过美国，质量上也与美并驾齐驱。空军、防空军的作战飞机大部分已为第三代飞机所替代。海军则由近海防御舰队转变成一支具有远洋作战能力的武装力量，"在世界海洋地图上难以找到苏联舰只航行不到的地方"（苏联海军司令戈尔什科夫语）。到80年代初，双方的军备竞赛进一步由陆地、海洋向太空进发，以确保能够摧毁对方。苏联先于美国先后进行了20多次反卫星试验，已初具实战能力。还多次进行激光武器试验并计划把反弹道导弹激光武器部署在太空。美苏两国军备竞赛呈现"矛与盾"、"质和量"较量无止境的螺旋式上升状态。

其二，向第三世界军事扩张，扩大"社会主义取向"的国家阵营。勃列日涅夫时期，恰逢第三世界国家民族解放运动蓬勃兴起，苏联以支持民族解放为名，鼓励这些国家走"以社会主义为方向"的"非资本主义道路"，进而达到控制和影响这些国家、扩大势力范围的目的。其主要手法：一是通过提供军事援助和军事设施、派遣军事顾问等方式搞军事渗透。苏联先后与10多个第三世界国家签署了带有结盟性质的"友好合作条约"，向36个国家提供了军事援助，70年代军援数额达440多亿美元，相当于同期经济援助的5倍。在中东地区仅向埃及一国就派遣了18000名军事专家。二是支持地区霸权主义国家。苏联支持印度肢解巴基斯坦，1971年8月苏印签署友好合作条约之后，不到两个月印度即入侵巴基斯坦，苏联向其提供了大批武器装备并派出舰队护航。同年11月，苏越签署友好合作条约，越南比印度还着急，不到一个月10万大军便在苏联顾问的指挥下大举入侵柬埔寨。三是发动代理人战争。苏联通过代理人向南美一些游击队提供援助，并大规模介入安哥拉内战、卷入埃塞俄比亚和索马里之间的武装冲突，甚至派出人员直接参加军事行动。苏联还直接或通过代理人方式插手第三世界国家内部事务，扶植亲苏政权。四是直接发动侵略。为了实现南下战略，与美争夺阿富汗，于1979年12月发动了侵阿战争。通过上述行动，苏联在第三世界扶植了一大批亲苏政权，还在大西洋和印度洋沿岸、地中海、红海、南亚和东南亚等许多具有战略意义的地区获得了一批机场和港口的使用权，在越南、古巴等国建立了海外军事基地，从而实现了全球部署。

其三，干涉中东欧国家内部事务，巩固战略后方。继上世纪50年代波匈事件之后，为了制止捷克斯洛伐克领导人当中的"反社会主义倾向"，1968年8月20日，苏联及华约成员国公然派出几十万军队、5000辆坦克入侵捷克斯洛伐克，撤换捷共及政府领导人，强行中止了该国依据本国国情进行的社会主义改革探索。

苏联的军事扩张和霸权行径造成了极为严重的后果。建立在"确保相互摧毁"乃至"二次打击"基础上的核军备竞赛置人类于危险境地，且苏美争霸加剧了全球紧张气氛，使得偶发事件引发战争的可能性大增。苏联对第三世界国家的政治、经济和军事支持，虽然对其实现独立、发展经济、巩固主权起到了一定的积极作用，但不可否认的是，苏美争夺也是造成某些第三世界国家和地区时至今日仍然动荡不已的根源之一。而1968年武装干涉捷克斯洛伐克、1978年支持越南入侵柬埔寨、

1979年直接发动阿富汗战争，则恶化了苏联的国际环境，损害了其社会主义形象，给国际共运和西方一些左翼政党带来严重的负面影响。特别是10年侵阿战争，导致阿富汗130多万人丧生，500多万人流离失所沦为难民。苏军自身则付出了伤亡5万余人、耗资200多亿美元的惨痛代价，导致军心涣散、国内军人家庭反战运动高涨，苏共及苏联社会主义制度在广大民众心目中的威望与信任急剧跌落，并由此孕育着社会不安和政权危机。对第三世界的扩张同时也使苏联背上了沉重的经济负担，加速了其走向衰落。据有关统计，苏联共向第三世界国家提供了7925辆坦克、20470门大炮、17艘潜艇、2620架超音速飞机、32210枚地对空导弹，绝大部分是半买半送。还每年为支持阿富汗亲苏政权（110亿美元）、支持越南侵柬（20亿美元）、支援古巴等拉美国家（60—80亿美元）、支持埃塞俄比亚等非洲国家（60—80亿美元）共支出约270亿美元。

苏联的对外扩张还引发了美国的强烈反弹，特别是里根上台后，奉行"以实力求和平"战略，重开对苏"冷战"，把苏联打造成"邪恶的帝国"，将美苏之间斗争描绘为"正确与错误、正义与邪恶之间的较量"，不仅大力支持阿富汗等地的反苏武装抵抗运动，而且对苏实施贸易禁运和遏制政策。鉴于苏联此时经济已经步入危机，而美国经济走出了滞涨，里根趁势重开军备竞赛，抛出了"星球大战计划"，试图以一场新的军备竞赛拖垮苏联。苏联为了保住其军备竞赛成果，不得不勉为其难地应对。1982年10月27日，勃列日涅夫在其临终前对军队领导人的最后一次讲话中还说，为了使苏联军队能够胜任职责，"人民是一切都在所不惜的……党中央采取的措施是使你们什么都不缺"。苏军领导人也多次放话称，如果美国胆敢破坏既有的战略均势，"苏联除了采取恢复均势的反措施外，别无选择"，并强调将进一步提高战略突破能力以克制"星球大战"计划。但此时苏联经济已实难再支撑下去了。

大规模裁军

与苏联的对外扩张相反，新中国成立后，我们不但没有步苏联后尘，还先后多次大裁军。新中国成立初期，人民解放军总兵力达550万人。1950年6月，我军参谋会议精简整编方案中规定全军定额400万人，复员150万人。后因朝鲜战争爆发，到1951年底，全军总兵额增至627万人，是解放军历史上兵力最多的时期。1951年11月，中央军委召开整编会议，规定到1954年把全军总员额控制在300万人左右。1957年1月，中央军委根据党的八大会议减少军费的精神，召开军委扩大会议，确定全军总人数3年内再裁减1/3至250万人左右（实际减至240万人），到1958年底，全军总人数与建国初期相比精简61.2%。1975年邓小平主持军委工作后，一直到1985年，邓小平以果敢的决心和恢弘的气魄领导人民解放军进行多次精简整编，精简规模一次比一次大，直至百万大裁军，其中比较大的有五次：

1980—1981年，裁并了各级机关重叠机构，撤销了省军区独立师，部分野战军步兵师改为简编师。1980年3月，中央军委决定，减少数量，提高质量，改变不合理的编制体制，压缩非战斗人员和保障部队，部分部队实行简编，将一部分部队移交地方。前后总计裁员27%。

1982—1983年，将军委炮兵、装甲兵、工程兵部改为总参下辖的炮兵部、装甲兵部、工程兵部；军区直属的炮兵、坦克和野战工兵部队，大部划归陆军部队建制；将铁道兵并入铁道部；基建工程兵集体转业到国务院有关部门和所驻省、自治区、直辖市。总计裁员17.5%。

1985年5月底6月初，中央军委召开扩大会议，确定了军队建设指导思想的战略转移，并决定裁减军队员额100万。此次裁减重点是精简总部、军兵种、大军区、国防科工委机关和直属单位；撤并部分院校；减少各级副职，将机关、部队的76种职务由军官改为士兵担任；将武装警察部队和县（市、区）人武部划归地方建制，精简整编工作到1987年初基本结束。经过裁减，中央军委所属总部机关人员精简近一半；11大军区精简合并成7个；全军减少军级以上单位30多个，师团单位4054个。军队兵员总额从1975年高峰时的611万，减到1985年的300万。同时部队进行了战略性结构调整，组建了陆军航空兵、电子对抗部队等新兵种，成立了预备役部队。

1997年9月，江泽民在党的十五大上提出，为适应世界军事领域的深刻变化，加强教育训练，提高现代技术特别是高技术条件下的防卫作战能力，在80年代百万大裁军的基础上，将在今后3年再裁减50万。到1997年底，部分集团军建制的乙种师已归武警部队。到1999年底，裁军任务完成。这次裁军中，有20余万军队干部退出现役转业地方工作。这是新中国历次裁减军队员额中干部精简比例较高的一次。

2003年9月，军委再次宣布裁军20万。到2005年底，圆满完成军队编制体制改革方案确定的任务，如期裁减员额20

万,其中精简干部17万,军队总员额下降为230万。陆军部队占全军总员额的比例降至历史最低点。这次体制编制调整改革,精简干部是重点。全军精简干部17万,优化了官兵比例结构。为此,人民解放军推出了新的制度支持改革。从2006年开始,施行文职人员和非现役公勤人员制度,改革军队力量构成和用人制度。通过此次改革,压缩了军队规模,优化了编成结构,充实了作战力量,精干了领导机关,收缩了保障摊子,推进了制度改革。

不可否认,苏联在戈尔巴乔夫上台后也进行了单方面裁军,但由于缺乏周密考虑,造成军队安置困难并危及国家军事安全。在1987年的联合国大会上戈尔巴乔夫宣布将单方面裁军50万、从东欧撤军和实施军工转产计划。但是,一是这种裁军的基础源于错误的思维逻辑,认为因中程导弹条约的签署,"美苏关系中的人性成份超越了传统的政治因素",这显然与事实不符。二是苏联的裁军有很大的随意性,基本上是戈氏的即兴决定,既对裁军及由此带来的军队重组问题缺乏统筹安排和可行性研究,也未就军人及其家属的安置、就业等问题制定任何解决方案。三是未考虑自上世纪70年代后期因美国等西方国家军事战略调整,如美军"空—地"一体战理论和里根"战略防御计划"出台所带来的武器和情报侦察体系更新问题,不仅使美国在对苏谈判中处于更加有利的地位,同时也威胁到了苏联的军事安全。如此裁军于苏联自身安全和世界和平均无裨益。

新安全观

中国大裁军的气魄,一方面是因为全党全国工作重心的转移,另一方面也源于安全观念的转变。传统的安全观念信奉"如果你想拥有和平,请准备战争"这句名言,认为与有序的国内政治生活不同的是,国际政治是处于无政府状态,因而在为权力和利益而进行的国际角逐中,任何国家都不可能有永久的绝对的安全。所以,外部军事进攻是构成一国生存和发展的主要威胁,国家获取安全最可行的办法就是最大限度地扩大单边军事能力,唯有把自己变得比对手强大,才会有安全感。新中国成立后,我们一度将军事安全摆在国家安全的首要位置,巩固国家政权、防止外敌入侵始终是国家安全的主旋律。

但冷战结束以来,随着世界多极化、经济全球化和社会信息化加速发展,世界开始面临一系列多元、复杂而又不为人们熟悉的安全议题,从种族冲突到大规模杀伤性武器扩散,从全球贫困到生态环境恶化,从疾病流行到恐怖主义,凡此种种,无不威胁到人类的持续生存和发展。这些安全议题的出现,客观上需要人们以全新的视角和方法来认识和对待它们。也正是在这种背景下,中国开始重新审视传统的国家安全观。1995年8月2日,中国首次公开提出要摒弃带有冷战思维的旧安全观,树立新型安全观。1997年3月,中国在同菲律宾共同主办的东盟地区论坛信任措施会议上,正式提出了适合冷战后亚太地区各国维护安全的"新安全观"。同年4月23日,中俄两国元首签署了《关于世界多极化和建立国际新秩序的联合声明》,双方主张确立新的具有普遍意义的安全观。1999年3月26日,江泽民在日内瓦裁军谈判会议上发表了《推动裁军进程,维护国际安全》的讲话,全面阐述了以互信、互利、平等、协作为核心,注重综合安全、追求共同安全、促进合作安全的新安全观。

2002年7月31日，参加东盟地区论坛外长会议的中国代表团向大会提交了《中方关于新安全观的立场文件》，全面系统地阐述了中方在新形势下的安全观念和政策主张。

在新安全观的指导下，近年来，中国军队积极参与国际军控与裁军谈判和建立军事互信措施行动。中国是世界上唯一公开承诺不首先使用核武器、不对无核武器国家和无核武器区使用或威胁使用核武器的国家。中国同12个陆地邻国解决了历史遗留的边界问题，坚持通过对话谈判处理同邻国领土和海洋权益争端。中国还与22个国家建立了防务安全磋商对话机制。其中，中美两国国防部就防扩散、反恐和双边军事安全合作等领域经常开展磋商；同蒙古、日本、越南、菲律宾、印度尼西亚、新加坡、印度、巴基斯坦等周边国家定期探讨亚太安全、双边军事关系和地区热点等问题，以维护地区稳定。还同印度、哈萨克斯坦、吉尔吉斯斯坦、俄罗斯、塔吉克斯坦等国签署了有关建立和加强边境地区军事领域信任措施的协定，与上述国家多次举行双边或多边联合反恐演练，开展联合巡逻检查活动。中国积极参加国际海上安全对话与合作，同美国建立了海上军事安全磋商机制，与越南签署了海军北部湾联合巡逻协议。还积极参与地区安全合作，如亚太地区安全对话和安全机制建设、上海合作组织框架内的联合军事演习等。此外，作为一个负责任的大国，中国支持并积极参加联合国维和行动，自1990年首次向中东地区派遣军事观察员以来，已累计向联合国30项维和行动派出各类人员2.1万人次，是联合国安理会常任理事国中派遣维和人员最多的国家。中国还根据联合国安理会的有关决议，派出军舰到亚丁湾和索马里海域护航。中国军队积极参与国际灾难救援活动，自 2002 年向阿富汗提供救援物资以来，解放军已 28 次执行国际紧急人道主义援助任务。

三、国防建设还是经济建设？

国防建设和经济建设是国家建设的两个重要方面，如何处理两者关系是事关国家发展全局和民族生存安全的重大问题。中苏两国在这方面遵循的理念不同，走的路也不同。

经济军事化的功过

苏联的战略判断、战略目标及军事战略方针，决定其把国防建设长期置于国家发展战略的中心和首要位置。

众所周知，苏联是在第一次世界大战后和国内战争中诞生的，本身就是一个超级军事化的国家。在数年外国干涉和国内战争之后形成的经济体制实质上是"军事工业体制"。新经济政策结束后，鉴于当时"处于资本主义包围"之下严峻的国际环境，特别是英国与苏联断交，被斯大林看成是开始准备新的战争，因此从 1929 年开始的国家加速工业化计划实际上是一个巨大的军事工业计划。斯大林认为，离战争爆发只剩下十来年的时间，需要重新进行军事和技术武装。1941—1945 年苏联经受住了一场全面的战争，可以说，如果没有 30 年代的备战经济，换作任何国家都难以承受。

二战结束后，苏联的地缘安全环境得到极大改善，但斯大林从意识形态和大国利益出发，竭力靠军事力量扩大势力范围和世界影响。战后初期，苏联总兵力为 287 万人，高于美国

（145万人）近一倍。到1949年北约成立、朝鲜战争爆发，苏联总兵力又增至500万人，而美军只有300万。苏联还在东欧部署了30个师的兵力，在西部边境也部署了大量军队，并装备了先进的武器装备。与此相适应的是国民经济继续高度军事化。作为军事工业重要支撑的重工业一直是苏联经济发展战略的核心。战后第一个五年计划期间，以重工业为代表的军事经济消耗了近1/4的国民收入，不仅恢复到战前水平，并且还有了很大提高。但是轻工业却没有恢复战前水平，人民仍像以前一样，感到日用消费品匮乏，民用经济的增长远远不能满足人民的需要。

赫鲁晓夫时期，民用经济稍有改善，但经济军事化的程度仍在加深。苏联在裁减常规军备的同时，在核武器及其运载工具和相关宇航领域与美国展开竞争，军工企业及工人数量增加了50%。勃列日涅夫执政初期，由于推行"新经济体制"，苏联经济得到较快发展，1960年的国民生产总值为3040亿卢布，到1975年已增至8626亿卢布。工业发展迅速，电力、原油、原煤、天然气、钢等项产品的产量均大幅度超过了美国，在世界上居于领先地位。本来这一时期是改革的最佳时期，如果能够利用这个苏联历史上经济水平和综合国力都处于强势上升的时期，抓住有利时机，调整国民经济，大幅度提高人民生活水平，也许之后历史将被改写。可惜勃列日涅夫与其他苏联领导人一样将拥有强大的军备和核威慑力量看作是推行对外政策的先决条件，在向资本主义"总进攻"和"决不允许"美国占有军事优势的战略思想指导下，苏联把更多的人力、物力、财力投入到军备竞赛中，致使经济畸形化和军事化程度远超斯大林和赫鲁晓夫时期。

据统计,到 1978 年时苏联的军费开支已居世界首位。1965—1980 年期间,实际军费开支占国民收入的比重高达 19—23%。在上世纪 70 年代扩军备战的高峰期里,苏联更把大约年国民收入的 20—25% 用于军事目的。苏联劳动力一直短缺,整个国民经济中缺少劳动力约 200 万人,但在军品生产部门工作的人数却不断上升,每年新增劳动力的相当大份额被国防工业部门占用,增长速度远超从事民用生产的职工增长速度。此外,全苏科研经费的 75%、科研人员的近半数用在国防科研领域,每年理工院校毕业生也优先满足国防科研系统的需要,同时地方科研力量中有很大一部分被挪用于承担国防科研任务。苏联国防建设还耗用了机器制造和金属加工业产品的近 1/3,冶金产品的 1/5,化工产品和能源的 1/6,以及大部分电子工业产品。美国中央情报局报告指出,仅 1968—1978 年 10 年间,苏联生产了坦克 17350 辆,是美 2.7 倍;装甲车 36650 辆,是美 7.6 倍;洲际导弹 2035 枚,是美 9 倍;攻击潜艇 61 艘,是美 2.3 倍,核潜艇 33 艘,是美 16.5 倍。全苏有 5000 多家军工厂,仅生产导弹一项就花费了 6000 多亿美元。

苏联这种长期"重军抑民"的政策,给国民经济带来了灾难性的影响,使苏联经济成为世界上军事化程度最高的经济。俄罗斯前总理普里马科夫对此有个形象的说法:"我们曾有过一个巨大的脓肿:以某种形式同军工生产有联系的国内生产总值占了 70%。"由于军工生产具有特殊性,其产品不同于民用产品,既不能用于生产资料,也不能用于消费资料,从而脱离了社会再生产过程,只能通过高积累方式来维持。苏联在这方面尤其严重,最新最好的科技成果都被用在国防工业综合体上。加之苏联国防经济体系与民用经济体系严格分离,致使国防技术不能转化为民用技术、国防经济不能反哺民用经济,并且随着国防费用和国防工业综合体的膨胀,严重影响了消费工业的发展和进步。其结果只能是国防及国防经济越发展,民用经济越萎缩。到20世纪70年代后半期,苏联除了国防建设之外,其他领域的发展都陷入困境,其中一个重要原因就是国防力量的发展已经成了国民经济发展的负担,而不是先导,更谈不上促进。其民用经济部门的技术和组织水平到上世纪80年代中期仍停留在上世纪30年代中期的水平,农业部门则相当于上世纪20年代中期的水平。民用产品不仅质次而且量少,1200种日常生活用品中竟然有1000种经常性短缺,人民最基本的一些生活需求也得不到满足。苏联人民长期承担着人均4倍于美国的军费负担,"支援"着社会主义阵营和许多第三世界国家,却过着非但不如美、德、日等西方国家,甚至比不上东欧国家民众的生活,他们当然有理由感到愤懑和不平,这种不满情绪日积月累,最终销蚀了苏联社会和政治稳定大厦的根基。

"两头兼顾、协调发展"

从毛泽东开始,中国共产党的历代领导人均十分重视国防建设与经济建设协调发展的问题,进行了有益的探索,中间虽走过一些弯路,但逐步形成了正确把握二者关系规律的理论认识和实践运作,取得了斐然成就。

新中国成立初期,百废待兴,同时面临严峻的国家安全形势,如何处理两者关系,成为一个十分突出、棘手的问题。对此，毛泽东采取了国防建设与经济建设并重的战略。1950年9月，毛泽东在出席全国战斗英雄和劳动模范代表大会上明确提出："我国必须建立强大的国防军，必须建立强大的经济力量，这是两件大事。"[①] 这可以说是中国共产党关于两者关系的最初表述。朝鲜战争爆发后，为了应对战争威胁，国家财政大幅增加了国防费比例，同时尽最大力量保证经济建设能正常进行。1952年编制的"一五"计划明确提出："我们国家大规模建设是在抗美援朝环境下进行的，因此必须按照中央的'边打、边稳、边建'的方针来从事国家的建设"，"抗美援朝和国家建设必须兼顾，这是我们制定计划的出发点。必须由此出发来考虑国家的工业建设的投资、速度、重点、分布和比例"。

抗美援朝战争结束后，中国重新转入大规模和平建设，党中央认为照搬苏联经验不行，为此在深入调研的基础上，毛泽东于1956年发表了著名的《论十大关系》，科学回答了当时国家建设中面临的十个重大问题。其中对国防建设与经济建设关系问题作了精辟的论述："国防不可不有。……不但要有更多的飞机和大炮，而且还要有原子弹。在今天的世界上，我们要不受人家欺负，就不能没有这个东西。怎么办呢？可靠的办法就是把军政费用降到一个适当的比例，增加经济建设费用。只有经济建设发展得更快了，国防建设才能有更大的进步。"[②] 这段时期，我军又进行了两次大精简，到1958年底规模已降至1949年的56%。随着国防开支下降，国家可以将更多的资源投入经济建设，同时军队员额的减少也有利于得到较为充足的经费保

---

① 《毛泽东军事文集》第六卷，军事科学出版社1993年版，第339页。
② 《毛泽东文集》第七卷，人民出版社1999年版，第27页。

证，装备水平和作战能力明显提高，我国国防科技与世界先进水平的总体差距已经缩短到10年左右。正是在毛泽东关于国防建设与经济建设关系的重要思想指导下，我军国防现代化建设迈出了坚实的第一步。

但从上世纪60年代起，随着中苏关系恶化、中印边境冲突、台海局势紧张和越南战争爆发，中国的安全环境急剧恶化。中央在处理国防建设与经济建设关系的指导思想上被迫作出重大调整，再次强调国防优先战略，主要体现在加大国防建设投入、调整工业布局、加强战略后方建设，先后投入2000多亿元按照"山、散、洞"的原则搞"三线"建设。国防开支占国家财政支出的比例从1960年的9%猛增到了25%以上。同时军队两次扩编，并长期保持在600万人以上。随着国防投入的大幅增长，国家抵御侵略战争的能力不断增强，形成了慑止战争的战略态势。正如邓小平后来所讲："如果60年代以来中国没有原子弹、氢弹，没有发射卫星，中国就不能叫有影响的大国，就没有现在这样的国际地位。"[①] 这一时期国防科技工业的迅猛发展，也产生了惠及今日经济发展的作用，如"两弹一星"极大地促进了核电、航天等一系列产业的发展。当时在"三线"地区建设的一大批军工企业和国防科研机构，为改革开放后中西部地区的发展发挥了中坚作用。当然，上述成就的取得在当时是以牺牲经济社会的综合发展为代价的，加之十年"文革"的严重破坏，到70年代中期，国民经济已经濒临崩溃，并制约了国防建设的持续发展。

---

① 《邓小平文选》第三卷，人民出版社1993年版，第279页。

十一届三中全会后，党和国家的工作重心实现转移。邓小平提出了国防建设要服从和服务于经济建设大局，军队要积极参加国家经济建设的思想。他指出："过去我们过多地认为世界大战很快就要打起来，忽视发展生产力，忽视经济建设。现在根据新的观察、新的分析，下决心一心一意搞建设"①，"四化总得有先有后。军队装备真正现代化，只有国民经济建立了比较好的基础才有可能。所以我们要忍耐几年。先把经济搞上去，一切都好办。现在就要硬着头皮把经济搞上去，就这么一个大局，一切都要服从这个大局"②，"我们军队有自己的责任，不能妨碍这个大局，要紧密地配合这个大局，而且要在这个大局下面行动"③，将来等"大局好起来了，国力大大增强了，再搞一点原子弹、导弹，更新一些装备，空中的也好，海上的也好，陆上的也好，到那个时候就容易了"④。正是基于上述思想，国防和军队建设由临战状态开始转向和平时期建设轨道。国家一再压缩国防经费，强调军队要过紧日子，在忍耐中求发展。在大裁军的同时，继续调整国防科技工业布局，实行"军民结合、平战结合、军品优先、以民养军"的方针。军队开放部分机场、码头、仓库、铁路军事专用线等军用设施，培养军地两用人才等。这些政策措施，极大地减轻了国家财政压力，有力地支持了国家的经济建设。当然，在为经济建设让路的同时，军队现代化在一定程度上受到了影响。据统计，1980—1997 年 18 年间，国防费占 GDP 的比重由 4.3% 逐年下降到 1.09%，低于发达国家占 3% 的水平，也低于世界大多数国家占 2.6% 的平均水

---

①②③④ 《邓小平文选》第三卷，人民出版社 1993 年版，第 249、128、99、100 页。

平。扣除这一时期的物价因素，实际上是负增长，国防建设只能处于维持状态，与发达国家在装备技术水平上差距进一步拉大。尤其是上世纪80年代中期以后，在军队要"自我发展"、"自我完善"思想的影响下，部队普遍开展了经商活动并愈演愈烈，不仅牵扯军队建设，而且成为了腐败的温床。

20世纪90年代初，以江泽民为核心的党的第三代领导集体，在继承邓小平关于国防和军队建设要服从国家经济建设大局的战略基础上，进一步提出了"两头兼顾、协调发展"的思想。这一思想提出的背景是，世纪之交国际国内形势发生一系列变化，尤其是发生了海湾战争、科索沃战争等一系列战争，显示出世界新军事变革的飞速发展，以及我国安全环境面临新的考验。同时，经过10多年的改革开放，我国经济建设取得巨大发展，经济实力有了显著提升。为适应打赢高技术条件下局部战争的战略要求，江泽民强调国防建设必须随经济建设发展得到加强。他指出："我的基本想法是，国防费要在生产发展基础上逐年增加，要逐步更新装备，否则太落伍了不行。在国家经济逐步发展的基础上，要尽力保障军队建设的需要"，"如果不随着经济的发展及时地把一部分经济实力转化为军事实力，不形成与经济实力相协调和与国防建设需要相符合的不断壮大的军事实力，我们就不能有力地保证国家的安全。这一点，对于我们这样一个幅员辽阔的社会主义大国来说，始终是十分重要和千万要加以注意的"。[①] 他还详细阐述了两者关系问题，此后，"要始终坚持以经济建设为中心，经济建设与国防建设两头

---

① 《江泽民文选》第二卷，人民出版社2006年版，第465页。

兼顾、协调发展"的思想正式成为中国共产党处理国防和经济建设的指导方针。根据这一方针,中央采取了一系列旨在加强国防建设的具体措施:一是适度增加了国防费投入,使之与国民经济增长相适应。二是果断停止军队一切经商活动,军队要"吃皇粮"。三是继续裁减军队员额,收缩摊子,改善结构,提高质量,走精兵之路。四是推进军队编制体制改革、后勤保障社会化改革、采购制度改革等一系列改革。五是在武器装备上确立"有所为,有所不为;有所赶,有所不赶"的原则,集中有限的人力、物力、财力,坚持自主创新,重点研制一些具有战略威慑力的"杀手锏"武器。通过上述措施,国防和经济建设初步形成良性互动局面,特别是一些国防科技重点项目的顺利实施,我国陆续取得了一批在世界上处于领先地位的科技成果。

党的十六大以后,以胡锦涛为总书记的党中央进一步深化了对国防建设与经济建设关系的认识,并将之纳入更高层次的全面、协调、可持续的发展指导思想之中。2004年7月24日,胡锦涛主持了以"坚持国防建设与经济建设的协调发展"为主题的中央政治局第十五次集体学习。他阐述了两者的辩证关系,指出"经济建设是国防建设的基本依托,经济建设搞不上去,国防建设就无从谈起。国防实力是综合国力的重要组成部分,国防建设搞不上去,经济建设的安全环境就难以保障"①,并强调"正确认识和处理国防建设与经济建设的关系,是我国社会主义建设中的一个带有全局性的重大问题"②。胡锦涛要求以科

---

①② 《人民日报》,2004年7月25日《社论》。

学发展观来指导国防和军队建设，指出："要依托国家经济社会发展，把国防建设融入现代化建设全局之中，统筹国防资源与经济资源，注重国防经济和社会经济、军用技术和民用技术、军队人才和地方人才的兼容发展，进一步形成国防建设和经济建设相互促进、协调发展的良好局面。"① 他在题为《努力推动国防和军队建设又快又好地发展》的讲话中明确提出，实现国防和军队现代化建设发展，必须坚持"军民结合、寓军于民"的原则。在党的十七大报告中又进一步指出："必须站在国家安全和发展战略全局的高度，统筹经济建设和国防建设，在全面建设小康社会进程中实现富国和强军的统一"②。

以科学发展观统筹国防军队建设和经济建设，在坚持以经济建设为中心的同时，把国防军队建设融入经济社会发展体系之中，整体推进，实现二者协调、可持续发展，对于进一步转变我国国防和军队建设思路，创新发展模式，实现跨越式发展，从而更好地履行新阶段我军历史使命，具有深远的意义。在这一方针指引下，着眼于建设信息化军队、打赢信息化战争要求，中央军委不断加大人才战略工程实施力度，依托国民教育资源培训了大批人才；武器装备注重顶层设计，走机械化信息化复合之路，一批高新技术武器装备陆续列装部队；实行大联勤制，借助地方力量、凭藉社会资源推行保障社会化，后勤保障的效益和水平不断提高……中国特色军民融合式发展之路越走越宽，近十年我国国防军队建设领域取得的一系列成就证明了这一点。

---

① 《解放军报》，2005 年 3 月 14 日。
② 《中国共产党第十七次全国代表大会文件汇编》，人民出版社 2007 年版，第 40 页。

中国军费开支多了还是少了？

近年来，西方一些政客和媒体总是拿中国的军费开支说事儿，说中国的军费不断增加，对周边国家构成了威胁。实际上，中国政府是依据国防经费增长应当与国防需求和国民经济发展水平相适应的原则，合理确定国防经费的规模，走投入较少、效益较高的国防和军队现代化建设道路，国防投入保持合理适度的规模。

其一，从纵向看，军费占国内生产总值和国家财政支出比例是增高还是降低。2008年《中国的国防》白皮书，首次公布了改革开放30年来国防费的基本数据，把国防费支出分为三个阶段：一是从1978年到1987年，随着国家工作重点转移到经济建设上来，国防建设处于低投入状态。国防费年均增长3.5%，同期GDP年均增长14.1%，国家财政支出年均增长10.4%；国防费占GDP和国家财政支出的比重，分别从1978年的4.6%和14.96%下降到1987年的1.74%和9.27%。二是从1988年到1997年，为弥补国防基础建设的不足和维护国家安全统一的需要，中国在经济不断增长的基础上，逐步加大国防投入。国防费年均增长14.5%，同期GDP年均增长20.7%，国家财政支出年均增长15.1%，国防费占GDP和国家财政支出的比重继续下降。三是从1998年到2007年，为维护国家安全和发展利益，适应中国特色军事变革的需要，中国在经济快速增长的基础上，继续保持国防费的稳步增长。国防费年均增长15.9%，同期GDP年增长12.5%，国家财政支出年均增长18.4%。国防费占GDP的比重虽有所上升，但占国家财政支出的比重总体上仍呈下降趋势。依据2010年《中国的国防》白皮书数据，2008年、2009年和2010年，国防费年增幅达到17.5%、18.5%和7.5%，占国家财政支出比例略有下降。

其二，从结构看，我国国防费支出增长仍具有补偿性、维持性和内向性以及转型性特点。首先，上世纪90年代主要属补偿性增长，因为之前军队要忍耐，国防建设为经济建设让路，欠帐太多，需要10—15年才能逐步弥补。其次，在国防支出中，人员生活费、训练维持费和装备费各占1/3。我国有2.2万公里的陆上疆界和1.8万公里的海岸线，维护疆土海域日常消耗巨大，人员生活费和训练维持费占到国防费支出的2/3，说明国防开支仍属维持性的。第三，由于我军的基层部队建设，特别是基础设施建设还比较落后，长期以来边海防部队、西藏地区、青海地区等高海拔地区生活条件艰苦，国防费有相当部分用于改善这些地区部队执勤和生活条件，因此国防费具有一种内向式的增长。第四，随着信息化建设的推进，军队由机械化转到信息化，是一种脱胎换骨式的转型。由于过去基础比较弱，既要维持旧系统的运行，还需支持新系统的发展，即双重发展，投入自然高，西方国家也均经历过这一阶段。国防费增长要适应中国特色军事变革的需要，因此属于转型性或发展性增长。此外，近年来，军队承担的非战争军事行动任务越来越繁重，从2008年汶川抗震救灾、2009年初以来海军赴亚丁湾和索马里海域护航，到青海玉树地震和甘肃舟曲泥石流抢险，以及国际救援行动等，国防费中必须增加对这一块保障能力的投入，以完成多样化任务。

其三，从横向看，中国国防费总额、军人人均数额，仍低于世界一些主要大国的水平。以 2007 年为例，中国年度国防费仅相当于美国的 7.51%、英国的 62.3%。军人人均数额是美国的 4.49%、日本的 11.3%、英国的 5.31%、法国的 15.76%、德国的 14.33%。从国家国防负担的相对比例看，中国国防费仅占国内生产总值的 1.38%，而美国占 4.5%、英国占 2.7%、法国占 1.92%。

四、党指挥枪还是枪指挥党？

军队是执行政治任务的武装集团，坚持党对军队的绝对领导是社会主义国家军队与资本主义国家军队的根本区别。中苏两党均十分重视党对军队的领导。但是，从戈尔巴乔夫起，在对国防和军队的改革问题上犯了一系列严重错误，搞乱了军队建设，加剧了部队思想混乱，以至于军队在面临苏联解体的最后关头陷入"忠于谁、为谁而战"的困惑。

戈尔巴乔夫对军队都做了些什么

客观地说，苏军作为世界上最强大的武装力量之一，在抗击侵略及冷战时期两极对抗格局下为确保国家战略安全、维护苏东阵营社会体制等曾立下汗马功劳，并一直处于党的绝对领导之下。但在较长历史时期，军队内部也积累了许多问题，有的问题还比较严重，军事战略问题也存在严重偏差，这些都需要进行改革。应当说，戈尔巴乔夫对军队进行必要的改革是对的，问题是他开错了药方，搞错了方向：

其一，以新思维指导军事对外战略调整，给军队思想和建设带来极大冲击。戈氏将苏军的军事战略方针从一个极端的进攻改为另一个极端的防御，抛弃了苏军传统的战略理论基础，完全改变了苏联的战略安全定位，将与西方合作维护"人类的价值和生存"而不是维护国家的安全置于首位，导致无法制定切实可行的军事发展战略及客观确定军队结构和规模，给军队的思想和建设造成极大冲击。

其二，改革军事体制加剧了军内分化，为民主派和民族分裂分子的颠覆、渗透提供了可乘之机。公开性既是戈尔巴乔夫改革的政治目标，也是其推动改革的重要手段。为解决军队内部对新思维的抵制情绪和在裁军等问题上的拖延对抗行为，戈尔巴乔夫及其亲信积极鼓动立法机构、媒体、大众就军事政策进行公开辩论，企图动员社会舆论力量推动军事体制改革。由于改革之初大多数中下级军官对军队弊端十分不满，公开性为其提供了发表意见的机会，民主派趁机在军内寻找政治同盟。到1990年，大多数加盟共和国成立了自己的国防部和准军事组织，有11个共和国通过法令，宣布苏联兵役法为非法或要求公民返回本国服役。公开性和反征兵运动严重动摇了苏军的基础，对军队人力、资源的争夺和分化，导致军队作为一个统一的、受纪律约束的整体事实上不复存在。

其三，在公开性运动中放任媒体舆论对军队攻击，恶化了军民关系。1987年5月发生西德人鲁斯特驾机降落红场事件后，戈尔巴乔夫在政治局会议上称这是对苏联人民的"侮辱"，"军队是个独立王国，谁也不能批评"，并趁机对军内高层进行大调整。随着公开性的展开，军队被指责为"引发了经济危机，促使西方扩军备战，而且还是改革的主要障碍"。媒体还刊登了大量揭露军队"阴暗面"的文章,有关军营虐待行为、犯罪、士兵悲惨生活和高级官员特权等问题的报道,对正在和即将服役的军人家属产生极大的情感冲击,纷纷要求对军内虐待和非作战伤亡事件进行调查,并呼吁子女提前退役和抵制征兵。1990年8月,25位元帅和将军在报纸上发表声明,指出军队问题是社会问题的一部分,媒体片面报道的目的是"使将军与社会对立起来,使苏联军队名声扫地"。但声明很快被指责军队的歇斯底里所淹没,军队日益失去民众信任,成了社会的弃儿。

其四,在动用军队问题上的两面派做法疏远了党与军队之间的关系。随着极端民族主义和民族分离主义的发展,苏联发生了阿拉木图、第比利斯、巴库和立陶宛反苏民族主义骚乱,以及纳—卡、费尔干纳、德涅斯特河左岸族际冲突。戈尔巴乔夫等党的领导人为避免影响其改革政策及在国内外的"形象",对民族主义活动不是采取果断措施予以打击,而是姑息迁就,甚至以调停者自居,导致分离活动愈演愈烈。1989年4月格鲁吉亚民族民主党在第比利斯组织10万人的反苏示威活动,军队奉命介入后造成19人死亡,100多人受伤,引起公众强烈反应。事后戈尔巴乔夫和政治局成员相互推卸责任,甚至指责军队,给公众以军队擅自行动的印象。此后在平定巴库人民武装阵线和立陶宛独立运动时,戈尔巴乔夫又采取相同手法,严重挫伤了军队感情。作为由多民族构成的苏联军队,民族问题与军队息息相关,民族问题激化及冲突增多加剧了军内业已存在的族际紧张关系,削弱了部队的可靠性和战斗力,而党在动用军队维持国内秩序时的两面派做法,则使军队失去了对党的信任。

其五,党削弱和放弃了对军队的领导。军队"国家化"和

"非政治化"是戈尔巴乔夫总体改革战略的一部分。1988年6月苏共十九次代表会议决定进行政治改革后,戈尔巴乔夫提出了"放弃党的政治垄断、党接受民主监督并服从国家法律"等主张,企图通过弱化党的作用、将权力移交国家机构来对付党内反对势力。1990年3月,苏联人民代表大会取消了宪法中关于"党的领导作用"的第六条。在随后召开的苏共二十八大上,戈尔巴乔夫提议取消军队政治机关。由于受到总政治部和利加乔夫等党的领导人强烈反对,政治机关得以保留,但由党的机构变成了国家机构,只负责军队教育、文化和行政工作,不再拥有指挥权。同年10月,戈尔巴乔夫对苏共中央进行改组,将总政转属总统办公厅和人民代表大会领导,并出台了《苏联共产党组织在武装部队中的工作条例》,规定"苏共党组织及其机构不得干预行政人员和军事机关的工作",同时允许其他政党按"平等竞争"原则在军队内活动,从而向军队"国家化"迈出了关键步伐。戈尔巴乔夫对军队政治机关的改革严重破坏了党在军队的组织体系,民主派趁机借"非政治化"宣传蛊惑军心,并加紧对军队进行渗透。与此同时,由于党的领导作用被取消,加之对改革的失望,军队内部特别是技术密集军种军官退党渐成潮流之势,到"8·19"前夕,军队已处于崩溃边缘。

"8·19"事件是党和军队一些领导人为挽救苏共、避免苏联解体而采取的非常之举。但在此危亡时刻,苏共已如强弩之末,根本无法控制军队。而在军队内部,经过长期政治斗争和改革的"洗礼",大多数高级军官不是不愿冒险,就是只关心自己的名利地位,根本无法协调行动,部队官兵则普遍持观望态度,最后坐视苏联解体和苏共垮台。

第八章 从立足战争到维护和平

党对军队的绝对领导

与苏联军队由军事首长负责全面工作（包括承担政治教育者角色）、政治副职负责党务的"一长制"不同，中国共产党主要通过党委统一集体领导下的首长分工负责制来实施对军队的领导。这一制度产生于革命战争年代，经受了历史的考验，是一项根本制度。

在中国共产党创立党绝对领导军队这一新的军事领导制度之前，中国的军权主要掌握在个人手里。这也是辛亥革命后军阀操控政党和政府、割据混乱的重要原因，给国家和人民带来了深重灾难。1927年秋收起义后，毛泽东率部队进行了三湾改编，实行班、排成立党小组，连队设立党支部，营、团建立党委，一切重大问题须经党组织集体讨论决定的新制度。这标志着党对军队绝对领导制度的基本形成。毛泽东在向中央汇报时称："红军所以艰难奋战而不散，'支部建在连上'是一个重要原因。"① 两年后的古田会议决议，则进一步从政治上、思想上、组织上对这一制度进行了保证，决议明确指出，党的指导机关是部队领导的中枢，党委保证党的政治任务的实现，而且要领导军事工作。抗日战争开始后，蒋介石以国家化身自居，逼中共交出军权，八路军亦曾一度取消政治委员制，致使无组织无纪律现象和军阀习气开始出现和滋长。为此，中央通过决议，强调党对军队实行独立领导和党指挥枪而决不容许枪指挥党等原则，并恢复了部队政治委员制，政治工作得到加强，有力地

---

① 《毛泽东选集》第一卷，人民出版社1991年版，第68页。

促进和提高了部队的战斗力。解放战争时期，党中央、中央军委根据战争进程适时提出健全党委制和加强集中统一领导等新的原则和要求，为指导和指挥全军赢得全国胜利提供了根本保证。

新中国成立后，军队建设转入正规化、现代化建设阶段。苏军作为社会主义国家中正规化和现代化水平最高的军队，必然成为我借鉴的重要对象。一些人主张照搬苏联经验，实行一长制，认为"过去是打政治，现在是打技术"。针对这些情况，1953年12月至1954年2月召开的全国军事系统党的高级干部会议做出了明确的回答，会议发言和报告中指出，"没有党的领导，就没有我们的革命武装部队"，在对待外国经验问题上应当坚持"以我为主"的原则，发扬我军优良传统，采取在党的统一（集体）领导下的首长分工负责制。1954年4月，新中国成立后的第一部《军队政治工作条例》强调，必须坚持党对军队的绝对领导，军队必须为实现党的纲领路线而奋斗，政治工作要贯彻党的三大作风，提高全体军人政治素养，使干部战士熟练掌握现代化的军事业务技术。毛泽东在阅读条例（草案）时亲笔加上了一条"中国共产党在中国人民解放军中的政治工作是我军的生命线"[①]。上述报告、条例的下发，回答和澄清了干部战士中的模糊观念，巩固了党对军队的领导，指导和推动了我军在20世纪50年代的正规化、现代化建设。

十年"文革"给军队建设造成破坏性影响，在"踢开党委闹革命"和"砸烂总政阎王殿"的口号下，军队党委制近乎处

---

① 1954年毛泽东对《中国人民解放军政治工作条例（草案）》的重要批示，转引自《叶剑英军事文选》，解放军出版社1997年版，第410页。

于瘫痪状态。1975年1月邓小平复出担任中央军委副主席和解放军总参谋长后,立即着手军队整顿,重点解决部队建设中的"肿"、"散"、"骄"、"奢"、"惰"和领导班子中"软"、"懒"、"散"的问题。他要求部队在精简整编中整顿和健全各级领导班子,建立和健全有效的规章制度,加强政治工作,增强无产阶级党性、批判资产阶级派性,保持和发扬革命军队的优良传统和作风。党的十一届三中全会以后,我国进入改革开放新的历史时期,受"文革"后遗症、外来资产阶级思想的侵蚀、否定党的领导的自由化思潮泛滥等因素影响,一些人对坚持党的领导包括党对军队的绝对领导产生了怀疑动摇。对此,邓小平旗帜鲜明地提出了以坚持党的领导为核心的四项基本原则,并多次强调"我们的传统是军队听党的话","党要管军队,因为军队始终是党领导的"。[1] 邓小平精辟地把我军的性质概括为"党的军队、人民的军队、社会主义国家的军队",要求部队"能够始终不渝地坚持自己的性质"。[2] 他十分重视加强和改进军队政治工作,指出"要研究和解决在新的历史条件下,怎样恢复和发扬政治工作的优良传统,提高我军战斗力的问题"[3]。在邓小平担任军委主席期间,通过整党工作,部队党风有了明显好转;军队思想工作坚持教育、疏导方针,摒弃了过去一套"左"的做法;按照干部"四化"(革命化、年轻化、知识化、专业化)要求,调整了各级领导班子;实施军、政、文、民一体化的教育训练,丰富了我军教育训练和政治工作的内容;开展了树立社会主义精神文明和拥政爱民活动,密切了党军、军

---

[1][2][3]《邓小平文选》第三卷,人民出版社1993年版,第317、334、114页。

民关系。

上世纪80年代末90年代初以来，随着苏联解体、东欧剧变，西方敌对势力把目光瞄向中国，极力鼓吹"军队非党化、非政治化"和"军队国家化"，试图在中国共产党与军队的关系上打开缺口，使军队脱离党的领导，从而从根本上改变我国的社会主义制度。与此同时，在国内随着改革的深入，一些深层次矛盾开始显现，解决的难度加大。党的执政地位面临严峻考验。在这种背景下，江泽民提出了"打得赢"和"不变质"这两大历史性课题。"打得赢"是指我军能否打赢未来可能发生的高科技战争；"不变质"则是指我军在新的时代背景下能否保持人民军队的性质、本色和作风，始终成为党绝对领导下的革命军队。江泽民认为，我军的根本问题"归根到底就是军队接受谁的领导，为谁服务，归根到底就是军队的性质问题"，"历史的事实说明，一个国家的军队掌握在什么人手中，始终是关系这个国家前途命运的重大问题……中国共产党把军队真正掌握住了，国家就出不了什么大的乱子，遇到不管是来自国内还是国外的什么风浪，都比较容易对付"。① 为进一步巩固党对军队的绝对领导，江泽民从讲政治入手，他在1995年12月的军委扩大会上发言指出，军队的同志特别是高中级干部，必须对西方敌对势力"西化"、"分化"中国图谋、伺机对我军进行渗透和破坏高度警惕，要始终保持政治上的清醒和坚定；强调必须以党的纪律来保证党指挥枪这一原则的贯彻执行，不能搞小集团和小圈子，否则"就会内耗纷起，人心涣散，军队的集中统

---

① 《江泽民文选》第二卷，人民出版社2006年版，第445页。

一就会受到破坏,甚至丧失战斗力"①。江泽民十分重视部队党建和领导班子建设,要求军队各级党组织发挥核心领导作用和战斗堡垒作用。针对个别领导班子中存在的党性原则不强、软弱涣散乃至"集体犯规"和隐情不报等现象,要求认真进行理论学习,坚持和健全民主集中制,防止个人凌驾于组织之上。江泽民还亲自倡导在全军范围开展以"爱国奉献、革命人生观、尊干爱兵和艰苦奋斗"为主题的四项教育活动,指示总政治部研究改进在改革开放和发展社会主义市场经济条件下的军队思想政治工作,提高了广大官兵抵御各种错误思潮和拒腐防变能力。

新世纪新阶段,党对军队的领导和军队政治工作面临更多考验:西方加紧对华实施"软渗透",意识形态领域斗争尖锐复杂;改革步入攻坚期,经济社会矛盾多发,国际国内思想舆论互动性增强;国防和军队改革不断深化,党员干部队伍思想、作风、素质出现许多新情况,保持党和军队光荣传统优良作风遇到新的课题,这些都对军队党建提出了更高要求。为此,胡锦涛科学概括了新世纪新阶段军队的历史使命,强调"军队要为党巩固执政地位提供重要的力量保证"②,阐述了当代革命军人核心价值观——"忠诚于党,热爱人民,报效国家,献身使命,崇尚荣誉"③,要求军队积极开展历史使命、理想信念、战斗精神和社会主义荣辱观教育。根据胡锦涛的指示,中央军委颁发了《关于加强和改进新形势下军队党的建设的意见》,就建

---

① 《江泽民文选》第一卷,人民出版社2006年版,第490页。
② 《解放军报》2005年10月1日《社论》。
③ 《人民日报》2008年12月31日《社论》。

设学习型政党、提高领导班子和干部队伍素质、加强基层党组织建设等六个方面提出了任务要求。全军军以上单位共举办领导干部理论轮训班6500多期，团以上干部普遍轮训了一遍，以适应新的形势任务需要。重新修订下发了军队政治工作条例，进一步增强了思想政治工作的科学性。顺应社会主义市场经济发展要求，坚持依法治军，充分发扬军队党内民主，先后制定了《军队党组织实施党内监督的规定（试行）》、《中央军委关于进一步加强军队高中级干部作风建设的意见》等文件，建立了党务公开制度、党内事务咨询制度、党委讨论决定重大问题酝酿机制、军官考核评价实施办法、领导干部问责制等一系列规章制度。这些制度创新对于新形势下进一步改进军队党风，维护党的领导，确保我军性质、本色、作风和有效履行新世纪新阶段历史使命，具有重要深远的意义。

结　语　让历史昭示未来

"前事不忘，后事之师。"2011年12月是苏联解体20周年，也是中国转向和实施市场经济20年，期间中国发生了翻天覆地的大变革，实现了举世瞩目的大发展，一个发展中的社会主义大国正矗立在世界舞台上，与20年前的苏联情状不可同日而语。20年后，我们拿这样一个鲜活的中国与已经逝去的苏联对比，绝不是为了凸显自己取得了多么了不起的成就（事实上，在军事、科技、教育及文化等许多方面至今中国还不能望其项背），而是为了说明中国是如何在发展道路上学习苏联而又超越苏联的，是为了向国际社会昭示中国不是苏联、中共也不是苏共。国际社会既不要想当然地认为中国会和苏联一样"国强必霸"，也不要一厢情愿地认定中国会和苏联一样作"鸟兽散"，我们总结苏联解体和中国发展的经验和教训，更是为实现中国又好又快又顺当的和平发展提供一些借鉴和启示。

一、既要从国内实际出发，又要从国际实际出发

"一切从实际出发"是马克思主义的基本原理，但从整个国际共产主义的实践看，共产党人在这个问题上的教训也最为深

刻。苏共先是从俄国实际出发而取得十月革命的胜利,后因机械遵从马恩的产品经济理论而将社会主义和计划经济捆绑在一起,再以后大搞对斯大林的个人崇拜而把"从实际出发"变成了从领导人的主观意志出发,其后果十分严重:一是超越社会发展阶段,忽视苏联的社会主义是在经济文化比较落后的条件下建设这一基本事实,不断"抬高"社会主义的发展阶段;二是个人集权盛行,党内民主遭到严重破坏,整个社会缺乏生机和活力,人民群众的生产生活积极性不高;三是人为地割裂苏联与世界的联系,对世界"实际"的发展变化反应迟钝,在社会主义建设过程中没有及时顺应世界发展潮流,丧失了一些重要的发展机遇。

苏共的这些错误,中国共产党也曾不同程度地犯过,但中国共产党没有文过饰非,而是及时纠正错误,拨乱反正,回到了一切从实际出发的正确轨道上来。无论对苏联还是中国,马克思主义都不是土生土长的,都面临着理论与实践结合、"坚持本本主义还是从实际出发"的选择问题。1930年5月,毛泽东在《反对本本主义》一文中首次提出,共产党人要"从斗争中创造新局面",批判那些"只要遵守既定办法就无往而不胜"[①]的天真想法和"从不肯伸只脚到社会群众中去调查调查"[②]的简单作风。后来,他明确要求"从客观存在的事实出发,从分析这些事实中找出方针、政策、办法来"[③],并把这一思想用中国语言概括为"实事求是"。十一届三中全会后,中国共产党恢复并一直坚持"一切从实际出发,理论联系实际,实事求是,在

---

①② 《毛泽东选集》第一卷,人民出版社1991年版,第101、102页。
③ 《毛泽东选集》第三卷,人民出版社1991年版,第853页。

实践中检验真理和发展真理"的思想路线，并在此基础上作出了我国处于并将长期处于社会主义初级阶段的基本判断。这成为我们开拓中国特色社会主义道路的出发点和落脚点。

"一切从实际出发"中的"实际"不仅指国内实际，还包括国际的实际，不仅指国情，还包括世情。邓小平正是根据国际形势的变化和新科技革命蓬勃发展的实际，作出了对外开放的重大决策。江泽民旗帜鲜明地提出要"与时俱进"，党的全部理论和工作要"体现时代性，把握规律性，富于创造性"，并据此强调要积极参与经济全球化进程，进一步扩大对外开放。党的十六大以来，以胡锦涛为总书记的党中央进一步提出要立足基本国情、树立世界眼光，加强战略思维，注重全局谋划，强调从国内国际两个大局出发，从国际国内形势的相互联系中把握发展方向，从国际国内条件的相互转化中用好发展机遇，从国际国内资源的优势互补中创造发展条件，从国际国内因素的综合作用中掌握发展全局，努力把国情和世情统一起来，结合起来。这就使我们想问题、做决策能确实做到真正从实际出发，全面而不片面，客观而不随意，科学而不主观，不至于犯影响全局和关涉长远的重大错误。

二、既要高度重视生产力，更要讲究科学发展

苏联演变教训中最重要的一个警示就是，坚持社会主义必须发展生产力，必须以经济建设为中心，这是关系到社会主义制度兴衰成败的根本问题。一方面，生产力的更快发展及其效率的迅速提高是社会主义制度优越于资本主义制度的主要标志，

"不发展生产力，不提高人民的生活水平，不能说是符合社会主义要求的"①。另一方面，社会主义革命一般是从经济比较落后的国家中首先取得胜利的，如果不大力发展生产力，就会在和资本主义的和平竞争中失败，也难以有效抵御资本主义思想的渗透和影响。苏联长期把人力、物力、财力用在军事方面，用在与美争霸方面，忽视了经济建设和人民生活水平的提高，致使人民长期处于物质贫乏的状态，从而对社会主义失去了信心。当戈尔巴乔夫宣布解散苏共和苏联时，人民竟无动于衷、毫无反应，就说明了这一点。

不过，简单地讲苏联不重视发展生产力也有失客观。准确地说，由于主客观因素的制约，苏联长期以来只是重视重工业和国防工业，不太重视涉及民生的经济建设。但不能说苏联不重视发展生产力，因为生产力包括许多方面，既包括重工业，也包括轻工业，还包括农业；既包括科技，也包括文化等等。苏联的问题更多的是只重视其中某一方面，没有注意统筹兼顾和协调发展。从工业化道路上讲，西方普遍是从轻工业开始，苏联等社会主义国家基本上是从重工业开始，这是由各国的条件和当时的国内外环境决定的，严格讲没有什么对错高低之分。问题是发展到一定阶段以后，就必须注意"两点论"，而不是一味地坚持"重点论"。如果苏联在建立了重工业基础之后，适时适当发展轻工业和农业，走改善人民生活的道路，结果可能是另外一个样子。

中国开始也是重工业优先，但从毛泽东《论十大关系》开始，我们就重视调整重工业与其他产业之间的关系。党的十一

---

① 《邓小平文选》第三卷，人民出版社1993年版，第116页。

届三中全会以后，我们把工作中心转到经济建设的轨道上来，并一直坚持以经济建设为中心，甚至国防和其他方面的建设都要给经济建设让路。这无疑是对的，也实现了中国经济的高速增长，但也带来了一系列其他问题，如各种产业不平衡、各地发展不平衡等等。在这种情况下，中国共产党用"发展"这一概念替代"经济建设"的说法，提出发展是党执政兴国的第一要务，并把发展的内涵和外延扩大，不仅是经济方面，还包括政治、社会、文化等等。党的十六大以后，进一步提出科学发展观，强调要正确认识和妥善处理中国特色社会主义事业中的重大关系，统筹城乡发展、区域发展、经济社会发展、人与自然和谐发展、国内发展和对外开放等等。这就使发展生产力更科学，更具有可持续性，既体现出中国发展的阶段性特征，又顺应了时代发展的潮流。

三、既要推进改革开放，也要守住底线

生产力与生产关系、经济基础与上层建筑之间的矛盾是社会主义社会的基本矛盾。社会主义制度的建立为生产力的发展开辟了无限的可能性，但要把社会主义制度的优越性发挥出来，把落后的社会生产力搞上去，必须不断调整和改革与生产力不相适应的生产关系，就必须坚持不懈地推进改革开放。正如邓小平所指出："不坚持社会主义，不实行改革开放，不发展经济，不改善人民生活，只能是死路一条。"[①] 苏联之所以走进解

---

① 《邓小平文选》第三卷，人民出版社1993年版，第370页。

体的"死路",从根本上讲是不实行改革开放或不实行真正的改革开放的结果。中国所以在苏东剧变后杀出一条"活路",最主要的就是始终如一地坚持改革开放,从邓小平提出的"不争论",到胡锦涛提出的"不动摇、不懈怠、不折腾",都表明了中国共产党推进改革开放的诚意和决心。也正是基于正反两方面的经验教训,胡锦涛在党的十七大报告中浓墨重彩地强调,改革开放是新时期最鲜明的特点,是决定当代中国命运的关键抉择,是发展中国特色社会主义、实现中华民族伟大复兴的必由之路;只有社会主义才能救中国,只有改革开放才能发展中国、发展社会主义、发展马克思主义。

当然,坚持改革开放并不等于只要改革开放就万事大吉了。从苏联的解体和我国改革开放30多年的实践看,改革开放要达到预期的目的,必须注意处理好以下三个方面的问题:其一,要处理好改革、发展、稳定的关系。改革是动力,发展是目标,稳定是前提,三者缺一不可,互为条件。既不能一味求稳而丧失改革的机遇,也不能一味求快而使改革变得不可收拾。改革开放前30年的曲折,最主要的一个原因就是改革的时间太短,稳定的时期不长,又追求过高的发展速度。改革开放后30年之所以能取得这么巨大的成绩,盖因我们妥善处理了三者之间的关系。其二,要坚持改革的社会主义方向。改革是第二次革命不假,但改革是革僵化的不合时宜的旧的体制机制的命,不是革社会主义的命,是社会主义制度的自我完善,不是社会主义制度的自我埋葬。苏联的解体并不是源于改革开放,而是源于戈尔巴乔夫在"改革"的旗号下,从根本上改变了由十月革命所确立的社会主义基本制度。中国的改革开放则从一开始就是与坚持四项基本原则联系在一起的，这就使我国的改革开放成为坚持社会主义方向的改革开放，成为社会主义制度的自我完善和发展的改革开放，成为以发扬优势、革除弊端、大胆创新为内容的改革开放，成为有利于巩固和发展社会主义的改革开放。其三，要坚持改革开放的自主性。戈尔巴乔夫在改革末期全盘吸收和借用西方的体制和模式，甚至请外国人制定苏联的改革方案并拿到西方七国首脑会议上去审批，完全丧失了国格和自主权。我们的改革开放，一方面顺应时代发展潮流，拓展世界眼光，积极参与经济全球化进程，大胆吸收和利用资本主义创造的一切优秀文明成果；另一方面在这一过程中始终坚持独立自主，从中国人民的根本利益出发决定改革开放的程度和进度，不怕闲话，不惧压力，不避责任，走出了一条具有中国特色的改革开放之路。

四、既要坚持党的领导，更要保持党的先进性

没有共产党就没有新中国，没有布尔什维克也就没有苏联。这已被历史所证明。无论是苏共还是中共，它们在社会主义建设中的领导地位是历史形成的，是人民选择的，不是谁强加的，更不是自封的。人民之所以选择它们，是因为它们代表了广大人民群众的根本利益，体现了马克思主义政党所要求的"无可比拟的先进性"。但先进性是一个历史范畴，不是与生俱有的。过去先进不等于现在先进，今天先进也不等于未来永远先进。布尔什维克党能够取得十月革命的胜利并带领苏联人民取得反法西斯战争胜利，说明其是先进的。戈尔巴乔夫之所以能推动

取消苏共的领导地位进而宣布解散苏共，恐怕最主要还是因为苏共作为执政党丧失了先进性，很难在苏联社会中发挥中流砥柱的作用了。中国共产党之所以能经受住包括1989年政治风波在内的各种考验，主要是因为在领导中国社会主义建设和改革开放进程中表现出了先进性。

历史的经验表明，坚持党的领导要靠保持党的先进性来保证，革命时期如此，和平时期更是如此，而且要根据内外形势的变化不断充实和丰富先进性的内容。正是由于这个原因，中国共产党通过不断加强党的建设来保持党的先进性。苏东剧变后，邓小平以一位政治家、战略家的高瞻远瞩，鲜明地指出："关键是我们共产党内部要搞好，不出事。"① 江泽民也强调，"在实行改革开放和发展社会主义市场经济的条件下，建设什么样的党，怎么样建设党，是一个重大现实问题，直接关系到中国共产党和国家的前途命运"②，并提出"三个代表"的重要思想，为党的先进性建设指明了方向。进入新世纪以后，中国共产党在保持党的先进性方面进行了多方面的探索，先后就加强党的执政能力、建设学习型政党、以改革创新精神推进党的建设新的伟大工程做出重大部署。在庆祝中国共产党成立90周年的大会上，胡锦涛总结了中国共产党90年的发展历程，指出中国共产党保持和发展马克思主义政党先进性的根本点是：坚持解放思想、实事求是、与时俱进，以科学态度对待马克思主义，用发展着的马克思主义指导新的实践，坚持真理、修正错误，坚定不移走自己的路，始终保持党开拓前进的精神动力；坚持

---

① 《邓小平文选》第三卷，人民出版社1993年版，第380页。
② 《江泽民文选》第三卷，人民出版社2006年版，第1页。

为了人民、依靠人民，诚心诚意为人民谋利益，从人民群众中汲取智慧和力量，始终保持党同人民群众的血肉联系；坚持任人唯贤、广纳人才，以事业感召、培养、造就人才，不断增加新鲜血液，始终保持党的蓬勃活力；坚持党要管党、从严治党，正视并及时解决党内存在的突出问题，始终保持党的肌体健康。

保持党的先进性，一方面要建设，另一方面则要预防，特别是要警惕腐败侵蚀党的肌体，一旦毒瘤遍身，想先进都难。苏联东欧社会主义国家在这方面的教训也相当深刻。正因为此，在改革开放的过程中，中国共产党的领导人始终从党和社会主义的历史命运的高度来认识反腐问题。1982年，邓小平就郑重指出："如果对此不严重注意、认真对待、切实解决，那么中国共产党和国家确实要发生会不会改变面貌的问题，这不是危言耸听。"[①] 1989年6月，他在与中央新的领导班子谈话时说："要整好我们的党，实现我们的战略目标，不惩治腐败，特别是党内的高层的腐败问题，确实有失败的危险。"[②] 江泽民指出："腐败现象是侵入中国共产党和国家机关健康肌体的病毒。如果我们掉以轻心，任其泛滥，就会葬送我们的党，葬送我们的人民政权，葬送我们的社会主义现代化大业。"[③] 胡锦涛强调："在和平建设时期，如果说有什么东西能够对党造成致命伤害的话，腐败就是很突出的一个。"[④] 党的十七大把反腐倡廉建设与党的思想建设、组织建设、作风建设和制度建设一起，确定为

---

① 《邓小平文选》第二卷，人民出版社1994年版，第403页。
② 《邓小平文选》第三卷，人民出版社1993年版，第313页。
③ 《江泽民文选》第一卷，人民出版社2006年版，第319页。
④ 《求是》杂志，2010年1月刊，第7页。

党的建设的基本任务。此后,党风廉政建设和反腐败工作在继承中发展,在改革中创新,特别是在查办大案要案、深挖腐败分子、加强制度建设、强化对领导干部的监督、治理商业贿赂、纠正损害群众利益的不正之风等方面取得重要进展,对于纯洁党的组织、保持党的先进性起到了重要作用。

五、既要依靠人民,更要为了人民

衡量党的先进性的一个至关重要的方面是党与群众的关系,能否始终保持和发展党同人民群众的血肉联系,直接关系到党和国家的盛衰兴亡。早在十月革命胜利之初,列宁就曾指出:"对于一个人数不多的共产党来说,……最严重最可怕的危险之一,就是脱离群众。"① 中国共产党在全国执政后,党的几代领导人一再强调"中国共产党的最大政治优势是密切联系群众,党执政后的最大危险是脱离群众"②,"敌对势力从外部搞垮中国共产党是不容易的,真正可怕的是脱离群众,自己毁了自己"③,"人心向背,是决定一个政党、一个政权兴亡的根本性因素"④,"只有我们把群众当成亲人,群众才会把我们当成亲人"⑤。在苏共执政后期,党同群众脱离的现象严重,到苏联解体时,实际上大多数群众对党的命运已经不怎么关心了。中国

---

① 《列宁全集》第四卷,人民出版社 1995 年版,第 626 页。
② 《江泽民文选》第三卷,人民出版社 2006 年版,第 572 页。
③ 江泽民在学习邓小平理论工作会议上的重要讲话,《人民日报》1998 年 10 月 16 日。
④ 《江泽民文选》第三卷,人民出版社 2006 年版,第 185 页。
⑤ 胡锦涛主席在 2011 年 7 月建党 90 周年大会上的重要讲话。

结　语　让历史昭示未来

共产党的历史也反复告诉我们，什么时候党的群众路线执行得好，党群关系密切，我们的事业就顺利发展；什么时候党的群众路线执行得不好，党群关系受到损害，我们的事业就遭受挫折。

党群关系的重要性源于人民群众的历史主体地位。中国古代以"水可载舟，亦可覆舟"比喻人心向背的重要性。在马克思主义看来，人民群众是历史的创造者，是推动社会发展的决定性力量。列宁在领导俄国十月革命和社会主义建设的过程中就强调："生气勃勃的创造性的社会主义是由人民群众自己创立的。"①毛泽东在新民主主义革命时期阐明了发挥人民主体作用的重要意义，深刻地指出："人民，只有人民，才是创造世界历史的动力。""没有几万万人民的个性的解放和个性的发展，要想在半殖民地半封建的废墟上建立起社会主义社会来，那只是完全的空想。"②正是紧紧依靠人民群众，中国取得了革命的胜利，没有共产党就没有新中国，而没有人民群众，共产党也不可能存在。人民群众跟随共产党为中国革命付出了巨大的牺牲。建国后，人民群众与共产党同呼吸共命运，为了较快地实现国家富强的目标，付出了勒紧裤腰带过穷日子的沉重代价。

但贫穷不是社会主义，社会主义不能建立在人民长期贫穷的基础上。要想让人民群众靠得住，必须给人民群众实实在在的好处。革命时期老百姓之所以跟着共产党走，是因为共产党实行了一系列土地改革的政策，让老百姓得到了实惠，至少是看到了希望。社会主义制度建立以后，在复杂的国内外环境下，

---

① 《列宁全集》第二十六卷，人民出版社1995年版，第269页。
② 《毛泽东选集》第三卷，人民出版社1991年版，第1031页。

让老百姓过点紧日子也是可以的，但不能长期化、制度化。苏联就是因为长期在改善人民生活方面没有多大的作为，最终导致人民对苏共失去了信心。中国实行改革开放首先是基于改善人民生活的考虑，让一部分人先富起来，然后带动更多的人共同富裕。随着改革开放的深入和国家的快速发展，如何让广大人民群众最大程度地享有发展成果是摆在中国共产党面前的重要课题。在这种情况下，进入新世纪以来，中国共产党提出"以人为本"的科学发展观，秉持立党为公、执政为民，坚持发展为了人民、发展依靠人民、发展成果由人民共享，始终把人民利益放在第一位。中国共产党把实现好、维护好、发展好广大人民根本利益作为一切工作的出发点和落脚点，努力做到权为民所用、情为民所系、利为民所谋，并以保障和改善民生为重点，着力解决好人民最关心最直接最现实的利益问题。从关注物到关注人、从依靠人民到为了人民、从把人当手段到把人当目的，这是中国共产党执政理念的重大变化，也是苏联剧变给我们的重要启示。